丛书总主编　卜延军　康复全

丛书副总主编　汪维余　马保民　王道伟　武　静

未来军事家学识丛书（之二）

将 帅 传 略

铁马金戈的战争舞者

（外国篇）

主　编　唐复全　谢适汀

副主编　刘永明　吴铁民　荆　博　王建章

蓝天出版社

www.ltcbs.com

图书在版编目（CIP）数据

将帅传略：铁马金戈的战争舞者. 外国篇／唐复全，谢适汀编著. —北京：蓝天出版社，2014.6

（未来军事家学识丛书／卜延军，唐复全主编）

ISBN 978－7－5094－1145－2

Ⅰ.①将…　Ⅱ.①唐…　②谢…　Ⅲ.①军事家－列传－世界　Ⅳ.①K815.2

中国版本图书馆 CIP 数据核字（2014）第 138590 号

主　　编：唐复全　谢适汀
责任编辑：陈学建　武　静
封面设计：李晓昉

出版发行：蓝天出版社
地　　址：北京市复兴路 14 号
邮　　编：100843
经　　销：全国新华书店
印 刷 者：北京龙跃印务有限公司

开　　本：690 毫米×960 毫米　1/16
印　　张：13
字　　数：100 千字

版　　次：2015 年 1 月第 1 版
印　　次：2015 年 1 月第 1 次印刷
印　　数：1—3000 册
定　　价：29.80 元

总　序

　　"江山代有人才出，各领风骚数百年"。每个时代都必然会出现属于这个时代的军事家。那么，未来军事家将从哪里诞生呢？我们在翘首！我们在呼唤！

　　世界著名军事家拿破仑曾经说过："每一个士兵的背囊里都有一根元帅杖。"细细地品味这句名言，说得多么的好啊！它告诉我们：每一位将帅都不是天生的，都是从士兵或基层军官成长起来的；同时，任何一个士兵，都有可能通过自己的努力而一步步地获得晋升——从尉官到校官、从校官到将官，甚至荣膺元帅。

　　我们看到，拿破仑自己就是出生于科西嘉的一户破落贵族家庭，从一名律师的儿子，在接受了一定的军事理论教育之后，先是被任命为炮兵少尉，继而中尉、上尉，在土伦战役中一举成名并被破格晋升为准将，再后来，一步步地成为法国的最高统帅。而拿破仑旗下的元帅之中，据说，著名的内伊元帅是一名普通箍桶匠的儿子，拉纳元帅是一名普通士兵的儿子，而以勇敢著称的勒费弗尔元帅则曾是一个目不识丁的士兵……历数古今中外的著名将帅或军事家——吕望、曹刿、孙武、吴起、田忌、孙膑、韩信、李广、曹操、诸葛亮、周瑜、祖逖、拓跋焘、李世民、李存勖、狄青、岳飞、成吉思汗、朱元璋、戚继光、努尔哈赤、郑成功、毛泽东、朱德、彭德怀、刘伯承、亚历山大、汉尼拔、恺撒、古斯塔夫、苏沃洛夫、库图佐夫、克劳塞维茨、恩格斯、福煦、麦克阿瑟、朱可夫，等等等等，——这些灿若星辰的军事翘楚，又有哪一位天生就是将帅或军事家的呢？不论他们是出身官宦商贾之家，还是出身布衣贫民之室，也不论他们曾受训于著名军事院校，还是博古通今自学成才，更不论他们是文官还是武将或是文武兼备，他们都共同地经受了一定的军事理论和相关知识的熏陶、特别是经历了战争或军事实践的锤炼，于是才有了一个由低级军阶到高级军阶的发展进步历程。

　　那么，欲问未来军事家的成长和出现，会有什么例外吗？回答是：概莫能外！"问渠哪得清如许，为有源头活水来。"要打造未来的军事家，只能是从"源头"也即从现在着手——学习军事理论、把握相关知识，并在战争或军事实践中增长才干、得以提高。我们的这一观点，或许会引来这样的质疑：在今天相对和平时期，没有实际的烽火硝烟的"战争熔炉"，未来军事家这一"钢铁"何以能够炼就？我们认为：没有别的更好的办法，如果不能直接地从战争中学习战争，那就只有间接地从前人的战争和他人的战争中学习战争。纵观历史，几乎没有哪一个伟大的统帅不曾认真地研读过前人的兵书战策；那些初出茅庐便脱颖而显出治军才干的传奇人物，也都是因为他们善于借助间接经验的基石，从而为自己建造了战争艺术的金字塔。在人类战争史的长河中，我们的前人或他人所亲历的战争，总是以经验、理论或知识的形式得以传承，在这种传承过程中，前人或他人的东西总是被后人所学习、所扬弃、所超越！过去的、现在的东西，也总是被未来的所替代！

本着这一宗旨和理念，我们为潜在的、可能的未来军事家们，设计并编纂了一套军事理论和相关知识方面的图书，我们很是珍爱地将其取名为"未来军事家学识丛书"，目的就是要为我军年轻的士兵和基层军官，同时也为社会上那些有志青年和广大军事爱好者，提供一套可资学习、了解和借鉴的军事学识方面的书籍。

俗话说，"不想当将军的士兵，不是好士兵"。同理，不想成为军事家的军人或军事爱好者，也不是真正好的军人和爱好者。而要成为一名军事家，也许（仅仅是也许）存在着某种天赋，但绝对离不开后天的军事理论的学习和军事实践的锤炼。该套丛书，针对当代职业军人和广大军事爱好者的特点和兴趣，特别是针对这个群体中广大基层官兵、莘莘学子和社会青年的特点和兴趣，从中外军事历史、军事理论、军事科技、军事文化和战争实践或军事实践等等所汇聚的军事知识海洋中，萃取其精要和"管用"的知识，精心打造了一套军事知识与军事精神的文化大餐，倾力钜献，是以飨之。

该套丛书按相关军事学科和专有知识编成，共15种，包括：1.《兵书精要：军事实践的理性升华》；2.《将帅传略：铁马金戈的战争舞者》；3.《战史精粹：铁血凝成的悲壮乐章》；4.《指挥艺术：作战制胜的有效法宝》；5.《军事谋略：纵横捭阖的诡道秘策》；6.《军事科技：军事革命的开路先锋》；7.《武器装备：提升军力的重要因素》；8.《军事后勤：战争胜败的强力杠杆》；9.《国防建设：生存发展的安全保障》；10.《军事演习：近似实战的综合训练》；11.《兵要地理：军事活动的天然舞台》；12.《军事制度：军队建设的基本法度》；13.《军事条约：管控兵争的协和约定》；14.《军事文化：文韬武略的历史积淀》；15.《军事檄文：激扬士气的精神号角》。

这套丛书的编纂，我们在坚持科学性、学术性、知识性的前提下，力争注入通俗性、可读性和趣味性的元素。每种图书，均抽取各军事学科和专有知识的基本内容，按一定的内在逻辑排序，并以图文并茂的形式、清新活泼的语言，夹叙夹议，娓娓陈述，同时附加言简意赅的学术性、导读性、总括性、按语性点评，以收画龙点睛之效。

　　需要说明的是，这套丛书的编纂过程，实际上也是我们每位参与者向前人和他人学习、借鉴、创新的过程。虽然我们已在每本书之后按学界的惯例注明了主要参考文献及其出处，以示我们对被参考者及其作品的尊重，但那还不足以表达我们对他们的感谢之情，在此，我们全体编者特向这些老师们表示深深的谢意，因为我们深知我们是站在老师们的肩膀上才得以成就这套丛书的。同时，这套丛书的编纂和出版，也得益于相关领导、专家、学者的宏观指导和具体建议，特别是得到了蓝天出版社金永吉社长、胡耀武副社长、陈学建编审等同志的大力指导，也得到了各书责任编辑认真的编辑加工，还有各书责任校对默默无闻的辛勤劳作。在此，我们也深深地向他们表示感谢。我们的真诚谢意既溢于言表，同时又深感无以言表。

　　现在，这套丛书承载着我们的编纂宗旨和理念，承载着各位编者的心血和汗水，承载着我们的前人和他人的辛勤和劳作，也承载着相关领导、专家、学者的嘱咐和希望，终于与读者朋友们见面了。亲爱的读者朋友们，你们是这套丛书的最终也是最高的评判者，我们全体编者一定恭听你们的宝贵意见，以使其更加完善，进而，更好地服务于全民国防观念的提升，更好地服务于高素质军事人才队伍的打造，更好地服务于当代革命军人战斗精神的培育，更好地服务于和谐社会、小康社会的建设。

　　付梓之际，是为总序。

丛书全体编者
2014 年 4 月

目 录

★ ★ ★

外国著名将帅

★
★
★

目
录

1

目
录

3

外国著名将帅

世界上第一个海军战略家——地米斯托克利

地米斯托克利于公元前约 528 年出生于一个虽然比较富裕但不属于显赫的望族之家，他的政治军事生涯是在频繁的希（希腊）波（波斯）战争中度过的。

自公元前 493 年起，地米斯托克利多次担任雅典执政官和将军等职务。公元前 490 年，参与指挥抗击波斯军队进攻的马拉松会战。在胜利面前，他虽然也像其他人一样欣喜若狂，但没有像其他人那样自我陶醉，而是以战略家的头脑反思着这场战争：波斯人先后两次攻克雅典都是从海上而来，雅典的眼前胜利虽值得庆幸，但也实属侥幸，如果没有敢于拼命的陆军阻击，没有那么多爱国勇士牺牲生命的代价，雅典是不会取得胜利的。波斯人绝对不会死心！雅典人一味地被动抗击也不是长久之计。他清醒地认识到，马拉松会战并不是希波战争的结束，而是更加严酷的长期战争的开端；雅典濒临大海，海岸线漫长，要想战胜波斯入侵，舰队比步兵更为重要，必须大力发展海军，铸造海上利剑。可是，建立强大的海军谈何容易！一要筹措大批的物资和经费，二要克服重视陆军的传统势力的束缚。为筹集海军建设经费，地米斯托克利千方百计地说服了雅典政府和多数公民，使他们同意和支持把国家银矿收入全部用来建造军舰，经过几年努力，最终建造了 200 多艘三层桨战舰。与此同时，地米斯托克利还主持对原来比雷埃夫斯港的岸防工事进行了加固。10 年后，波斯军队果然不出地米斯托克利所料，从海上对雅典发起了攻击。然而，时过境迁，这时的雅典已经拥有希腊诸城邦最强大的舰队和最

地米斯托克利

坚固的海防，波斯舰队被有力地抵挡在外，并受到有力打击，雅典人不仅以最小的牺牲代价，获得了此次胜利，而且也得到了永固性的海防基础。更重要的是，通过这次战争，雅典人的海防价值意识得到了进一步提高。人们从事实中接受了地米斯托克利及他的海防战略观，地米斯托克利的支持者和崇拜者越来越多。希腊著名的历史学家修昔底德写道：地米斯托克利有着显著的天才。在危急时刻，他是一个最好的决策者；而对于将来，他又是一个最好的预言家。应该说，这一评价一点也不过分。

公元前480年，在抗击波斯大军的第3次远征中，地米斯托克利表现出了非凡的勇气和卓越的才略。这次战争，不仅波斯军队的装备力量远远超过雅典一方，而且有新即位的波斯国王薛西斯御驾亲征。面临严峻的形势，时任雅典海军统帅的地米斯托克利立即主持召开了希腊城邦的反波同盟大会。为了加强反波同盟的团结，他主动推选斯巴达为盟主，而实际的指挥则由地米斯托克利担任。

激战开始了。在德摩比利隘道，斯巴达国王列奥尼达率领希腊陆军除凭险据守外，没有发挥什么大的作用。尤其是萨拉米斯海战，在地米斯托克利的组织指挥下大获全胜。这是希波战争中具有决定意义的海战，也是人类历史上最早的著名海战。海战的辉煌胜利，使波斯人彻底丧失了爱琴海的控制权，同时也给地米斯托克利带来了极大的荣誉。战后，当希腊各城邦的将领在科林斯地峡进行投票，以确定谁的功劳最大时，每个人都投了自己的票。不过，他们也都把第二位让给了地米斯托克利。结果，他们每个人只得到一票，而地米斯托克利的票数则遥遥领先。

萨拉米斯海战结束之后，地米斯托克利丝毫也没有放松对"外忧"和"内患"的警惕。他认为，波斯人虽然在此次海战中惨败，但他军事潜力雄厚，侵略野心未泯；在盟国中，斯巴达尽管作为盟主参加了抗战，可是，斯巴达人觊觎霸权地位由来已久，势必寻衅萧墙。有鉴于此，雅典必须进一步加强海防建设。经过冷静思考和运筹，地米斯托克利提议，应该修筑一条从雅典到比雷埃夫斯港的濒海长城。由于地米斯托克利的崇高威望，雅典公民大会很快通过了这一提议。斯巴达人听到这个消息之后，立即派来一个代表团，建议雅典不但自己不要修筑，还应该和斯巴达一起拆掉除伯罗奔尼以外的所有要塞，以便维持和加强希腊诸城邦的"团结"。其实，地米斯托克利对斯巴达人的用心早就猜得清澈透底，斯巴达人的真正目的，是为了遏制雅典的海防建设，以便日后乘机攻占和控制雅典。围绕着筑城问题，地米斯托克利与斯巴达人进行了巧妙的斗争。他建议，首先要"客客气气"地留住斯巴达的代表，作为人质；同时应成立一个包括他自己在内的雅典代表团去斯巴达谈判，他本人首先到达斯巴达，其他成员要等到长城建到相当高度，生米做成熟饭，足以进行防御时再动身前往。这一建议也很快得到了雅典公民大会的批准。几天后，地米斯托克利只身到达斯巴达。按照既定方针，他没有马上与斯巴达政府会晤，而是以等待同僚的理由为借口尽量拖延时间。当他得知雅典修筑长城已到应有的高度时，才对斯巴达人说："雅典修筑长城，无论对雅典自己还是对其他城邦，都是有利的。"因为只有在力量均等的基础上，才可能平等地讨论共同的利益。斯巴达政府鉴于既成的事实，只得隐藏起内心的不悦，让雅典的代表团回国。

濒海长城的修建，极大地加强了雅典的海防力量。在尔后的战争中，它不仅是抵御外敌海上入侵的坚固要塞，而且成了雅典海军进行作战的重要依托。著名历史学家修昔底德认为：雅典人修筑濒海长城之后，他们的海上地位大大加强了。这一切，都是地米斯托克利这一海军战略家一手导演出来的。

【点评】雅典政治家，统帅，前493年起多次当选为雅典执政官。执政期间，主持修建比雷埃夫斯港，参与指挥马拉松之战，击败波斯军；主张发展海军，控制海洋，铸造海上利剑；说服公民大会用开采银矿的收入扩建海军，使雅典成为海上强国；参与指挥希腊海军在萨拉米斯海战中战胜波斯舰队；力主修筑濒海长城。可谓世界上第一个海军战略家。

西方古代战史"第一伟人"——亚历山大

在人类文明史上，大凡被称得上伟人的，或是有盖世的业绩恩及时人，或是有超凡的智慧泽及后世。尤其能被冠以"第一"之伟人者，那就必当是伟人中之伟人。亚历山大在西方古代战争和军事领域里，就是这样一位被认为是盖世无双的顶级人物。

亚历山大出生于公元前356年，他的父亲——马其顿国王腓力二世为了使其基业永盛，对这位身材健美，眉目端庄的爱子寄予了极大的期望，在倾其所能对小亚历山大进行严格的体质和军事技能训练的同时，非常重视他的智力和才能发展。亚历山大13岁时，父王即让他拜"古希腊最博学的人"（马克思语）亚里士多德为师，跟随这位哲学大师苦读三年，不仅受到了良好的古希腊文化的哺育，而且养成了善于思考，手不释卷的好习惯。亚历山大的母亲阿林匹斯也是一个小国国王之女，个性粗野、专断，母亲的坚强性格也给了小亚历山大以极大的影响，培养了他讲究实际的精神和追求胜利的英雄气概。良好的客观环境和刻苦的主观努力，使其文韬武略与日俱增。

亚历山大

腓力二世为使亚历山大尽快成为真正的军事英才，非常注重强化训练他的实战指挥能力。早在公元前340年的喀罗尼亚战役中，年仅16岁的亚历山大就被委以马其顿军队左翼骑兵主帅之重任，配合其父（右翼）击溃了雅典等国联军。初出茅庐的亚历山大所表现出的超凡能力和统率才能，以及他丰富的实际作战指挥经验，为他的未来辉煌奠定了坚实基础。

公元前336年，在其父遇刺身亡，20岁的亚历山大继承王位之时，局势非常严峻，王室中有人谋废新主，希腊各城邦国纷纷宣布独立，可谓内忧外患双管齐下。亚历山大以其独有的雄才大略，在以铁腕清除异己的同时，以雷霆之势，率大军"出巡"希腊各地，战绩硕硕，威震四方。看到这位年仅20岁的青年能有如此胆略，谁敢不退让三分？因而亚历山大有了自己的治世威望，他就此恤民心，察国情，采取了一系列的治国策略，稳定了自己的皇权地位。帝位甫定不足二年，亚历山大就开始践行他的"宏图大略"：他先是借口波斯人曾蹂躏过希腊人和参与谋杀其父而挥师东向。首战格拉尼克斯，亚历山大将军队分成左右两翼，他首先驱动右翼中部的轻骑兵和一部分步兵方阵诈攻波斯军队给对方以错觉，从而牵着敌人的鼻子耗其兵力，然后趁机率兵将敌兵阵线分割零碎，致敌一败涂地。亚历山大乘胜捣敌，小亚细亚滨海的大多数城市不战而降。公元前332年，亚历山大继续南下，许多腓尼基城防官兵闻风丧胆，弃城而逃，唯有提尔城猛烈抵抗，久攻不下。亚历山大以其军事家的智慧，采用攻城塔、穿城螺旋锥等当时所有的先进攻城武器，力克顽敌，声威再度大震。怯于亚历山大的威力，当时的波斯国王大流士提出割地求和，表示愿意割让幼发拉底河以西的全部领土，赔款一万塔兰特，并将女儿送给亚历山大，但亚历山大要的是全亚洲，他的胃口并非一区域一美女所能喂饱。继而他又一举攻占加沙，侵入埃及。埃及祭司宣布亚历山大为太阳之神阿蒙之子，是埃及法老的合法继承人，遂使波斯帝国西部和地中海基本控制在亚历山大自己的手中。同时，他还在尼罗河口附近建立了一座以自己的名字命名的城市——亚历山大城。

公元前331年，亚历山大率大军（步兵4万，骑兵7000）与波斯决战。当时，从兵力数量上，波斯军队远远超过亚历山大，局势相当严峻，亚历山大一面稳住阵势，一面趁敌得势忘形，大意不备之时，从侧面直捣敌军，敌阵官兵顿时惊慌失措，敌帅带上随从，掉头后逃。亚历山大却出人意料地放走了敌帅，转而兵分三路，将敌军全歼。亚历山大乘胜东进，占领巴比伦、苏萨、波斯波利斯等政治中心。他以阿契美尼德王朝的合法继承人自居，自称波斯皇帝。

正当准备进一步征服地中海西部和南部等地时，亚历山大突然患病，于公元前 323 年 6 月 13 日病逝，终年 33 岁。

亚历山大率军同波斯军作战

亚历山大通过大规模的军事远征，在辽阔的土地上建立起一个前所未有的大帝国，它的版图西起巴尔干半岛，东到印度河，南临尼罗河，北至药东水，地跨欧亚非三洲。亚历山大作为杰出的军事统帅，有许多鲜明的特点，他秀外慧中，具有远大的政治眼光和追求胜利的狂暴热情，尊重荣誉，喜欢冒险，具有顽强的意志。凡是他决定要做的事情，不管别人如何反对，他都要全力去做，不管遇到多大的险阻，都毫不畏惧，在危急时刻，总能保持坚定的信心、敏锐的判断和随机应变的才能。他精于战略战术，善于正确制定战略目标，并运用他灵活机动的战术保证战略目标的实现，他善于鼓起部下的勇气，使他们对成功充满希望，并能在危险中以身作则，使士兵们勇敢无畏。亚历山大终身尽瘁于事业，除狩猎之外几乎没有其他过分的物质享乐，但奖励部下却毫不吝啬。他在私生活中，除两次政治性结婚外，没有一个情妇。这些特点，使他对将士具有磁石一般的吸引力。他的军事指挥艺术给后来的西方军事思想以巨大的影响，汉尼拔、恺撒、拿破仑等著名军事家都曾效仿过他。

亚历山大是世界古代著名的军事家，他的 10 年远征堪称古希腊军事学术发展的高峰。他在腓力二世的基础上，革新军事学术，增加军队侧翼的密度以提高其攻击能力，创立了既善于在乘马队伍中又善于在徒步队形中进行战斗的新型骑兵，使骑兵成为军队的决定性突击力量；制定了战斗队形各组成部分之间灵活机动、有机协同的作战原则，在交战中善于在一个侧翼集中优势兵力（重骑兵和步兵方阵）实行突破，带动全线进攻。因而恩格斯称他是"历代最优秀的骑兵指挥官之一"。同时他的军事行动有明确的战略目标，注意战略基地的建立和巩固，并把政治行动与军事行动结合在一起。

亚历山大东征的 10 年是希腊社会的"外部极盛时代"（马克思语），在此前后，不仅古希腊文明吸收了东方营养，而且高度发达的古希腊文明以空前规模传向东方，对古代东方文明特别是中亚文明产生了巨大影响。

> 【点评】古代马其顿国王（前 356～前 323），著名军事统帅，亦称亚历山大大帝。征战 10 年，建立起地跨欧亚非的大帝国。他发展了古希腊的军事体制和方阵战术，创建既能乘马又能徒步作战的"龙骑兵"；战略上，决策果断而灵活，善于利用有利态势孤立和打击敌人；战术上，重视步骑协同，发挥骑兵的突击作用，善于出敌不意和大胆穿插、迂回包围。常能以少胜多，速战速决，把古代军事学术发展到一个新的阶段。恩格斯称他是"历代最优秀的骑兵指挥官之一"。

"坎尼战法"流芳百世——汉尼拔

杰作出自杰才，杰才创造杰作。名将之所以被称为名将，正是由于他们在人类战争史上创造了杰作而被后人视为典范。汉尼拔就是一个创造典范的世界名将。

汉尼拔是古代继亚历山大大帝之后又一位杰出的军事家，他不仅率孤军深入敌国，征战十余载，取得了屡歼敌军，横扫意大利，威震罗马，攻克大小城池 400 座的辉煌战绩，而且凭借他丰富的实战经验和超凡的军事智慧，对军事学术作出了卓越的贡献。他用兵不拘陈规，敢于创新，经常以出人意料的行动实现其战略意图，他率军翻越阿尔卑斯山，这在当时确实是一个惊人壮举。

汉尼拔是富于政治头脑的将领，善于正确判断政治和军事形势，利用矛盾分化敌人。他统率来自不同民族的军队在敌国作战 15 年而不溃散，显示了非凡的驾驭力和组织才能。出征时，他注意战略后方基地和交通线的安全；在战斗中，他总是在周密地组织侦察，详细地了解敌情之后，再制订作战计划。有人评论说："汉尼拔喜欢采取偏僻和出人意料的路线埋伏狙击，喜欢研究对方将领的性格，注重情报工作，经常派出侦察人员。他自己常常化装、戴着假发，亲

汉尼拔

自去搜集情报。"在战术上，汉尼拔大胆果断，灵活多变，善于利用地形和敌人的弱点，力求全歼敌人。在特拉西米诺湖战役中，他使用伏兵；坎尼战役中，他又实行两翼包抄进而合围，这两仗都取得显赫战果。特别是他组织指挥的坎尼之战，被后人誉为战术发展新阶段的标志。

坎尼城位于意大利南部，靠近亚得里亚海，是罗马军队的重要粮食补给基地，谁占有了它，谁就有了重要的战备粮仓。公元前216年春天，汉尼拔为了解决自己的补给问题，以奇袭方式顺利占领了坎尼城。坎尼的丢失，不仅使罗马人损失了大量的粮食和物资，而且使一个以坎尼为中心的富饶农业区被汉尼拔所控制，这使罗马人坐立不安，全国上下纷纷要求同汉尼拔决战，并提出鲜明的口号："夺回坎尼城，消灭汉尼拔！"

为了夺回坎尼，罗马新当选的两名执政官瓦罗和鲍路斯受命统率罗马军队，他们动员全国力量，很快组织起一支拥有8万步兵和6000骑兵的大军，浩浩荡荡地向坎尼进发。而此时，占领坎尼的汉尼拔手中只有4万步兵和1.4万骑兵，力量明显处于劣势。但汉尼拔从容镇定，他仔细了解和分析研究了敌军的战斗力、统帅的特点、惯用的战术以及坎尼地区的气象等作战要素，然后，胸有成竹地命令部队在坎尼附近的平原上安营扎寨，同罗马大军对峙于阿乌非德河南岸。

汉尼拔通过派出去的情报人员很快获悉：统率罗马军队的两位执政官，轮流指挥，每天更替一次。他们在作战指挥上存在着严重分歧，鲍路斯主张谨慎小心，反对冒险轻敌；瓦罗则专横傲慢，好大喜功，急于求成。

8月2日是由瓦罗轮任统帅的日子，汉尼拔决定在这天同罗马大军决战。凌晨，他率领大部分迦太基军队渡过阿乌非德河到达北岸，佯攻罗马人在北岸的第二营地。他根据坎尼地区离海很近，海面上经常在中午刮强东风的规律，在河北岸选择了一处背向东风的河川弯曲部，准备背水而战。

早就跃跃欲试的瓦罗，听到汉尼拔渡河北去的消息，立即命令罗马大军主力跟踪渡河，并将部队开到汉尼拔阵地以北的广阔平原上，瓦罗看见敌人背水为阵，认为是歼敌良机。他根据迦太基人依托河川，罗马军无法实施包围的情况，决定加强正面的突击力量，采取罗马人惯用的三线战斗序列，对汉尼拔进行重兵冲击。这个部署的最大错误是步兵配置过于密集，运动时彼此互相妨碍，造成重兵之累。汉尼拔观察了战场形势后，一眼就发现了敌人的弱点，于是，马上将自己的4万步兵和1.4万骑兵列成半月形，把凹面向着敌人。兵力部署是：步兵摆在中央，但中部战斗力较弱，最精锐的步兵都配置在两侧和后部。战阵的两翼配置强大的骑兵，汉尼拔亲率3000骑兵立马阵中，作为后备力量。

汉尼拔与罗马人在阵前谈判

开战前，汉尼拔激励将士们说："忠实的勇士们，还记得你们以往的荣誉和功勋吗？在你们面前的是一直败在你们手下的军队。我提醒你们，如果被这些败兵败将打败，那将是你们终生的耻辱！""失败不属于我们，属于我们的只有胜利！"一位将领应声喊道，接着，士兵们也跟着呼喊起来，呼声惊天动地。上午9时，会战开始了，罗马军队不知不觉地钻进了汉尼拔的包围圈，这时海上刮起了东风，顿时尘土飞扬，使得逆风的罗马军队睁不开眼睛，彼此互相碰撞，难以战斗。此刻，留在敌人后卫地带的500名诈降的迦太基步兵，按规定计划突然从怀中取出暗藏的短剑，勇猛地从后方袭击罗马步兵。与此同时，汉尼拔的重骑兵和埋伏在山谷里的轻骑兵也开始从后方袭击罗马步兵，把口袋紧紧"扎"住，从而完成了对罗马人的包围。陷入重围的罗马军队一片恐慌。过分拥挤的队形使士兵不能充分发挥手中武器的作用，而建制一乱，军队也就失去了战斗力。

惊心动魄的残杀整整进行了12个小时，直到夜幕降临时，才告结束。罗马的8万大军，有5.4万多人倒在血泊中，1.8万人被俘，执政官鲍路斯和军团将校全部战死，只有指挥决战的执政官瓦罗率残部逃回罗马。而汉尼拔仅仅损失了6000人。就是这样，汉尼拔以其超人的智慧、神奇的用兵，创造了古代战争史上以少胜多的奇迹。也正是由于这一奇迹的出现，汉尼拔同他的坎尼之战成了后来人们效法和研究的重点对象。在军事人才训练中，坎尼之战作为经久不衰的典型战例而被运用，汉尼拔的坎尼战法也成了智慧用兵的象征。汉尼拔的坎尼战法虽与今日没有直接的效法价值，但用兵以智，巧借气象、地形等客观因素之利而取作战之主动权，达到以最少的代价换取最大战果的用兵原则和思路则是永远不会过时的，这也正是汉尼拔的"坎尼战法"能风靡全球、流芳百世的原因所在。

无数君主帝王和平民百姓的偶像——恺撒

只有崇拜英雄才能成为英雄，只有成为英雄才能被人崇拜。公元前68年，在西班牙卡地兹的一个神庙中，一个在那里担任财政官职务的三十来岁的罗马人看着亚历山大的塑像，不禁仰天长叹："亚历山大在我这样的年纪，早就征服了世界，而我至今还一事无成！"于是他决定立即辞职，以便赶回罗马去寻找成就大业的机会。这个胸怀远大志向和抱负的人，就是后来成为古罗马杰出的军事家、政治家和文学家的盖乌斯·尤利乌斯·恺撒。

恺撒于公元前102年出生于罗马古老而著名但已衰落的尤利乌斯贵族家族。少年时就幻想拥有权力和荣誉，受过良好的教育和训练，曾师从于罗马著名演说家毛路。良好的教育，为其打下了坚实的文化基础。公元前78年，恺撒开始政治活动，起初被选为军事护民官，后历任度支官、市政官、大法官、罗马远征西班牙行省总督等职，丰富的经历为他成就伟业打下了坚实的基础。公元前60年，他与庞培、克拉苏结成"三头政治联盟"，第二年任执政官。任期届满后，恺撒又有幸出任高卢行省总督，这一职务，有权领导3个军团，还可再招募1个军团，使恺撒有了军事指挥权，也为他扩大自己的军事实力提供了极其有利的条件。公元前58年，恺撒任高卢（今意大利北部、法国、卢森堡、比利时、德国、荷兰和瑞士一部的广大地区）总督时，这一地区尚未被罗马征服，正处于大动乱

恺撒

之中。居住在这一地区的诸部落，彼此互相争雄，战争不断，恺撒审时度势，利用矛盾，运用分化瓦解和武力征服相结合的策略，统率大军8次远征高卢，终于使高卢全境和比利牛斯半岛大部分地区并入罗马版图。

恺撒征战一生，军事成就卓著，指挥过几十个重大战役。作为军事统帅，他多谋善断，善于抓住战机，特别是在不利的情况下，他都是以少胜多，出奇制胜。作为战役总指挥，他总是能以顽强的意志坚持自己的战略企图，扭转战局，表现出他那不同凡响的高超的军事指挥才能和艺术。他的战略思想和战术原则为西方许多著名军事统帅（诸如拿破仑等）所效法，对西方军事学术的发展作出了杰出的贡献。

恺撒的军事指挥特点可以归纳为以下八个方面：

（1）重视骨干部队的建设。恺撒十分重视抓骨干部队的培养和使用，不论平时或是战时都力求使骨干部队成为其他部队学习的模范。在他任高卢地区总督时，招募组建了一支日耳曼族骑兵部队。对于这支部队，在训练上他要求十分严格，很快使其成为一支善于进攻的闪电式突击力量。这支骑兵部队在战斗中，充分发挥了它的高度机动力和冲击力，进攻时，勇猛顽强，追击时，快速灵活，在关键的战役中起了重要作用。

（2）严格执行军事纪律。恺撒把军队纪律的好坏，看作是战斗力强弱的重要标志。他说，军事纪律绝对不能废除，如果对犯罪分子不予以惩罚，则没有一个人类社会可以维持其团结和生存。因此，他执行军纪时，赏罚严明，处事以理服人，使部队既能心甘情愿地遵守他制定的纪律，又能积极忘我地去与敌人厮杀。

（3）使部队保持高昂的战斗士气。恺撒十分重视部队中的宣传鼓动工作，他擅长以演说的形式阐明战争的必要性，以理喻人，使部下愿意跟着他打仗。在关键的时刻，在困难的条件下，他总是身先士卒，出现在士兵中间，出现在最危险的地方。他的行动是一种无形的力量，使将士们对他心悦诚服，在任何情况下都能听他指挥，为他效命。

（4）强调要时刻保持清醒的头脑。每次作战，恺撒总是首先着眼于政治、经济和军事形势的全面估量，以此作为指导战争的依据。并从这一基本估量出发，尽量使自己保持清醒的头脑，具有战略上的敏

恺撒塑像

感和预见性，在两军对垒中先敌一招，制胜敌人。

（5）善于集中兵力，选择主要攻击方向，造成必要的优势。然后，巧妙地分割敌军兵力，予以各个击破。罗马内战时，恺撒运用这一战术原则打败了庞培，创造了西方战争史上的一个范例。

（6）善于适时地捕捉战机。恺撒认为，战机掌握得好不好，对于战局的胜败关系极大。准确捕捉战机的关键，在于周密细致的侦察。公元前58年，他远征高卢与赫尔维西亚族军队交战时，侦察到敌军正在以小船渡河，恺撒判定敌军拂晓前只能渡过四分之三的兵，便连夜率军赶往渡口，"半渡而击"，一举歼敌9万人。

（7）重视使用预备队。恺撒指挥作战时，把预备队作为布阵的重要组成部分，只有到了关键时刻，才把预备队撒出去，以加强主要方向上的进攻力量，使预备队成为决定战争成败的一支突击力量。恺撒建立、使用预备队的做法，在西方战争史上是一个创举。

（8）善于机动、主动地进攻。恺撒在战场上善于使骑兵和步兵紧密协同，迅猛、大胆、机动地迎击敌人。他所指挥的军队具有高度的机动能力，对敌人常常施行突然袭击，使其防不胜防。远征高卢时，他曾率军长途行军两个月，在高卢境内穿越1600多公里的崎岖山路，平均日行军27公里，被人们视为奇迹。由于部队机动能力强，行动迅速，进攻的主动权就掌握在自己手里，常能给敌以出其不意的致命打击。

恺撒有多方面的才能，能文能武。他结合自己的经历写下了著名的《高卢战记》、《内战记》等战争史著作。苏沃洛夫和拿破仑都认为，恺撒的著作应是每个军官的必读之物。不仅如此，他的《高卢战记》因为文笔清晰简朴，成为初学拉丁文者必读之书。恺撒还制定了通常所说的"儒略历"，这种历法现在还为许多东正教徒所使用。

恺撒在军事实践上的巨大成就和在军事理论上的造诣，为罗马军事学术的发展作出了杰出的贡献，他的军事业绩为罗马开拓了广大的疆土。千百年来，无数君主帝王和平民百姓都把自己或子孙命名为"恺撒"（就连沙皇的"沙"字，也是俄语的"恺撒"一词），以期业绩丰硕，事业发达。恺撒就是因为崇拜英雄而最终成为被崇拜的英雄。

【点评】古罗马统帅，政治家。征战一生，军事成就卓著，指挥过几十个重大战役。善于并用政治手段与军事手段，分化瓦解和各个歼灭敌人；重视骑兵的作用，强调步骑兵协同作战；在兵力部署上建立了预备队，增大了战斗队形的纵深和稳定性。其代表作《高卢战记》、《内战记》是研究古罗马军事历史的重要文献。

"整个古代史中最辉煌的人物"——斯巴达克

战争是军人的试金石，为谁而战又是军人道德的试金石，凡是为大多数人的利益而战且战绩赫赫的人，都会在人类历史上金光灿灿。公元前73年，在意大利中心地带爆发了以奴隶为主，并且有贫苦自由民参加的起义。这是罗马历史上出现的最大的一次奴隶起义。起义的领袖就是这位斯巴达克，他领导的奴隶大起义，极大地震撼了古罗马奴隶主的统治。伟大的无产阶级革命家马克思评价斯巴达克是"一位伟大的统帅，具有高尚的品格，为古代无产阶级的真正代表"，"是整个古代史中最辉煌的人物"。列宁称赞他是"大约两千年前最大一次奴隶起义的一位杰出的英雄"。

斯巴达克原是位于希腊北方的色雷斯人。色雷斯地处巴尔干半岛、爱琴海和黑海之间。罗马人一直把色雷斯人称为"蛮族"。在斯巴达克身上集中体现了色雷斯部落人民酷爱自由、独立、勇敢、顽强的特点，他智慧过人，足智多谋，组织指挥能力超群。在一次反对罗马入侵的战役中，斯巴达克被罗马人俘虏，罗马人见他气度不凡，力大无穷，就把他送往意大利卡普亚城的角斗场训练学校当角斗士。斯巴达克不堪忍受这种惨无人道的角斗士生活，于公元前73年，在卡普亚角斗学校秘密组织受过训练的200多个角斗士准备起义，后因起义计划被一个叛徒出卖，斯巴达克只好带领78个角斗士提前行动，他们用菜刀、木棒、铁叉作武器，杀死了看管他们的奴隶主和卫兵，冲出学校，当他们路过另一个角斗学校时，那里正在运送几车角斗武器，他们缴获了这些武器，并用这些武器武装了自己，然后向南奔往维苏威山（当时的维苏威还是一座活火山，斯巴达克起义150年后它才第一次喷火），建立了起义营地，斯巴达克被推选为起义军的领袖。斯巴达克组织和指挥起义军在山上进行紧张的军事训练，不间断地袭击小股罗马军队，夺取奴隶主庄园的武器、粮食，在斗争中，起义队伍不断发展壮大，很快就达到了1万人。

公元前72年，斯巴达克移军南下意大利，由于事前应允把起义军运过墨西拿海峡的海盗背信弃义，使斯巴达克的

斯巴达克

计划无法实现，只好率兵北上。同年冬，就在斯巴达克准备北上的时候，被罗马军队趁机堵住，使起义军处于进退维谷的境地。斯巴达克冷静地分析了当时的战情，认为此时正值隆冬，起义军粮草不足，既不宜打持久战，也不宜猛打硬拼。为了尽快冲出封锁线，斯巴达克立即改变作战方案，采取了反常的军事行动。他利用大雪纷飞的夜晚，命令士兵在靠近敌军的地方，燃起夜火，吹起笛子，敲响皮鼓，跳起各部落的舞蹈。按照当地古老的风俗习惯，奴隶们在死前都要进行一次营火晚会。因此，迷惑了敌人，使敌军官兵误认为斯巴达克及其所属官兵正在准备自杀，因而放松了对其行动的警惕，斯巴达克抓住这一有利时机，带领起义军身披白色羊皮，在雪中前进，接着，他们用携带的木料、冻土等，在敌人不备的地方填平壕沟，冲出封锁线，又奇迹般地出现在意大利平原上。

在斯巴达克领导起义之初，罗马正在西边的西班牙和东边的小亚细亚持续地进行扩张战争，对意大利本土上的奴隶起义只能进行小规模的讨伐。凭借斯巴达克的机智与勇敢及指挥若定，他们屡屡击溃了前来镇压的罗马军队，甚至连敌人的司令官也被生擒活捉，取得了一个又一个胜利。至公元前71年，斯巴达克率领的起义军已扩大到10余万人，声势浩大，威风大震，很快占据了意大利南部的大部地区。

斯巴达克所领导的奴隶起义军对罗马统治者的威胁越来越大，罗马统治集团如坐针毡，惊恐不安，执政者下定决心，派两个军团前去镇压。面对强大的敌人军队，起义军内部人心惶惶，众说不一。斯巴达克审时度势，根据敌人的兵力部署情况，敏锐地认识到敌人前后夹击之势的战略意图，从军事利弊上进行了精心的分析。他认为，敌军前后夹击，对起义军十分不利，但敌军轻兵冒进，兵力分散，又为起义军创造了有利条件。如果以集中对分散，就会变不利为有利，一口一口地吃掉敌军。在斯巴达克的巧妙指挥下，起义军不仅没有被镇压，反而在胜利中再一次得到壮大，发展到12万人。当起义军进军到达意大利北部摩提那城时，山南敌军首领贾息斯率领一万多装备精良的部队前来阻击，被强大的起义军一击即溃。斯巴达克并没有满足于一城一域的战绩，也没有占域为王的举动，而是出人意料地放弃原来的计划，带领12万起义军，挥戈南下。斯巴达克的这一举动使罗马帝国立即处于紧急状态，迅速派遣

斯巴达克率军同罗马军团激战

新任执政官克拉苏统率4万精兵前去征伐。克拉苏为了防止起义军袭击罗马城，将几个军团部署在罗马城外东面的皮塞嫩边境上，依靠有利地形，准备在那里与起义军决战，然而，斯巴达克却机智地避开了罗马城，率军继续南下。克拉苏发现自己扑了个空，急命副将穆米乌斯引兵追击，斯巴达克见穆米乌斯孤军深入，求功心切，遂抓住他的这一弱点，杀了一个回马枪，大败穆米乌斯。为了摆脱克拉苏军的继续追击，斯巴达克命令起义军把一批辎重和物资扔在大路上作诱饵，乘罗马士兵抢夺物品之时，突然率军反击，一举将敌歼灭。斯巴达克的足智多谋和用兵如神，使时人折服，为后人称颂。

后来，由于种种原因，起义军处于困境，在与罗马军队的决战中，斯巴达克身先士卒，勇猛杀敌，不幸被敌人的镖枪刺中，只好下马步行与敌搏斗。在生命的最后一刻，"他屈下一支膝，举盾向前，还击来攻之敌，直到与敌同归于尽"。

【点评】古罗马共和国后期大规模奴隶起义的领袖。斯巴达克起义虽然失败了，但起义军英勇斗争的气概，斯巴达克高超的统率艺术，却在历史上留下光辉的一页。其作战行动的主要特点是：步骑协同，隐蔽机动；出敌不意，外线进攻；避强击弱，各个击破。起义沉重打击了奴隶主的统治，加速了罗马共和国的灭亡。马克思赞斯巴达克，是"古代无产阶级真正的代表"，"是整个古代史中最辉煌的人物"。

"桨船时代"最优秀的海军战略家——阿格里帕

科学技术是第一生产力，武器装备是取胜于战争的重要因素。在战争舞台上，谁率先认识到科学技术的价值，并运用科学技术改进武器装备，谁就能在战场上独领风骚。

阿格里帕出身寒微，曾是恺撒的一名并不起眼的部下。在后期的古罗马内战中，阿格里帕追随执政官屋大维南征北战，驰骋疆场，表现出了卓越的指挥才能，多次取得重大海战的胜利，帮助屋大维扫除异己势力，统一了罗马。千百年来，人们一直认为阿格里帕是"桨船时代"最优秀的海军战略家。

罗马帝国"出世"伊始，便遭到各派争霸势力的强大挤压，霸权争战彼起此伏。到公元前43年，当时的实力派安东尼、屋大维和李必达结成同盟，确立了后三寡头政权，罗马城内出现了暂时的宁静。可是事隔不久，更大规模的内战又重新爆发。阿格里帕辅佐屋大维对其他异邦发起了战争。

由于技术和战术能力所限，当时的海战武器发展缓慢，很少革新。到公元前3世纪，罗马人为了海战的需要，才对战舰武器进行了一次尝试性的革新，他们发明了一种能以大桅为枢纽灵活地左右摇摆，并以其前端的吊钩钩住敌舰的武器——"乌雅"。在米莱海战和埃克诺姆海战中，"乌雅"大显身手。受这项革新成果的启发，阿格里帕认为，要想在海战中取胜，必须对现有的舰船武器进行大幅度改革，并强调，改革武器，是取胜的最直接最有效的出路，在未来海战中，谁率先改革武器，谁的战

阿格里帕

斗力就能大幅度地提高，谁就能得到作战主动权。阿格里帕本身就是一个极富创造性和想象力的人，加之有多年的海上作战经验和广泛听取官兵建议的作风，根据海战的实际需要，阿格里帕对海战武器进行了一系列的革新。首先，他针对当时舰船攻击距离比较近且命中率低的问题，发明了一种叫作"钳子"的新式武器，进攻时用弩炮将"钳子"投射出去，在较远的距离上钩住被"选中"的敌舰，然后把它拖过来尽情攻打（当时的战舰吨位比较小，所以能够拖动）。钳子的发明，无疑是海战史上的一大创举，是海战武器的一个重要发展，并因此带动了海战战术的发展。其次，他组建了一支灵活机动的小型舰船舰队，史称"利布尼船机动舰队"，因而有效地解决了当时舰队因盲目求大而造成机动困难的问题。另外，他还在重型战舰的水线部位，装上木制"装甲"，以防敌舰冲撞。据海军史学专家帕姆塞尔考证，这是历史上第一次在军舰上全盘装置甲带，因而我们可以认为阿格里帕首开了装甲战舰的先河，这种装甲大大提高了舰船的抗攻击能力。阿格里帕巧妙地将他的各种发明和革新合成在一起，将一把把"钳子"装到"利布尼船"和"装甲舰"上，并运用这些攻防能力都相当出色的"秘密武器"在海战中大显身手。

公元前36年，屋大维为剪除异己，命令阿格里帕指挥屋大维舰队300艘战舰远征西西里岛。9月3日，阿格里帕在瑙罗卡斯附近与罗马反叛势力小庞培展开决战。阿格里帕的"秘密武器"果然奏效，尤其是"钳子"发挥了巨大的威力，钩住一艘艘较弱的敌舰，使其被动挨打。经一天激烈战斗，小庞培舰队300艘战舰除17艘有幸逃脱外，其余全被击沉、俘虏或焚毁，小庞培化装逃往小亚细亚，不久被安东尼杀死。

公元前 31 年初，阿格里帕同屋大维率领水陆大军渡过爱奥尼亚海，在希腊半岛西岸的阿克兴海域迎战最后一个劲敌安东尼和埃及女王克里奥帕特拉七世。他首先拔掉了安东尼的海上运输中继站，从海上完成了对安东尼军的包围。9 月 2 日清晨，安东尼率领 500 艘战舰，按当时标准的一线规则列阵，分成左、中、右三个部分，驶出安布拉基亚湾港口。在这一阵势中，右翼战斗力最强，共有 170 艘战舰，由安东尼亲自率领，完成关键任务。阿格里帕的兵力部署和安东尼一样，将其 400 艘战舰列成一线，分为左、中、右三个部分，也由自己统率最精锐的舰队。正午时分，当风向开始转变时，阿格里帕的"秘密武器"和指挥艺术再显神力。他充分利用"利布尼船队"轻便、灵活的长处，猛烈地撞击敌舰，战舰上的"钳子"更是宝刀不老，继续发挥作用。激战开始不久，包括安东尼的旗舰在内的许多舰船都被"钳子"死死钩住，虽然舰船无法挣脱"钳子"，但安东尼还是指挥士兵殊死抵抗。阿格里帕的舰队也受到一定的损失，为了减少损失，阿格里帕决定改用火攻。一时间，烈火熊熊，浓烟滚滚。埃及女王见势不妙，首先率舰队逃走。安东尼急忙爬上另一艘战舰，也带着残存的 40 艘战舰闯出重围逃遁。阿克兴一战，安东尼共损失战舰300 多艘，陆军全部投降，自己最后率残部逃回埃及，从此一蹶不振。公元前 30 年，阿格里帕辅佐屋大维彻底消灭了安东尼军队，建立了统一的罗马帝国。

罗马帝国建立后，阿格里帕凭其赫赫战功和超常的统率才能被委以重任，先后担任过执政官和东部行省总督等要职，并经常代理朝政。身居要职的阿格里帕更加重视海防建设，他根据未来国家海上防御和海上作战的需要，对海军武器进行了一系列的改革，对海军战略发展和战术运用进行了一系列大胆的设想和尝试。同时，还率大军远征西班牙，粉碎了坎塔布里地区的反抗及部分军部人员的反叛。公元前 13 年冬，阿格里帕最后一次出征，讨伐潘诺尼亚人的叛乱，因在战斗中负伤去世。

【点评】古罗马统帅。一生忠于恺撒和屋大维，对不断战胜强敌、巩固帝国地位和建立罗马城池，作出了重大贡献。他的诸多军事战略思想，尤其是对海战武器的改革及战术的创新，对后来海军建设发挥了很大的作用，成为那个时代当之无愧的海军优秀指挥家和海军战略家。

"海上魔王"——德雷克

1540 年，德雷克出生在英国西南部德文郡的一个自耕农家庭。由于

家境贫寒，德雷克13岁时就在一条往
返于北海各港口的小船上当水手。5年
后，德雷克从老船长的遗产中得到一
条小船，开始担任船长，继续在近海
各港口闯荡。25岁时，跟随其表兄、
海盗巨头霍金斯往返于非洲和加勒比
海之间从事贩卖奴隶生意。1572年，
随着实力的加强，德雷克自立门户，
开始了新的航海冒险和海盗生涯。

德雷克

　　当时，西班牙人把他们从秘鲁等
地掠来的金银财宝，首先沿太平洋东
岸运到巴拿马，然后再用骡马运输队
驮过巴拿马地峡，然后由大西洋舰队
从巴拿马地峡北端的港口秘密地运往西班牙。而此时的德雷克，也已经成
为一名官匪一体的英国海盗头子。1570年至1571年，德雷克详细地侦察
了西班牙人的这条财宝运输线，经过充分准备之后，德雷克带领2艘海盗
船，偷偷地越过太平洋，首先进攻了西班牙人转运财宝的秘密港口。在那
里，他发现了堆积如山的财宝，但是，他还没有来得及将财宝运走，就遭
到西班牙人的反击，德雷克身负重伤，只得撤退。此后，德雷克以达里安
湾为基地，耐心等待骡马运宝队的出现，同时伺机捕获了许多船只。1573
年春，时机终于来临，在巴拿马地峡，德雷克率领英国海盗几次袭击西班
牙的骡马运宝队，抢劫了足足5吨黄金和许多贵重的珠宝。1573年8月，
德雷克回到普利茅斯，受到了空前的热烈"欢迎"，那些狂热的不列颠公
民，称誉德雷克为"自由英国的旗手"。

　　1577年12月，为了袭击西班牙在美洲太平洋沿岸的殖民地，德雷克
在英国王室的支持下，率领160余人分乘3艘武装船只和两艘补给船从普
利茅斯港出发，开始了历时3年的环球航行。船队横越大西洋，沿美洲巴
西海岸南行，穿过麦哲伦海峡，到达南美太平洋沿岸。由于沿途征战和狂
风恶浪的袭击，此时德雷克率领的舰船仅剩1艘比较坚固的"金鹿"号
了。经过一番调整，德雷克继续沿智利海岸向北航行。在智利海岸，德雷
克洗劫了所有过往的西班牙商船和港口。1579年7月，德雷克乘坐"金
鹿"号横渡太平洋，穿过印度洋，绕过好望角，进入大西洋，于1580年
9月26日，载着56名幸存者和盗抢来的价值50万英镑的金银财宝回到了
普利茅斯港，兴奋不已的英国女王亲自登上"金鹿"号，庆贺远征胜利，
并授予德雷克以"爵士"称号。

　　随着英国和西班牙两国争霸海洋的冲突愈演愈烈，仇恨也日益加深，

外
国
著
名
将
帅

战火大有一触即发之势。1586 年，西班牙策划了一个"巴丙顿"阴谋，企图刺杀伊丽莎白，扶立马利女王，以便里应外合，一举拿下英伦三岛，然而，这一阴谋很快败露，伊丽莎白果断逮捕了阴谋分子，并将马利女王送上了断头台。腓力二世内部颠覆的希望彻底破灭了，除了对英宣战，别无他路。于是西班牙政府准备派出一支强大的舰队，武力攻占英国。

1587 年初，英国女王获悉，西班牙正准备派一支强大的"无敌舰队"攻占英国，遂命令德雷克率领一支皇家与海盗的联合舰队，在普利茅斯港待命。为了阻止和破坏西班牙舰队的集结与备战，德雷克于 4 月 19 日率领联合舰队出其不意地袭击了加的斯海湾，摧毁和俘获西班牙船只 37 艘。接着，又率舰闯入西班牙舰队的预先集结地里斯本，于 5 月 10 日，再次偷袭了港外的舰船，使西班牙军队蒙受了重大损失。随后，德雷克又率舰队摧毁了圣维森提角西班牙的渔船、货轮和港口设施。此次出击行动，德雷克给敌人造成的损失足足把迫在眉睫的战争推迟了一年。有人说，这次行动德雷克是"烧焦了西班牙国王的胡子"。但无论如何，此次行动，对于英伦三岛来说，实在是太幸运了，倘若西班牙人按原计划入侵，英国很可能无力招架。德雷克以其海盗作风和胆识打击了西班牙舰队，为英国赢得了战争准备的时间，可谓在关键时刻为英国解了大围，因此，英国女王破格提升德雷克为海军中将。

为了弥补德雷克为之造成的损失，西班牙国王腓力二世命令加紧战备。然而，就在万事俱备之时，西班牙的出征舰队总指挥勒班陀宿将克鲁兹侯爵突然病逝，国王只得任命不太懂得海战指挥的麦地纳·西多尼亚爵继任舰队司令。英国王室获悉西班牙试图再次入侵的消息后，马上召开军事会议，在指挥官的任命问题上，虽然包括英王在内的所有官员都知道德雷克是最能取胜的，但由于德雷克出身海盗，名声不好，这对于一向保持"绅士风度"的大英帝国来说，任命德雷克也不是一件光彩的事，再加上英王对德雷克时刻保持警惕，本来就不想用他。而此时的德雷克求战心切，他给英王写了一封信："假使陛下与诸位大人都相信西班牙国王的确是要入侵英格兰，那么毫无疑问，他必然正在准备……争夺天时和地利是我们取胜的秘诀。如果我们用 50 艘战船，开往敌人的海岸线作战，那比动用更多的战船在我们自己的海岸作战要主动得多，而且我们出发得愈早，成功的机会就越大。"危难之时，

开进英吉利海峡的无敌舰队

不用德雷克又没有好的人选，因而，德雷克最终被任命为副统帅，并率一支分舰队出战。1588 年 7 月，德雷克率领的英国分舰队与西班牙"无敌舰队"在英吉利海峡发生海战。战斗打响后，德雷克利用霍金斯精心设计的英国军舰速度快、机动性强、火炮多的特点，毅然抛弃当时最常用的横队战术、接舷肉搏等传统战法，指挥快速战舰摆成一字纵队，迅速揳入西班牙军队主力和后卫之间，一面航行一面远距离炮击，并集中火力猛烈攻击西班牙军队后卫，墨守成规的西班牙军队被打得混乱不堪，多艘战舰受到重创。随后，德雷克又改用火攻战术，派纵火船冲入敌舰群，搅乱敌人。接着，再指挥英舰逼近西班牙舰进行炮击。结果大败西班牙"无敌舰队"，击毁和俘获西班牙军舰 20 余艘，西舰队司令率残部侥幸逃脱。从此，西班牙军队一蹶不振，而英国则一跃成为海上强国。战后，德雷克因战功卓著而被晋升为皇家海军上将。

为了进一步削弱西班牙的海上实力，伊丽莎白女王于 1595 年 8 月命令德雷克同霍金斯一道前往美洲进行海盗远征。1596 年 1 月，56 岁的"海上魔王"德雷克病死在自己的战船上。

【点评】英国海军将领，航海家。在英西海战中，协助总司令霍华德勋爵，采取小舰群袭扰战术，并使用纵火船驱散泊于加来海域的无敌舰队，最终取得海战胜利。他一生致力于加强英国海上力量，其环球航行对地理探险和海洋事业有一定贡献。

"装甲舰之父"和"忠武将军"——李舜臣

在朝鲜的军事历史上，李舜臣是一个赫赫有名的人物。他是 16 世纪朝鲜水军的统领，在壬辰战争中，他率领朝鲜海军舰队多次击败日本侵略者的舰队，为夺取战争胜利，消除民族危机，维护民族尊严，作出了卓越贡献，被朝鲜人民称为"装甲舰之父"和"忠武将军"。

1545 年，李舜臣出生于朝鲜京都汉城，自幼聪明伶俐，少年习武，熟读兵书，精通兵家谋略，能文善武。1577 年，李舜臣武笠及第，在朝鲜水军中做一小官，一直不交官运。然而，位卑未敢忘忧国。凭借他的爱国之心和对国际国内形势的科学分析，当时，他就预料到日本对朝鲜的潜在威胁，于是，他积极训练水师，特别是以经他改进的"龟船"作为兵舰，不仅对提高朝鲜水师的海战能力起了重要作用，而且也首开世界装甲舰之先河，成为名副其实的装甲舰之父。

在国家危难之时，48 岁的李舜臣被任命为全罗水道水军统制使。临危受命的李舜臣到职后，即竭力加强海军建设，做好反侵略战争准备。李舜臣认为，军队除了要有良好的军政素质、机动灵活的战略战术外，先进的作战武器也是克敌制胜的重要因素。因此，他积极着手改制武器装备。他考虑到在抗倭卫国的战争中，海战必首当其冲，即把精力倾注到提高舰船的威力上。朝鲜的造船技术自古以来就很发达，15世纪初便制造出一种坚固巧妙的"龟船"。这种船因形状如龟而得名，能经得住台风袭击，战斗力也比一般战船强得多。李舜臣本来就是一位制造战船的专家，他想在原来"龟船"的基础上，取其优点，补其不足，把它改造成为具有更大威力的装甲战舰。经过精心设计和制造，终于

李舜臣

制成了长11丈，宽丈余，形似伏龟，船身覆以铁板，敌人无法焚烧，板上装有铁锥刀，使敌人无法靠近；船首有龙头，内装硫黄焰硝，作战时吐烟雾以迷惑敌人；船身四周有72个炮眼，两侧有20个橹，船身广大，进可攻、退可守，攻击如猛虎，固守如坚龟的海上运动作战堡垒。此时，世界各国还没有如此装甲战船，李舜臣发明和改进的这种"龟船"，堪称是世界上最早的"装甲战舰"。为了纪念李舜臣对海军舰船的创新改革业绩，后人称李舜臣为"装甲舰之父"。

装备有龟船的朝鲜水师

"三尺誓天，山河动色，一挥扫荡，血染山河"，这是李舜臣的题剑铭。它充分显示了李舜臣壮怀激烈的英雄气概。

1592年4月，果然不出所料，丰臣秀吉在统一日本之后，便借口中国明朝政府拒绝通商，派遣使者到朝鲜，要求与朝鲜联合进攻中国。日本侵略者的这一要求遭到朝鲜坚决回绝之后，便于第二年四月，派遣16万陆军和3.4万海军相继在釜山登陆，悍然入侵朝鲜。日军于5月3日占领首都汉城，接着又攻陷了朝鲜北部的许多城镇，侵占了大量土地。当时的朝鲜国王宣祖得到战况不利的消息后，不仅不采取有力措施组织抵抗，反而弃城出逃。在这民族存亡的紧急关头，许多爱国军民奋起抵抗。李舜臣率领水军誓与敌舰决一死战，他说，此次作战，"愿以一死为期，直捣虎穴，扫尽妖魔，欲雪国耻"。在强烈的民族情感和爱国精神激励下，李舜臣视死如归，指挥若定，灵活指挥其装甲战舰"龟船"与日海军展开激战，当天就击沉日军舰44艘，而朝鲜水师仅有一人负伤。朝鲜水师首战大胜，大大提高了朝鲜军民战胜日本侵略者的信心和决心。日军在海上屡战屡败，使日军速战速决的企图化为泡影，施出假和谈实备战，伺机进攻的阴谋。李舜臣洞察敌人的假和平阴谋，不为其假象所迷惑，仍然积极备战，使日军的阴谋失败。

日本侵略者视李舜臣为眼中钉，决定在发动第二次侵朝战争前，派间谍深入朝鲜高层散布谣言进行离间。此招果真奏效，朝鲜国王轻信谣言上了日本的当，以所谓李舜臣"欺骗国王，放走敌将"的罪名，将李舜臣逮捕法办。结果使朝鲜水军失去了李舜臣这位忠勇精明的海上良将的指挥，而在海战中吃了败仗。在这危机的形势下，国王不得不重新起用李舜臣以解燃眉之急。李舜臣不计个人恩怨，一心报国，他以残留下来的12艘战船，120余名水兵为基础，重整朝鲜水师，决心把日军赶出自己的国土。朝鲜水师亦因此而重新发展起来，战斗力不断得到加强，在海上屡次与日军交火，到1598年8月，喜获"鸣梁林捷"，给了敌军以沉重打击。1598年7月，中国水师赶到朝鲜，与李舜臣水师会合，朝中两国水师联合作战，多次击退日本海军的进攻。9月，在朝中水师的配合下，朝中陆军分左、中、右三路，同时向日军据点发起进攻，切断了日军的对海支援，此时，日军士气涣散，处于四面包围的日军守将小西行长为逃避厄运，向李舜臣提出停战议和的要求，遭李舜臣严词拒绝。11月17日，敌泗川守将岛津义弘率领五百多艘战船和大批军队增援小西行长，朝中联合水师决定先消灭岛津义弘，割断小西行长的增援线。双方战船在露梁海面上激战近三昼夜，日本海军战船被击毁四五百艘，伤亡1万多人，岛津义弘带领残存的50艘战船侥幸逃脱。经过这次决定命运的一战，日本侵略者充分认识到朝中联军的强大威力，已无心再战，遂从朝鲜撤军，前后持续六年之久的朝鲜卫国战争，到此胜利结束。然而，就是在这次决定朝鲜命运的海战中，李舜臣和明王朝70多岁的水师老将邓子龙先后壮烈牺牲。李舜臣之死，朝鲜举国上下异常悲痛。他的遗体被安葬在忠清南道牙山郡于罗山下，谥号"忠武"，供人们世代凭吊、瞻仰。

【点评】朝鲜海军将领，抗日民族英雄。为抵御外侮，操练水军，建造铁甲"龟船"。1592年朝鲜壬辰卫国战争爆发后，率部在玉浦、泗川、闲山岛等海战尤其是鸣梁、露梁海战中连战皆捷，大败敌船队，粉碎日军水陆并进计划。但在追击逃敌时中弹牺牲。死后谥号"忠武"，追封为右议政、左议政及领义政。遗著辑成《李忠武公全集》。

"北方雄师"和"白雪之王"——古斯塔夫

1594年，古斯塔夫出生在斯德哥尔摩。他是瑞典国王查理九世的长子。古斯塔夫自幼受到作为王位继承人的良好教育和严格训练。在系统的文化教育的基础上，他掌握了法语、意大利语、荷兰语、西班牙语、俄语和波兰语，谙熟欧洲文学、历史学、政治学。特别是在他悉心钻研军事学的同时，他为自己选择了享有盛名的将领——纳索的莫里斯作为自己心目中崇拜的英雄偶像。古斯塔夫的父亲十分注重对他进行实践训练，自幼随父游历，参加政治活动和军事活动，13岁时代父宣读即位誓词，16岁时参加卡耳马战争，表现英勇。他还经常与外交使节会谈，获得了作为统治者的许多实际经验。1611年，查理九世去世，17岁的古斯塔夫在内外交困之际登上瑞典王位。作为一个年轻的国王，古斯塔夫以其能屈能伸的大丈夫风度进行了一系列的矛盾调和，缓解了国内政治危机，缓和了国际周边关系。直到古斯塔夫23岁正式加冕为国王时，这位年轻人已崭露出娴熟的外交才能和在国内消除夙怨的非凡能力。他的坚强个性博得了社会各阶层人士的钦佩和拥戴，从而为他最终成为"北方雄师"和"白雪之王"奠定了雄厚的政治基础。

古斯塔夫

为了实现宏图大略，古斯塔夫首先在国内进行了系统的行政、经济和军事改革。他改变以雇佣军为军队主力的传统，组建起一支庞大的由瑞典国民为主体的常备军。在装备上进行了大量的改进，他利用本国丰富的铁矿和铜资源，用先进的生产技术制造大炮，从而成为欧洲第一个使用野炮的君主。他还用一种只有 3 磅重的新式轻型步枪普遍装备军队，并不断学习和引进先进武器。在部队编制上，他效仿荷兰军队的小型战斗序列和简化的组织原则，强调轻便、灵活和快速，改善骑兵组织。同时，建立新型军需制度，减少辎重和行李，使军队行动能够迅速机动。在战术上也进行了很多创新性的探索。此外，还建立了一支舰队和运输船队，不仅确保了瑞典军队在波罗的海的贸易安全，而且建立起了一个更加宽面化的军事补给通道，形成了当时欧洲独树一帜的陆军，成为他日后扩张的工具。

自 1621 年，他发动了对波兰的战争，破天荒地征服了当时被认为是"天下无敌"的波兰骑兵，第一次展现了其军队严明的作战纪律和新型军事技术所铸成的战斗力。既壮大了军威，亦使瑞典成为影响欧洲政局的举足轻重的大国。这一地位的确立，再次助长了古斯塔夫实现"北方雄师"和"白雪之王"的野心。他又开始把目光转向了德意志。古斯塔夫为参战作了经济、外交的各方面准备，作了严密的军事作战计划。1630 年，他统率大军在波美拉尼亚的乌泽多姆登陆，因天时地利而占领了奥得河全线，7 月，又征服了麦克伦堡和波美拉尼亚，控制了从丹麦到芬兰的整个波罗的海地区。进而，又乘胜攻占了法兰克福。9 月 17 日，当他向比锡进军时，遇到提内守敌的顽强抵抗，在比锡附近的小镇布莱滕费尔德展开了一场决战。这次战役是新旧两种军队和战术之间的较量，古斯塔夫所率军，由于步兵、骑兵、炮兵相互配合默契，加上操练有素的作战火力以及灵活机动的指挥，仅在 6 个小时之内就全歼提内敌军，缴获大批军火和物资。布莱滕费尔德战役的结局使整个欧洲大为震惊。古斯塔夫以新的将领和统帅的形象出现在德意志和欧洲，被人们视为——像预言家和占星家所说的，是从遥远的地方前来拯救人类的"北方神狮"的化身。古斯塔夫的"北方雄狮"形象因此而树立起来。

布莱滕费尔德战役后，瑞典军队控制了易北河西岸，并继续南

古斯塔夫战地像

下，占领了从曼海姆到布拉格一线以北的德意志。古斯塔夫二世计划建立德意志诸侯同盟，作为瑞典和哈布斯堡王朝的屏障。1631年冬，他在德意志诸侯簇拥下，在美因兹和法兰克福举行觐见礼，被推举为盟主和统帅。此后，他统领新教同盟的6支军队南进，以实现对中德和南德的更大野心。

1632年3月，军事行动开始。古斯塔夫进入纽伦堡，4月强渡累赫河，再次击败帝国军队。5月进入巴伐利亚，通向慕尼黑，显然是想直捣哈布斯堡王朝的权力核心——奥地利世袭领地。但是，要指挥这样拼凑起来的五国军队，古斯塔夫已显得力不从心，而且远离本土，其军队的一些弱点也开始暴露出来。同时，由于古斯塔夫军队的顺利进展也威胁到了法国在南德的势力范围，法国人对这位"北方雄师"和"白雪之王"能否事成之后杀一个回马枪收拾盟友也不得不防备至极。法国不仅停止了对古斯塔夫的援助，而且还采取军事行动，占领了莫尔河上的桥头堡特里尔和科不伦茨，在阻止古斯塔夫的同时，与之争抢地盘。种种客观和主观原因，使这位"北方雄师"和"白雪之王"走进了自己为自己挖好的坟墓。虽然古斯塔夫善始而未能善终，但他卓越的政治、军事、外交才能，以及他在欧洲战史上曾经写下的辉煌，成为后来者研究的热点。不论政治家、外交家还是军事家，都不同程度地从他身上汲取了某些治国、从政、率兵之道，人们还是以仰服的口吻称他为"北方雄师"和"白雪之王"。

【点评】瑞典瓦萨王朝第六代国王，统帅，军事改革家。即位后，对内采取措施稳定局势，推行政治、经济改革；对外谋求波罗的海霸权。同时，锐意进行军事改革：实行义务兵役制，组建训练有素的常备军；压缩部队编制，改进武器装备，并建立团属炮兵；改行新的军需供给制。通过改革，提高了军队的战斗力。先后进行对丹麦的战争、三十年战争，在布莱滕费尔德之战中重创蒂利所率天主教联盟军，被誉为"北方雄狮"。在欧洲最早采用线式战术，作战指导上强调小部队进攻、预设战场和确保作战线等。其军事思想对欧洲军队建设和军事学术发展具有重大影响。

创建"英国第一支正规军"——克伦威尔

1640年的英国资产阶级革命，标志着世界近代史的开端，奥列弗·克伦威尔就是这一伟大历史事件的军事领导人。由于是他一手创建并指挥的"铁骑军"和"模范新军"，彻底歼灭了斯图亚特王朝的封建军队，保证了这场革命的胜利。因而军事史学上称"克伦威尔创建了英国第一支正规军"。

克伦威尔出生在英格兰亨廷顿郡，少年时期就读于本郡学校。他的老师比尔德是位著名的清教徒，积极宣传加尔文的宗教改革思想，主张从英国国教中清除天主教旧制。这些早期资产阶级进步思想给克伦威尔打下了深刻的烙印。1616年，他来到剑桥的西德尼·萨塞克斯学院读书。当时，英国社会各种矛盾日益激化，封建统治危机四伏。在国会中居于多数的新兴资产阶级和新兴贵族在广大下层劳动群众的支持下，开始向封建君权挑战，革命风暴即将来临。克伦威

克伦威尔

尔迅速看准了这种趋势，认为只有强有力的手段才能改变世道，于是转而习武，苦练马术，潜心钻研古斯塔夫的统率经验和作战艺术。

1642年，英国第一次内战爆发。内战之初，军事主动权掌握在王党手中，克伦威尔认为，国会军数量虽多，但质量甚差，缺乏严明的军纪和精锐的骑兵，于是，克伦威尔向国会提出招募和训练一支军队以同王党进行斗争的请求，获批准后，自己购买了一批武器回到剑桥，很快组建了有60人的骑兵队。国会任命他为骑兵上尉并带领这支队伍。

10月，克伦威尔率其骑兵队，参加了埃奇丘陵之战。在这次作战中，国会军大败，大部分部队被打散，唯有克伦威尔的骑兵队岿然不动。1643年春，克伦威尔又到了英国东部，按照虔诚清教教义、绝对服从他本人一切命令的严格标准，亲自从自耕农中精选了1000余人，组成12个中队，合成为骑兵团。为严格锤炼部队，他多次组织严酷的行军演练，不合格者立即淘汰。他把志同道合的亲朋安排担任军官，以保证贯彻自己的号令。这一系列措施，使这支新队伍迅速形成了强悍的战斗力，并在随后的格兰瑟姆、盖恩斯伯勒、温斯比作战中大显身手，连战皆捷，名声大震。同年，克伦威尔参与组建"东部联盟军"（1.2万人），并任骑兵司令。到任之后，克伦威尔即把自己的治军原则灌注于部队之中。如酗酒者要受禁闭，讲脏话者罚款12便士等，因而使该部所到之处无不受到欢迎。克伦威尔在致友人的信中曾透露过他治军的秘诀："你必须把士兵当成人来敬重和使用，他们也是忠实的基督徒！"1644年1月，克伦威尔擢升为中将。7月，参与指挥马斯顿草原之战，具体负责指挥国会军的左翼骑兵。在中翼和右翼被敌军击溃的危急关头，克伦威尔率领3000弟子大逞神威，

首先击垮了王党军左翼骑兵，旋即打瘫了正在压向苏格兰国会盟军腹背的敌步兵，使胜败之势为之一改，扭转了战局。会战结果，使1.8万人的王党军队剩下不到6000残兵败将，连敌主帅鲁伯特也不得不承认克伦威尔骑兵真是一支"打不垮、割不开的铁军"。他的骑兵因大展雄风而被誉为"铁骑军"。

随着内战形势的转变，国会内部开始发生分化。代表上层阶级利益的长老派力图同国王妥协，代表中等资产阶级和中小新贵族的独立派则要求进一步铲除封建制度。

1645年1月，克伦威尔在独立派支持下，倡议进行军事改革。他主张建立国会常备军，认为狭隘的地方观念很浓的各地民兵不可能赢得战争。要求改变军队的领导成分，一切在国会上下两院任议员的"政客将军"必须在40天内自动卸职。为此，国会通过了一项"新军法案"，授权克伦威尔组建总人数为2.2万的"模范新军"。克伦威尔以自己的"铁军"为骨干创建了这支新军。兵

克伦威尔率军冲击

员主要来自农民和手工业者。大批军官由平民提升。随即，他对建军的一系列问题，进行了大刀阔斧的改革，使这支军队的战斗力迅速提高。这年6月14日，在内斯比战役中，以翼侧迂回战术取胜，歼灭了王党军主力。克伦威尔因创建新军和战功卓著而被公认为国会中最成功的将领。

1648年第二次内战爆发后，克伦威尔虽然也曾谋求同国会中的平等派合作，但很快转到军队方面，支持《军队宣言》，并在广大士兵支持下迅速击败反动势力。同年8月，率军出战，在普雷斯顿战役中歼灭支持英王的苏格兰军队主力。1649年1月，在他的坚决支持下，国王查理一世被处死。5月，共和国成立，克伦威尔出任国务委员会主席，率军镇压了平等派起义和掘地派运动，并远征爱尔兰，从此彻底掌握军队大权。1650年，他由国会正式任命为大将军和共和国武装力量总司令。同年7月至次年9月，率军远征苏格兰，经过邓巴战役和伍斯特战役，最后将苏格兰征服。

大权在握的克伦威尔，于1653年4月以武力解散了所谓的"长期国会"，12月，被任命为"护国公"，从此独揽行政、立法、军事和外交大

权。在位期间，他通过英荷战争迫使荷兰接受《航海条例》，1655 年出兵远征西属牙买加，并夺占敦刻尔克等，从而为英国夺取海上霸权地位奠定了基础。

克伦威尔作为英国资产阶级的代表和杰出的政治领袖，有着卓越的军事才能。他培训"铁骑军"，治军严明，选贤任能，创建了英国历史上第一支正规军；作战中富于计谋，能发挥骑兵快速机动的优势，实施翼侧迂回，连续突击；在英国内战中，发扬了革命军队的政治优势，利用军民的革命热情夺得了最终的胜利，为摧垮英国的封建专制作出了重要贡献。

【点评】英国资产阶级革命主要领导人，英国内战时期军事统帅。他治军严明，选贤任能，主张废除雇佣兵制，实行募兵制，创建了编制完备、指挥统一的英国历史上第一支正规军；在统军作战中，善于发挥骑兵快速机动的优势，实施翼侧迂回，连续突击。在英国内战中，发挥革命军队的政治优势，利用广大民众的革命热情，取得最终胜利。

海战史上"第一个不守旧规矩的人"——布莱克

罗伯特·布莱克，于 1599 年出生在英格兰西部的一位船主家庭。11 岁就跟随父亲在船上当实习水手，年轻时曾就读于牛津大学。27 岁时，布莱克继承了父亲的遗业，辛勤地致力于海上贸易。英国资产阶级革命开始后，他追随克伦威尔从事军事工作。由于精明强干、学识渊博、信仰清教，受到了克伦威尔的器重。在内战中，布莱克屡建战功，以穷追王党军舰队和攻战敌人岛屿而名噪国内。就任海军统帅后，他潜心研究海军战略，极力开创新战法，废除旧的陈规陋习，精心实施作战指挥，大大促进了皇家海军的发展和海军学术的繁荣，被称誉为"第一个不守旧规矩的人"。

1652～1654 年，为争夺海上贸易和海洋霸权，英国与荷兰之间爆发了第一次英荷战争，此间，布莱克被任命为英国海军舰队司令。在英伦海峡和北方海域，指挥英国舰队多次与特罗普率领的荷兰舰队交战，先后取得了波特兰海战、巴德海海战和斯赫维宁根海战的胜利。他在多佛尔海战中以 25 艘战舰与

布莱克

荷兰的 42 艘战舰对阵，结果打了个平局，荷兰损失战舰 2 艘，布莱克自己的旗舰"詹姆斯"号被射了 70 多个弹孔。在邓杰尼斯海战中，他的 42 艘战舰被荷兰的 78 艘战舰击败，损失战舰 11 艘。在波特兰海战中，布莱克率领 70 艘战舰与荷兰 80 艘战舰交锋，自己大腿负伤，血流如注，仍继续指挥作战，结果以损失 1 艘小舰的代价换取了荷兰损失战舰 11 艘、商船 30 艘的辉煌胜利。布莱克是一位精通军事的海上猛将，但他并没有把眼光仅仅局限在局部的战场上，他用他独到的战略眼光观察战争。在进行海战的同时，布莱克充分认识到，海上贸易和渔业生产是荷兰人的"命根子"，打击荷兰的渔船可以直接影响战争的局势，并能牵制敌人的舰队。于是他在英法海峡、北方海域等重要的贸易航线和渔场集结了强大的舰队，不断地拦截和洗劫来往于海上的荷兰商船，甚至远离军港，率舰到北海袭击荷兰的捕鲱船队；去苏格兰北方拦截荷兰东印度公司的运宝船；入波罗的海破坏荷兰与北欧的海上贸易，严密封锁荷兰海岸，使荷兰海外贸易锐减，财力枯竭，工厂倒闭，农村荒芜，不得不与英国缔结和约，从而为英国打赢了第一次英荷战争。

第一次英荷战争结束之后，克伦威尔决定再打一场英西战争，以便引开国内的动乱。经过深思熟虑，所谓的"西方计划"出笼了。老兵彭恩奉命率 38 艘战舰前往西印度群岛，准备夺占西班牙的殖民地。布莱克上将指挥着 27 艘战舰直驱地中海，首先打了一场"人心战"，他先向西班牙摆出最友好的姿态，并打击了著名的巴巴里海盗，以得到地中海诸国的欢迎；待西方战端一开，立即占领有利阵地，以挫败西班牙的任何行动。布莱克在这次战争中所采用的战略战术，完全是一个刁钻的马斯雅维里诡计的翻版。

1654 年 10 月 23 日，布莱克率舰抵达加的斯港。接着，舰队开始围剿几个世纪以来一直严重威胁海上运输的著名海盗。第二年早春季节，布莱克终于在突尼斯湾西岸的法里纳港发现了当时最猖狂的巴巴里海盗的重要巢穴。当时，港内拥有 9 艘海盗战舰，岸上炮群林立。按照当时的常规作战思路，岸上炮火对海上舰队的打击是无可抵挡的，岸炮成为舰队的最危险的克星，几乎所有的海军官兵都是望岸炮而色变，所有的舰队也是畏岸炮而不敢进港作战。要想攻击敌人港内舰队，必须把它引到其岸炮射程够不着的海上去打，而钻到敌人岸炮防御严密的港内去打，那无异于摸阎王鼻子白送死。"舰炮无法打岸炮"这也几乎成了一条不成文的海战规矩而被广泛遵守。海盗巴巴里也非常自信地依靠自己的岸炮作保护，自认为"料你布莱克有天大的本事也不敢冲到我的港内打"因而放松了警惕。然而，布莱克就是不信这个邪，他在断明有利情况之后，毫不犹豫地率舰队趁着海风冲向港内，向巴巴里战舰和岸上炮台进行了猛烈的炮击。经过几个小时激战，巴巴里战舰全部被击沉，岸基炮群也荡然无存了。这是不寻常的胜利，是海战史上第一次用舰炮压制岸炮的创举。克拉仑对当时的布莱克作了这样的评论："他是一个不守旧规矩的人，显示出新科学的价值。他也是第一个使舰员与岸上炮台相格斗的人，过去大家都认为炮台是无敌的，现在他却发现这只是虚听，而无实效。他把一股新的勇气输入海军，使他们知道只要有决心就无事不可为。他教会了他们不仅在水上打仗，而且还要在火中打仗。"

1656 年初，彭恩袭击西班牙领地的消息传到欧洲，布莱克指挥舰队立即封锁了西班牙各重要港口，并派出战舰多次拦截了来自西印度群岛的运宝船。一年过去了，西班牙人不仅不能派出战舰援救那些防线脆弱的新大陆属地，而且无法保护运送财宝的海上运输线，西班牙帝国彻底衰退没落的时代已经来临了。这也是布莱克为大英帝国作出的又一大贡献。

这时，老将布莱克的身体日益虚弱。据说，在长期的海上生活中，他仅以清汤、肉冻和甜酒为食。也正是这种不守饮食之规矩的生活方式，使他的体力日益不支。1657 年夏天，布莱克奉命回国，他渴望着"去世之前能靠岸"。然而，当战舰驶入朴次茅斯海湾进口处时，他溘然长逝了。一位船长写道："他的生命航程已经结束，但他是至死忠诚不渝的，他将永被纪念，虽死犹生。"布莱克作为英国的海军统帅，十分重视海军战略战术的研究和发展，他创立的"纵队战术"、"封锁＋拦截"的战术和"舰炮压制岸炮的战术"，始终为海上列强所推崇，大大促进了英国皇家海军的发展和海军学术的繁荣。他治军严格，作战英勇，指挥灵活，为英国进行海外扩张和夺取海洋霸权作出了贡献。

【点评】第一次英荷战争期间英国海军统帅。英国资产阶级革命开始后，追随克伦威尔从事军事工作。由于精明强干、学识渊博、信仰清教，受到了克伦威尔的器重。在内战中，屡建战功，以穷追王党军舰队和攻战敌人岛屿而名噪国内。就任海军统帅后，潜心研究海军战略，极力开创新战法，废除旧的陈规陋习，精心实施作战指挥，大大促进了皇家海军的发展和海军学术的繁荣，被称誉为"第一个不守旧规矩的人"。

拿破仑曾经的军事偶像——杜伦尼

杜伦尼·亨利·德·奥弗涅格元帅是法国封建时代末期负有盛名的沙场名将。拿破仑曾说，他生前和身后的所有统帅，"最伟大的是杜伦尼"，"如果我在战争中有一个像杜伦尼那样的人做副手，我就会成为世界的主人"。

杜伦尼出身于法国北方重镇色当的一个显贵家庭，受父母的影响，从小便成了一名胡格诺教徒。当时，法国贵族阶级盛行玩弄阴谋术数，追逐荣宠利禄之风。杜伦尼跟其他贵胄子弟一样，从小便受到如何见风使舵，钻营腾达的家庭教育。不过，父母对他在生活上要求还是很严格的，按照加尔文教的清规，不准儿子学跳舞、玩纸牌，也不准穿华丽的服饰，以免沾染纨绔子弟的恶习。在家庭教师的引导下，小杜

杜伦尼

伦尼读书很用功，养成了乐于追求知识的习惯。他在少年时代最爱读法国文艺复兴时期的代表性小说《巨人传》，书中描绘的巨人，体格魁梧，意志坚强，学识广博，求知欲极其旺盛，尤其使他神往。

1625 年，法国波旁王室为了跟同属哈斯堡家族的神圣罗马帝国和西班牙国王争霸欧洲，正式投入"三十年战争"，14 岁的杜伦尼从此投身军旅，随叔父开赴荷兰战场。因为按照中世纪以来的传统，贵族子弟发迹致富的主要途径是在战争中建功立业，经商赚钱被认为是下贱的。杜伦尼把兵营看作学校，利用战事闲暇，自修了历史、逻辑学、几何、物理等知识，大量阅读了历代著名军事家的传记和军事筑城学方面的书籍，开始对作战艺术入了门。每次战斗，他都能在两军厮杀之中沉着冷静，善于发现敌人弱点，赢得了"很有前程的少年军官"的赞誉。杜伦尼 19 岁时，总揽朝政的法王路易十三世的首相黎士留红衣主教为加强王权，颁令各大贵族派一名子嗣入驻中央。杜伦尼作为本家的"忠君保证人"来到巴黎宫廷。由于善于取悦于人而又风度翩翩，博得黎士留的赏识，任为步兵团长。此时法国争夺欧洲的战争扩及意大利和莱茵河流域，他获准离开宫廷，率部先后在拉弗斯元帅和大孔代亲王的麾下转战各地。1635 年，杜伦尼因在洛林地区作战立功，升任旅长。次年在攻打萨弗尼城堡时负伤。1637～1638 年间，杜伦尼以巧妙的机动战法，身先士卒率部连克兰德勒西等一批著名要塞，不久又打下了意大利名城都灵。声名由此大震，晋升中将，后于 1644 年 5 月当上了法军元帅，任法军德意志战区总司令。从此至 1648 年战争结束，他率领的部队先后在弗赖堡、纳德林根和楚斯马斯豪森三战大捷中发挥了主要作用。其中，1644 年 8 月的弗赖堡之战，两军打得都很顽强，以致法军元帅大孔代要通过把节杖抛入敌方战壕，然

后手持短剑亲率士兵破入敌阵把它夺回的办法，才能重新激起部队再战的斗志。而杜伦尼则独具战术慧眼，针对敌军弱点实施机动，最后率部队攻进了该城，获得胜利。在随后的纳德林根平原之战中，他又担任主力一翼，将敌主将梅西击毙。三十年战争的胜利，使法国得到了盛产煤、铁的阿尔萨斯和洛林的大片领土，开始了称霸欧洲的鼎盛时代。与此同时，杜伦尼的军事威名也传遍了整个欧洲。

三十年战争结束后，法国便陷入了内战，市民阶级与一部分封建贵族为反抗路易十四的首相马扎然的苛捐杂税和中央专制，发动了"投石党"起义，大孔代亲王任义军统帅。杜伦尼为取悦情人——大孔代的姐姐隆格维尔女公爵，开始时曾率军参加起义。后经两次失败与流亡，他反而掉头转向效命于国王。这种朝秦暮楚的行为，在惯于口称"公众利益"，实则玩弄投机钻营把戏的高级贵族中是相当普遍的。1652年，杜伦尼指挥王党军以少胜多，将大孔代击败于巴黎附近，拯救了路易十四。内战结束后，杜伦尼于1660年获最高军衔大元帅。之后，他几次率军与趁法国动乱而入侵的西班牙军队作战，迭连奏捷，并领导了全国军队的改编和训练。后来，为表示在兵权在握的情况下仍然对国王矢忠不二，他在妻子夏洛特·科蒙去世时改奉当时的国教天主教。

1667～1668年，为争夺数百年来富甲西方，素称"欧洲货栈"的西属尼德兰，法国在和西班牙军队在布鲁日之战中大获全胜，使南尼德兰的里尔等11座商城并入法兰西版图。1672年，路易十四为全部攫取荷兰和尼德兰，同时与西班牙、荷兰、神圣罗马帝国等反法联盟国家及德意志诸侯开战，史称"尼德兰战争"。杜伦尼和沃邦、大孔代（已与朝廷言归于好）等元帅指挥30万大军，首先攻略荷兰。他们暗中买通唯利是图的荷兰军火商，使荷兰的军火为之一空。荷军战力大损，最后靠决堤放淹海水，才勉强保住首都阿姆斯特丹。

正当法军主力在北欧作战之际，神圣罗马帝国调集全部兵力7万多人，占领阿尔萨斯地区。杜伦尼率部南下迎敌。1674年初冬，帝国正在莱茵河西岸斯特拉斯堡至贝尔福之间展开，面对优势之敌，杜伦尼不顾国王多次禁令和宫廷私敌的掣肘，大胆采取了一整套看来荒悖透顶的做法：他带领一支人数仅2万多的部队，首先在敌战线当面中央构筑营垒，摆出一副准备就地防御过冬的姿态；继而隐蔽穿过孚日山脉，进入洛林高原，在那里将部队化整为零分散行军，骗过敌军侦探；然后迅速集结于敌战线南端后方。时至仲冬时节，法军犹如从天而降，突然在敌后部发动突然袭击，短短几天之内就彻底歼灭敌军。路易十四在凯旋仪式上致辞感谢杜伦尼说："你拣回了我王冠上的一朵百合。"（百合花徽是法国王室的标志）第二年，杜伦尼挥师东渡莱茵河，以巧妙的伏击战再获图恩海姆大捷。这两次以少胜多的战役，使杜伦尼的声誉达到了顶峰。

【点评】法国封建时代末期负有盛名的沙场名将，三十年战争期间法军元帅。杜伦尼军事艺术的最大特点，是摆脱了以往那种把城塞作为基地和枢纽进行机动的作战体系，他在因许多将领都擅长迂回机动战术，因而机动的作用被互相抵消的时代，独出心裁地将突然性、坚决性与机动性巧妙地结合起来，真正达到了击败敌人的目的。他指挥和参与的战役，比历史上任何统帅都多，打得都巧妙和利索，因而赢得了拿破仑对他的崇敬。拿破仑曾说，他生前和身后的所有统帅，"最伟大的是杜伦尼"，"如果我在战争中有一个像杜伦尼那样的人做副手，我就会成为世界的主人"。

军事工程学家当上了元帅——沃邦

17 世纪末叶，由于资本主义生产关系的建立，极大地促进了社会生产力的发展。与此同时，受社会生产力水平直接拉动的军事科学技术，也发展到了一个新的阶段。这时，火炮得到不断改进并广泛应用于战场。传统的要塞式的欧洲国家之间的战争，通常就是永无休止的连续攻城和要塞保卫战。要进攻一个国家或保卫一个国家，其焦点都要在要塞的得失上下赌注。沃邦就是适应这一时代的战争特点，而涌现出的杰出的军事工程学家。虽然说不上是这一科学的鼻祖，但可称得上这方面的大师和权威。

1633 年，沃邦出生在圣列格尔附近的一个寒门之家。因家境贫寒，幼年的沃邦无法接受系统的文化教育，只是断断续续地学过历史、数学和绘图等课程。1651 年，不满 18 岁的沃邦以士官修补生的身份，投身军旅。20 岁转入王室军队服役。他的顶头上司司克里尔维是一位当时第一流的工程技术人才。这使善于学习，勤于钻研的沃邦获益匪浅。两年后，22 岁的沃邦就获得了皇家普通工程师的头衔。从 1659 年法国和西班牙停战起，到 1667 年法王路易十四进行第一次征服性战争的八九年间，沃邦一直在司克里尔维的指导下，从事对法国的要塞加固和

沃邦

改进工作。1667 年，沃邦随军征战，他在攻城术和其他工作方面表现出来的超群才干，使当时法军的军政部长路费大为赏识，破格任命他为总监，负责军政部的一切工程事宜。战争结束后，沃邦开始执行其伟大的工程计划，加速法国各主要方向和地区的要塞化。

沃邦是一个公务勤勉，虚心好学，事业心特强的人。他毕生为路易十四和法国效劳。平时，他经常到各地视察，具体指导对要塞的改造和新建；战时，他亲临前线，指挥攻取要塞和保卫要塞。有人统计，他指挥过的围攻战有 53 次之多，他设计建筑的要塞和港口总数在 100 个以上，另外还改建了 300 个左右的旧式要塞。沃邦一生奋斗，很少有时间享受家室之乐。除了指导军事工程建设之外，沃邦的最大乐趣就是记笔记，他所记下的 12 本备忘录式的《闲散论集》，内容极为广泛。其中有关于陆军和海军建设问题，有改造内陆水道和修建运河问题，有植树造林计划，有法国各地财富、人口、资源的统计，甚至还涉及法国对美洲殖民地的统治方法及在国内建立论功行赏制度等问题。沃邦不但自己勤勤恳恳，对部属也要求严格。当时的法国各要塞，在业务上都由他统管。沃邦要求各个要塞的负责人定时给他详细的报告，谁的报告如果内容不完备，他就毫不客气地让他们按时补送。对于沃邦对事业的高度热忱，他的同代人和后代人都给予很高的评价。著名的文学家伏尔泰称他是法国"公民中的最优秀者"；伟大的空想社会主义思想家圣西门称颂他为"爱国志士"。

沃邦对法国社会和民族的贡献是多方面的，但是最突出的还是军事上。他 17 岁从军，到 74 岁逝世前几个月还驰骋在血与火的战场上。他是一个优秀的军事改革家，有颇多的建树。他主张把工程兵编为陆军中的一个正规兵种，主张建立正规的军事工程院校，对技术兵种实行科学教育。他力劝陆军当局废弃铜炮，改用铁炮，并发明了"跳弹射击"的方法，增大了火炮的杀伤力。他建议普遍使用燧式火枪，并发明了装在枪管之侧的刺刀以代替长矛。同时，沃邦对征兵方式、供给体制和海军战略也作了一些有益的探讨。沃邦对于战争艺术最重要的贡献，莫过于军事工程技术方面，具体说来是在要塞构筑和攻城术方面。他详细地策划了法兰西领土上的筑城体系，认为筑城的原则是：国境的筑城体系必须是连续的；要塞线的正面必须以水障碍物之类的永备性障碍物来掩护；永备筑城工事也应和军队一样，配置成两条线而形成类似军队的战斗队形，从而开始摆脱了依赖围堡的传统做法，迈出了"纵深防御"的第一步。根据上述原则，沃邦设计了三种防御体系，即一个简单体系和两个复杂体系。在他的指导下，法国在从缪斯河到北海 200 公里的正面上，建立了两道要塞线；用梯次配置的 26 个要塞，封锁了通向法国内地的所有道路。

沃邦在军事筑城方面的价值，不仅在于他设计、建造了几种筑城样式，更重要的是他创造性的工作方法和从实际出发的科学态度。他摒弃了对以往筑城体系的机械沿袭，又善于利用前辈军事工程师们所创造的全部理论遗产，根据具体的地形条件和要塞的任务来创造性地加以运用。他不像有些学究那样，不预先勘探地形就在办公室内设计要塞，而是不厌其烦地实地研究地形。所以，他设计、建筑的要塞有很强的适应性。在1701～1714年欧洲进行的争夺西班牙王位继承权的战争中，沃邦的军事筑城发挥了异乎寻常的作用，强大的联军两次为要塞阻滞在法国的边境地区，而法军却能及时增援。沃邦在攻城术方面也有很多创见。他创造了制式的攻城体系，其要点就是尽量通过使用临时性的工事、堑壕，保护进攻部队接近敌方要塞，待攻战外围之后，即部署攻城炮，轰击敌人的主防线。沃邦所创造的"平等线攻城法"和"堑壕堡攻城法"，一直为18世纪的欧洲所沿用。他的学说和实践，对法国资产阶级军事思想的形成和完善，产生了不可估量的影响。

沃邦为法国的国防事业和路易十四的霸业建立了丰功伟绩，同时也赢得了极大的荣誉。1703年，他获得元帅军衔。法国最高学府——法兰西学院授予他名誉院士称号。他把军人的眼光引进自然科学和技术科学的园地，其信徒是跨时代、超国界的。迄今为止，世界上很少有哪一个军事工程学家的影响能与沃邦相比拟。

【点评】法国元帅、著名军事工程师。曾参加遗产继承战争、法荷战争和普法尔茨选帝侯继承战争。1673年法军围攻荷兰马斯特里赫特要塞时，首次采用他发明的平行攻城法，迅速攻克当时被认为牢不可破的要塞。由他设计建造的斯特拉斯堡要塞、兰道要塞和新布里萨克要塞，是当时欧洲最坚固的要塞。1688年法军围攻莱茵河畔菲利普斯堡时，采用他发明的跳弹射击法杀伤隐蔽之敌。此外，他还发明插座式刺刀，在手榴弹与炸药包的使用和后勤供应等方面也均有建树。一生共修建33座新要塞，改建300多座旧要塞，指挥过对53座要塞的围攻战，并建立起近代第一支工程兵部队。有《论要塞的攻击和防御》、《筑城论文集》和《围城论》等著作传世。

"18世纪西方第一个战略家"——马尔伯勒

"战术是战斗的艺术，战略是战争的艺术"。一位战略家，不仅要具备取胜于战斗的勇气与机智，而且要有取胜于战争的雄才大略。马尔伯勒（也有人把他译为马尔巴勒）是近代战争史上一位赫赫有名的"常胜将军"。在欧洲著名的西班牙王位继承战争中，他指挥的4场大会战、4次遭遇战和26次围城战中，战无不捷，被称为"18世纪西方第一个战略家"。

马尔伯勒出生在英格兰德文郡阿什地方的一座乡间采邑。他的发迹史并不光彩。13岁入教会圣保罗学校读了两年多书，并刻苦练习剑术，养成了勇武性格和强健体魄。当时正是斯图亚特封建王朝复辟时代，他通过钻营宫廷开始发迹。他利用姐姐当上了英国国王查理二世之弟约克郡公爵夫人的荣誉女侍的关系，当上了公爵的男随从。然后借依权势，于1667年取得皇家禁卫军军官身份。到英国海外殖民据点

马尔伯勒

北非丹吉尔港驻军任职3年。1670年回到宫廷后，他使国王的一个情妇克利兰公爵夫人坠入情网，通过她得到了一份5000英镑的年俸。1672～1674年，英国与荷兰争夺北欧海上霸权，站在法国一边参加对荷作战。尼姆根城一仗，马尔伯勒的才干和勇气脱颖而出。法军元帅杜伦尼曾预言："这个英国小伙子将来必有出息。"1673年，马尔伯勒率领一支小部队进行了一次奇袭，从荷军重围中救出法军的一位显贵将领，法王路易十四亲自致谢。1678年他与公爵次女安娜公主的贴身公侍莎拉结婚。不久被擢升为上校，于1682年封为勋爵。

此时，英国国内政治斗争围绕着王位继承人问题重新趋于激烈化。代表贵族利益的托利党支持法定继承人约克公爵，代表工商资产阶级和新贵族利益的辉格党则支持国王的私生子蒙默斯公爵，马尔伯勒站在约克公爵一边，约克公爵继位（称詹姆士二世）后，马尔伯勒因支持其即位有功而遂被晋封为男爵，获少将军衔。后来，马尔伯勒发现约克大势不妙，就趁1678年出使荷兰之机向威廉表示效忠。1688年，马尔伯勒及国会里的一些反叛分子与威廉里应外合，发动了史称"光荣革命"的政变。詹姆士临战提升马尔伯勒为中将，并指派心目中的"亲信"马尔伯勒率兵迎战，殊不知，马尔伯勒本来就是这次政变的组织者之一，詹姆士被轻而易举地赶下了台，威廉登上王位，因马尔伯勒的政变之功，被封为伯爵并作为威廉的私人顾问。然而，马尔伯勒的品性已被威廉看透，以莫须有的罪名将其投入牢中，险些丧命。

1702年，安那公主成为英国女王。为从法国手中夺取欧洲霸权和海

外殖民地，决定联合奥、荷两国对法宣战。马尔伯勒因其公认的军事才略而被任命为英军总司令和军械总督并出任英荷联军统帅，率领四万英军来到了欧洲大陆。这时，他面临的对手是名将如云、长期以来无敌于全欧的法兰西"常胜军"。马尔伯勒率军进入北欧弗兰德战场，计划首先与荷军并力击垮北线法军。这位推崇历代军事改革家，主张以进攻战略代替规避战略、机动战代替要塞战、火力代替撞击力的联军统帅，作战口号非常简略：一是"进攻！"二是"不要侥幸！"三是"战法不能抄袭前人！"在头两年的北线战局中，他巧妙运用机动战法，五次诱敌落入圈套，但每次都因为荷兰人协同不力而功败垂成。为了扭转久拖不决的战争，马尔伯勒于1704年5月20日率军从北欧贝德堡出发，挥师南下多瑙河流域，以便与当时欧洲另一名将尤金亲王所统率的奥军会合，首先击垮法国盟友巴伐利亚，把法军主力引到中欧进行决战。这是一次极其大胆而又艰难的远征，沿途布有法巴两国的重兵。他一路声东击西，进军方面飘忽迷离，使敌方屡屡追扑一空。进到莱茵河中流的科布伦茨时，他摆出一副向西进入法国的姿态；当法军受骗后，他又突然南下曼海姆。这时，人们以为英军下一步会移兵莱茵河上游。不料他却折向东南，消失在内卡河谷地，接着神出鬼没地出现在多瑙河上游地区。至此，英军猛然加快行军速度，抢在法军赶到之前攻克了水路要冲佛耳特，顺流而下插入巴伐利亚境内，完成了与奥军的会师。历时6个星期的长途跋涉，每个宿营地他都派人事先做好准备，部队一到，马上就能架起帐篷开饭，然后休息，从而使全军始终保持了充盈的战斗力。整个这次战略机动，其胆略之大，运筹之妙，后勤保障安排之周到，后来一直被视为"西方战争艺术史上的一篇杰作"。

1704年7月3日，英巴两军在希仑堡举行会战。马尔伯勒首先佯装宿营避战，然后趁敌不备，利用山丘隐蔽接敌，集中大部炮兵猛击敌人自认为最牢固的一侧，1个半小时歼敌万余人。8月13日，英巴双方又举行著名的布伦海姆决战，面对优势敌军，马尔伯勒首先施诈，使对方误以为英军已撤退，随即突然兵临敌营，迫使法巴联军仓促布阵，兵力被尼贝尔河隔成两截。激战中，马尔伯勒与尤金配合默契：首先以连续冲击诱敌主力转移到左翼尼贝尔河西岸；接着，马尔伯勒率领英军在河东岸给敌中央部位以致命的一击。在两军厮杀之际，他勒住马缰，在一张酒店账单背面匆匆写给妻子一封便信："请报告女王，陆军已获得一个光荣的胜利。"会战结束时，法巴

马尔伯勒指挥作战

联军损失达3.8万多人，敌将塔拉尔德被生俘。这一仗的胜利，按欧洲史学家的说法，"改变了欧洲的政治轴线"。胜利消息传到英国，诗人们竞相赋诗赞颂，国会赠给马尔伯勒一座庄园。后来，马尔伯勒又连续取得了拉米伊、奥德纳尔德、马尔普拉凯等战役的胜利，使英国迅速发展成为殖民势力遍布全球的"日不落帝国"。

马尔伯勒"发迹"道路上布满了阴谋，马尔伯勒的战略才能被时人和后人佩服，乃至于马尔伯勒一生百战而不曾败北的秘诀，他的一位上校副官是这样概括的："他没有哪一仗的计划是抄袭别人的。"可以说，马尔伯勒堪称18世纪西方第一个战略家，他以其杰出的战略眼光和战略胆识写下了他的军旅笔记。

> 【点评】英国军事统帅，公爵。西班牙王位继承战争期间任大陆英军司令。在1706年拉米伊、1708年奥德纳尔德、1709年马尔普拉凯等会战中屡挫法军。他精谋略，善治军；强调做好临战准备，积极进攻；用兵机动灵活，出敌不意；惯以步兵正面牵制敌主力，以骑兵突击敌翼侧。

真正使拿破仑害怕的人——腓特烈

"只要他还活着，他们就不可能站在这里。"拿破仑的这一句话，道出了腓特烈的威力。世界上真正能使拿破仑如此害怕的人，恐怕只有腓特烈。

腓特烈

腓特烈，普鲁士国王（1740～1786），著名统帅，又译弗里德里希二世，史称腓特烈大帝，是18世纪勃兰敦堡——普鲁士军事集权国家的第三代君主。他在位的46年中，近乎疯狂地扩军，极力加强军事官僚专制制度，多次发动侵略战争。他以少胜多，以弱制强的赫赫战绩，使拿破仑都为之折服。

腓特烈生于1712年1月，他从小心思敏捷，性情坚定，意志顽强过人。他虽然生于王宫，但他的童年极为悲惨，因其父亲腓特烈威廉生性凶残，经常暴怒如雷，打骂齐作，甚至要用绳子勒死他。腓特烈几次出逃未遂，老暴君要处他死刑。幸亏有荷兰、瑞典、波兰等国的国王说情，腓特烈才免予一死。幼年时代的痛苦生活，使腓特烈更能洞悉世情，心肠渐渐变硬，学会了克制自己，假痴假呆和曲意奉承父亲的旨意。后来，他在攸琴亲王部下参加过一次战争，虽无殊功，却劳绩突出，获得了一处私宅。从此，腓特烈可以随心所欲地沉溺于自己的嗜好之中，每天钻研军事、政治、文化和音乐。腓特烈从小接受的是法文教育，因法王路易十四久为欧洲盟主，使法文在欧洲享有优势地位，在日耳曼优势更大。在这种教育熏陶下，腓特烈酷爱法国文学，可上帝赋予他的只是军事、政治天才，而很少文学细胞，使他在文学上只有功底而无功绩。因此，腓特烈虽然发愤，渴望发表点不朽的文章，但却劳而无功。

1740年，威廉国王去世，28岁的腓特烈当上了普鲁士国王，他给人的印象是温和、自由、和善。其实，他是一个非常有军事才能，野心勃勃、没有惧怕、没有信仰、没有慈悲的暴君。他继位的第一件事就是扩编军队，仅仅几年就使他的军队由8万增加到20万人，军费开支竟高达国民收入的80%。腓特烈依仗着这支军队开始拓展自己的领土，主要目标是吞并奥地利的西里西亚。腓特烈以其特有的狡猾而一举将奥王制伏。1744年秋天，腓特烈又一次发动了西里西亚战争，但由于他的轻敌而被奥军击败。在失败的羞辱中，他近似疯狂地钻研战略战术原则。1745年，他在意大利、日耳曼、法兰德斯进行了水陆大战，皆获大胜。几场大战也使他成了主宰欧洲的决定性人物。他虽然不能与拿破仑等军事怪杰媲美，然而已逐渐成为一个老练、坚毅、勤于动脑、精通军事的专家。虽然在作战中各国并力奋战，但在所有参战的列强中，只有腓特烈一人得利，其他列强都成了被他利用的工具，他不但把西里西亚攫为己有，而且交替制伏了法国和奥地利。从此，欧洲的局势操在了这位新崛起的雄略国王之手。

腓特烈躬理国政，他的理想是做一个比路易十四还要独裁，还要有声望的帝王，他做事狐疑多猜，从不与人商量，对部下无信可言。他将一切权力集自己一身，终日劳碌着处理事务。与他的父亲一样，腓特烈对军队有着特别的嗜好，他要靠武力使普鲁士跻身欧洲列强。他坚信"只要有强大的军队，就能得到想得到的一切"。

1756年，英法两国因争夺北美和印度爆发了战争，英国以各种优惠条件吸引了普鲁士，而奥地利则千方百计借此机会征服普鲁士，恢复西里西亚，因此加入了法国同盟，沙俄也加入了法奥联盟。战争是以普鲁士军队突袭萨克森和波希米亚开始。8月28日，普鲁士6万大军开进了萨克森，很快将其占领。1757年，普军直捣波希米亚，与奥军在布拉格展开血战。结果，腓特烈以最勇敢的战士全部战死的昂贵代价，换取了这场战争的胜利。6月18日普奥军队在科林重新开战，腓特烈被击退，腓特烈

腓特烈指挥作战

非常苦恼，再加上其母病亡的消息传来，心境更坏。他像一头被逼得无路可逃的狮子，决意破釜沉舟挽回败局。因而，以他的韬略和士卒的奋勇，大败法军，俘获法军7千余人。接着，率领4万士卒的腓特烈与不下6万士卒的奥军进行了卢仙会战。这场会战可以说是腓特烈一生的最得意之作。他的战士从来没有这样的尽力，腓特烈的军事天才也从来没有显得如此超群。拿破仑称这次战争应该"允推杰作"，"就战争本身来讲，已足使腓特烈在诸将帅中坐第一把交椅"。普军以俘虏奥军2.7万人，军旗50面，炮100门，战车4000辆的战绩大获全胜，不勒斯劳的城门被打开了，西里西亚重被占领，腓特烈的大名又一次真正地风靡欧洲。

　　1758年春，经过充分休整和准备的腓特烈大军，又向占据普鲁士领土的俄军反攻，把俄军杀得片甲不留，接着又急赴萨克森对付法王的军队。在一年的时间里，腓特烈同法、奥、俄三国列强作战，就作战资源来讲，这三国中的最弱者也要比腓特烈多上三倍。然而，腓特烈以弱击强，以少击众，大战四次，竟有三次获胜。1759年，奥军布满萨克森，进逼柏林。俄军将腓特烈驻在奥得河的诸将打败，威胁西里西亚。腓特烈集中优势兵力向俄反攻，但由于俄军工事坚固，抵御顽强，经6小时的激战，普军精疲力竭，连续冲锋三次未胜，腓特烈也险些陷入敌手。但是几天之后，腓特烈又奇迹般地召集了3万士兵，使他的部队重新恢复了元气。普鲁士迭经战乱，国力日衰，但腓特烈只知一味向前，决心战斗到底。他说："只要普鲁士还有一个人在，这个人就要负枪，只要还剩有一匹马在，此马就要拖炮。"1760年，他在同奥军作战时又获胜利。

　　不仅善于领兵打仗，还是一个文笔行云流水的著作家，他的代表作有《战争原理》、《政治典范》、《军事典范》、《布阵法与战术纲要》等。正是由于他的这些才能和业绩，因而深得后人折服，并一直为日耳曼人视为骄傲。拿破仑在腓特烈的墓前说："只要他还活着，我们就不可能站在这里"，表现了他对腓特烈的佩服至极。

【点评】普鲁士国王（1740～1786），著名统帅，又译弗里德里希二世，史称腓特烈大帝。在位的46年中，近乎疯狂地扩军，极力加强军事官僚专制制度，多次发动战争。他在与数个敌人作战时，战略上惯以先发制人、出其不意、各个击破，广泛实施机动，变被动为主动；战术上继承和发展古希腊军队的斜切队形，强调在主要方向上集中使用骑兵；军队建设上以严格的训练方法和严厉的棍棒纪律著称，建立起当时欧洲最好的军队特别是骑兵部队。其军事思想在欧洲军事史上占有重要地位，对后世德国军国主义的形成和发展颇具影响。著有《给将军们的训词》、《当代史》和《七年战争史》等。

"多瑙河彼岸胜利者"——鲁缅采夫

时势造英雄。这句中国的俗语用在俄国著名将领、陆军元帅鲁缅采夫的身上是再准确不过了。

鲁缅采夫于1725年1月15日出生在一个著名的俄国将军家庭，其父是彼得一世的近臣。鲁缅采夫似乎就是专门"为当兵而生，为军队而造"，6岁时就在禁卫军中注册，15岁即被任命为军官。参加过1741～1743年俄瑞战争，表现勇敢且足智多谋。18岁就被提升为步兵团上校团长。1748年参加莱茵河远征。30岁时晋升为少将。真可谓是战争奇才，少年得志。

1756～1763年，英国、普鲁士同盟与法国、奥地利、俄国同盟为争夺殖民地和欧洲霸权而进行的七年战争期间，鲁缅采夫历任旅长、师长，鲁缅采夫以其丰富的作战经验和智慧的军事指挥头脑，率部连挫普军，战功卓著。1757年8月，俄军在大埃格斯多夫地区遭普鲁士军队突然袭击而溃退。在此危急关头，时任旅长的鲁缅采夫率部及时赶到增援，他迅速观察了战场态势后当机立断，主动向普鲁士军队翼侧发动猛烈进攻。普鲁士军队被这突如其来的攻击打得乱作一团。鲁缅采夫这一行动也给正在溃退的俄军官兵注入了一针兴奋剂。溃退的俄军乘势反攻，鲁缅采夫率领的援军与原来准备溃退的俄军形成合力，将普鲁士军队全部歼灭。鲁缅采夫为此次决战立下了汗马功劳，因此而升任为师长。

1759年8月12日，俄奥联军与普鲁士军队在库涅斯多夫地区展开激战。鲁缅采夫师长率部在中央阵地担任防御，在炮兵和预备队的支援下，

鲁缅采夫

击退了普鲁士军队的轮番进攻,普鲁士国王弗里德里希二世见久攻不下,不得不使出最后一招,急令骑兵投入战斗,然而仍然无济于事。俄奥联军的骑兵反其道而行之乘势出击,对普鲁士军队侧翼发动猛攻,普鲁士骑兵被打得溃不成军,普军在战场上的这一失利,导致军心动摇,战斗力大大下降,只有招架之功而再无还击之力。联军由此反败为胜地转入战略反攻,取得了一连串的胜利。鲁缅采夫作为战场的主要指挥员,又为联军会战立下了头功,受到了皇帝的嘉奖。1761 年,鲁缅采夫率军 2 万余人,在海军的配合下,首次采取其独创的营纵队与单兵线相结合的新战术,巧妙地攻克科尔贝格要塞。因此而成为战无不胜,威震敌胆的俄国名将。

鲁缅采夫虽然在七年战争中为沙俄立下了汗马功劳,然而,由于皇宫内部的帮派权力之争,鲁缅采夫在沙皇叶卡捷琳娜二世执政初期一度失宠,于 1764 年,被解除军职出任小俄罗斯(今乌克兰)院院长和小俄罗斯总督。虽然很多人为他抱不平,鲁缅采夫本人也心怀不满,但他没有沉沦,仍然一如既往地从事军事活动和军事学术研究。此间,他阅读了大量的兵书,反思了一系列的战例,总结了历次作战的经验。形成了具有自身特点的战术原则。1768 ~ 1774 年俄土战争(俄国和土耳其战争)期间,沙皇在战情紧迫急需用人之时,不得不请鲁缅采夫再次出山,任命他为集团军司令。1769 年,作为集团军司令的鲁缅采夫率军攻占亚速取得胜利。次年又乘胜率第一集团军沿普鲁特河左岸南下,迎战土耳其军队主力。从 6 月底至 8 月初,短短一个多月时间里,三战皆胜,鲁缅采夫也因此而名声大震,他所率领的部队也因此而士气大涨。在坑凹墓地之战中,鲁缅采夫率军 3.8 万人,采用正面牵制,翼侧突击之战术,围歼土耳其军队 7.2 万人,再次取得胜利。其后,在伏尔加河之战中,鲁缅采夫又以同样的战术,打败 8 万克里木汗国军队,只以死伤约百人之代价,歼敌 1000 多人。在卡古尔河之战中,土军拥有 10 万余人,火炮 150 门,又有克里木军队数万人威胁着俄军的后方交通线。鲁缅采夫所指挥的俄军仅 3.8 万人,火炮 149 门,处于明显劣势。鲁缅采夫通过侦察,了解到土军指挥官麻痹轻敌,大军部署无序,不便于机动和展开,便抓住土军作战指挥上的这一致命弱点,率领俄军兵分 5 路,趁夜色掩护,翻越图拉真壁垒,于拂晓之时

41

向毫无察觉的土军发起突然袭击，大败土军。俄军以损失 1500 人的代价歼灭了土军 2 万余人。鲁缅采夫以少胜多，连战皆捷，打出了奇迹，打出了威风，一举占领了多瑙河下游左岸地区。1774 年 6 月，经过一段休整和补给后，鲁缅采夫又率军强渡多瑙河，攻占舒拉姆，迫使土耳其签订了有利于俄国的《小凯纳尔贾和约》，使俄国堂而皇之地取得了第聂伯河、布格河之间地区和黑海的自由航行权。鲁缅采夫因为一连串的赫赫战绩和最终攻破多瑙河之巨大成功，而荣获"多瑙河彼岸胜利者"称号。不久，任俄军重骑兵司令。1787 ~ 1791 年俄土再次战争初期，鲁缅采夫复任第 2 集团军司令，因与总司令波将金意见相左而发生冲突，于 1789 年从前线被召回。之后，给了他一个很不起眼又毫无权力的位置。在这个位置上，鲁缅采夫仍然没有放弃对军事的研究，此时，他的头脑更加理智，军事和政治斗争经验更加丰富，经过相当长一个时期的认真思考和研究，取得了一系列军事学术成果。直到 1794 年第三次瓜分波兰期间，因其卓越的军事才能而又被起用，鲁缅采夫与苏沃洛夫共同拟订作战计划，担任侵波俄军总司令。但因年迈未到职。

从军事思想的构成来看，鲁缅采夫继承和发展了彼得一世的进攻作战思想。他不拘泥于传统的线式战术，重视建立和使用预备队，强调正面突击和侧翼突击相结合以及诸兵种密切协同。鲁缅采夫以进攻性战略和战术原则作为取得胜利的基本原则，对发展俄国的军事学术产生了重大影响。鲁缅采夫的主要著作有《指南》、《军规》和《意见书》等。前两部著作是他为部属起草的用于指导部队训练与作战的条令，后在全军推广使用。后一部是他给女皇叶卡捷琳娜二世的奏折，其内容是他对军事问题的一些想法和意见。

【点评】俄国著名将领，陆军元帅。曾参加俄瑞战争、奥地利王位继承战争、七年战争、俄土战争等，屡屡以少胜多。他继承和发展了彼得一世进攻作战思想，不拘泥于传统的线式战术，重视建立和使用预备队，强调正面突击和侧翼突击相结合以及诸兵种密切协同。著有《指南》、《军规》等。

"常胜将军"和"士兵元帅"——苏沃洛夫

在人们的心目中，大将军总是一副战时至猛，平时至尊的威风凛凛之相。然而，苏沃洛夫不仅以其战无不胜的卓著战绩被誉为"常胜将军"，而且以深入士兵同甘共苦的作风被称为"士兵元帅"。

亚历山大·瓦西里也维奇·苏沃洛夫于 1730 年出生在莫斯科城的一

个军人家庭，其父瓦西里·苏沃洛夫，是彼得大帝军队中的一位比较有名的军事文官，曾编纂了俄国第一部军事词典。受战争环境和家庭的影响，苏沃洛夫自幼极度醉心于军事。父亲起初对此很不满意，理由是说儿子身体瘦弱，不适合从军。尽管苏沃洛夫多方请求，仍然无济于事。为了锻炼出军人一样的身体和意志，苏沃洛夫坚持每天洗冷水浴，无论天气怎样寒冷都坚持打开窗户睡觉，冒着倾盆大雨跨马奔驰。1742年，苏沃洛夫终于如愿以偿，经父亲同意，他被登记为列兵，因其年龄不足以正式参加军事生活，而按规定在家习武。他求知

苏沃洛夫

心切，见书入迷，5年的时间里，几乎研读了父亲所丰藏的一切军事著作，直到1748年苏沃洛夫才正式在军中服役。

当时的俄军各方面萎靡不振，多数军官不懂军事。苏沃洛夫所在的谢米诺夫团中的军官，绝大多数出身于富豪贵族，在军中过着安闲游荡生活，泡在宫廷中的歌舞晚会里，把练兵任务交给那些司务长去做。苏沃洛夫对这种现象很反感。他坚决回避了宫廷生活，埋头苦读军事功课，并且一有空闲就和士兵们来往，同他们作长时间的交谈。他很尊重士兵的人格，与士兵们总能互相谅解，而且可以用三言两语向士兵们把任何一种思想解释清楚。苏沃洛夫的这种才能，为他后来率领军队建功立勋提供了有利的条件。就是后来升为大元帅，他也坚持和士兵一样的生活，一位替苏沃洛夫写传记的人这样说："他和劳苦农民一样，睡的是几把干草。""他不是做样子，是真心和士兵们同甘共苦"，因此，士兵们常常亲昵地称他是"士兵元帅"。

1756年，苏沃洛夫参加了有名的七年战争。起初，他在军队中担任掌管军需和给养方面的职务。1759年，他作为俄军大本营的军官，参加了库涅斯多夫交战和攻战柏林的战斗。1761年，他又指挥独立支队参加了鲁缅采夫的攻城战斗，顺利地攻占了科尔别格城。1762年8月，苏沃洛夫晋升为中校，开始担任阿斯特拉罕步兵团团长。七年战争结束后，苏沃洛夫被调到苏兹达尔步兵团充任团长。他到任不久即发现，俄军的训练完全照搬普鲁士军队的那套死板教条。为了从实战出发训练精兵，苏沃洛夫创立了一整套教育和训练方法。他反对盲目练兵，主张激发士兵的民族自尊心和爱国热情，努力使士兵在最复杂的战斗条件下大胆主动和巧妙地

行动。行军演习是苏沃洛夫进行改革的重要项目之一。他严令士兵每天行军 40 至 50 俄里。在行军途中，他用各种方法组织竞赛。他认为，在行军中若不能发挥高度的竞赛精神，在战场上，也同样不能发挥高度的竞赛精神。他还有一句得意的格言"训练时艰苦，作战时轻松"。1768 年，苏沃洛夫晋升为准将，指挥一个旅的部队参加征服波兰的战争。

第一仗是与法国将官杜穆累交锋。杜穆累把自己的部队布置在沿山斜坡的战壕里，山两面又有森林作掩护，自以为兵力占优势，对俄军的进攻不以为然。苏沃洛夫带领劣于对方的兵力，决心要去冒险。他率 400 多名骑兵走在前边，当接近敌人阵地时，命令骑兵向敌人阵地猛冲。杜穆累的军队被突如其来的冲击惊呆了，顿时乱作一团，纷纷逃窜，仅半个小时就解决了战斗。接着，苏沃洛夫于 1769 年在奥列霍夫、1771 年在斯特洛维奇等地，战胜了波兰贵族党人。1773 年，苏沃洛夫在鲁缅采夫指挥的第一集团军中任职。同年 6 月，他率领的支队击败了图尔图卡依的土耳其人。时隔一个月，他又在科兹卢贾附近击溃了 4 万土耳其军队。战争结束，苏沃洛夫载誉回国，受到俄皇叶卡捷琳娜二世的嘉奖。

此后，苏沃洛夫又率兵进行了多次征战，为巩固叶卡捷琳娜二世的统治建立了功勋。1776～1779 年，他统率驻克里木和库班的军队，在策划克里木并入俄国方面起了很大作用。在第二次俄土战争中，苏沃洛夫统领部队担负赫尔松——金恩地区的防御，以不到 3000 人的兵力，打退了 7000 人的土耳其大军在这一地区的登陆作战。1789 年，在福克沙尼和雷姆尼克附近，取得了重大的胜利。因此，被俄国女皇叶卡捷琳娜二世封为雷姆尼克公爵。1794 年 9 月，苏沃洛夫再次被派往波兰，参加瓜分波兰的战争。10 月，率兵攻克华沙，因战功卓著而被俄皇叶卡捷琳娜二世晋升为陆军元帅。1796 年 11 月，叶卡捷琳娜二世去世以后，苏沃洛夫由于与新皇保罗一世在军事战略分析和军队训练方式等方面意见分歧而被免职。

1799 年，保罗一世同英奥两国结成反法军事同盟，俄国与法国展开决死一战已不可避免，两军即将在意大利境内摆开战场。危急之时，俄国准备起用苏沃洛夫担任统帅。保罗一世开始担心苏沃洛夫会因计较个人恩怨而拒绝接任此职，但出乎预料，苏沃洛夫却欣然应允了。苏沃洛夫很快来到部队，当时俄军正在行军途中。不成样子的俄军，每天只能走 12 俄里。苏沃洛夫一到部队，立即取消了保罗一世推行的普鲁士军队的那一套陈规旧制，撤换了一批无能的军官，对部队进行了严肃整顿，军队因此而面貌大为改观，行军速度大大加快。在阿达河岸上，苏沃洛夫同法军第一次交锋，法军被苏沃洛夫的声东击西战术打得落花流水。俄军随即顺利地通过了阿达河。接着，苏沃洛夫又率军打败了法军名将莫洛，使其一个整师缴械投降。之后，俄军趁有利时机大举反攻。法军兵分两路图谋对苏沃洛夫分进合击，在敌兵力倍加于己的形势下，苏沃洛夫先发制人，攻击法军部队，经过 3 天的激烈战斗，打得法军溃不成军。在远征意大利的作战中，苏沃洛夫取得了辉煌的成就，歼灭了 3 个法国集团军，使北部意大利在短期内获得解放。1799 年 9 月 1 日，苏沃洛夫开始了对瑞士的远征，他选定圣哥式佳山峡这个最近的道路，越过阿尔卑斯山。恩格斯曾评价苏沃洛夫的这次行军是"到当时为止所进行的一切阿尔卑斯山行军中的最出色的一次"。这次远征，苏沃洛夫虽然花费了较大的代价，但最后还是取得了胜利。

【点评】俄国著名将领、大元帅。他久经沙场，一生指挥过 60 余次会战和战斗。他关心士兵疾苦，深得将士信任；精通多门外语，熟谙俄国和欧洲战史，注意吸收西方先进的科学知识。他摒弃警戒线战略和线式战术；主张集中兵力于主要方向，歼灭敌有生力量；强调快速机动，积极进攻；提出观察、快速和猛攻三项战术原则；提倡严格治军，从实战需要训练部队。著有《制胜的科学》。

"俄国海军军魂"——乌沙科夫

费多尔·乌沙科夫于 1744 年出生在俄罗斯阿列克谢耶夫村，父亲是蒙古血统、俄国的一个穷贵族。乌沙科夫的少年时代，仅仅受教于一个乡村的教士。因此，从其家庭背景和所受的教育来看，似乎很少有能成为一位威震海上的海军统帅的可能。乌沙科夫 18 岁进入彼得堡贵族武备中学，22 岁毕业，被授予次尉军衔，指派到波罗的海舰队服役。1766 年，乌沙科夫又有幸进入海军学校就读。在那里，他的才智得到了发挥，其学习成绩之优秀、才思之敏捷，使得全体教授和同学都感到吃惊。刚刚毕业不久，乌沙科夫就随部队参加了 1768 年至 1774 年的俄土战争，在亚速海——顿河区舰队担任舰长。在这次战争中，乌沙科夫充分显示了他在战术上灵活机动的天才。战

乌沙科夫

争结束，乌沙科夫被提升为波罗的海舰队护航舰的舰长。

从 1774 年开始，俄国和土耳其之间保持了长达 13 年之久的休战时期，然而，始终保持清醒战略头脑的俄皇叶卡捷琳娜二世并没有放松海军建设，尤其是注重在海军基层指挥员中发现和选拔优秀军事人才。1780 年，乌沙科夫作为海军中的特优军官被任命为女皇专用快艇的艇长，但志在海军的乌沙科夫并不情愿干这种看似荣耀实则无法发挥真才实学的差事，他毅然放弃了令人仰慕的进入宫廷的机会，要求回到舰队寻一份大有用武之地的工作。不久，便被任命为当时比较有名的"维克托"号战列舰舰长。为了从实战出发训练一支海上劲旅，乌沙科夫十分重视对官兵的体能训练，他认为，在海上作战中，官兵最大的困难就是如何战胜风浪，海军官兵能否发挥出作战威力，也与解决这一问题直接相关，为了提高水兵战胜海上风浪的能力，他组织和指导所属官兵整整打了 3 年秋千，从而使官兵的体质有了很大的提高，为他的军舰能在海上大显神威奠定了基础。为了避免俄国商船遭受英国舰队的袭击，他曾几次奉命担负从波罗的海到地中海的远洋护航任务，确保了海上商业通道的安全，维护了俄国的海上利益，深得上司赞赏。1783 年，不到 40 岁的乌沙科夫，再次被调至黑海舰队，在沃伊诺维奇海军上将麾下任职。乌沙科夫有自己的海战哲学：集中全力攻击敌人的一部分兵力；出其不意地打乱敌之阵势；全力支援受伤的本国舰只；尽量利用敌之弱点，以智取胜等。他就是按照这些观点训练他的舰长，并给予他们相当大的战术主动权。

1787 年，第二次俄土战争爆发。乌沙科夫作为"圣保罗"号战列舰舰长，参加了对土耳其海军的作战。开始，土耳其海军一直处于优势地位。1788 年，在菲多尼亚岛海战中，乌沙科夫指挥俄国分舰队前卫，对土耳其舰队进行猛烈的攻击，为最后取得战役胜利起到了决定性的作用。此后，战局发生了根本性的转变，俄国海军无论在数量上还是在士气上都属于优势。在 1790 年的交战季节到来之前，俄国对指挥人选作了一次大的调整，乌沙科夫被任命为海战最高领导。

乌沙科夫上任不久，便率领一支由 8 艘炮艇和 11 艘劫掠船组成的轻舰队，从斯托波尔出发，前往敌方求战。在驶入锡诺普地区后，他将劫掠船丢下，率 8 艘炮舰去袭击敌舰，很快就俘获 8 艘土耳其船，并迫使另外 4 艘船靠岸。7 月 13 日，乌沙科夫率领由 33 艘舰艇组成的俄国主舰队出海。7 月 19 日，在刻赤海峡发现胡塞因·巴夏的土耳其主力舰队，有各种舰船 54 艘。两支舰队势力不相上下。这一天，大雾弥漫，能见度较差。双方经过 4 小时的激战，土耳其舰队退却了。接着，在加特齐贝的海面上，以 37 艘舰船对抗土耳其 45 艘舰船，又获得了胜利。两次海战，打破了土耳其人进攻克里木的计划，使克里木大部分掌握在俄国人手中。六个星期之后，乌沙科夫率领大体上同上次出海相当的舰队，于9月8日，在坦德拉岛附近海面上发现土耳其的舰队。双方的兵力与上次海战相差不大。战斗大约在下午3点开始，一直持续到第二天早晨，在此次海战中，由于乌沙科夫吸取了上次海战的经验，在战术上进行了一些改进，因而从一开始就掌握着战场的主动权，使土耳其舰队损失7艘舰船，被俘1500人，而俄国海军只伤亡46人。

此时，得到了战争主动权的叶卡捷琳娜二世和时运不佳而海军仍有实力的土耳其，都想准备和谈，从而双方在加拉茨重开谈判。土耳其人想通过显示海军力量而争取较好的谈判条件，便于1791年4月11日将舰队停泊在卡利亚克亚角的罗密里海岸，组成两支坚强的战舰阵线。一支由海军大将胡塞因·巴夏率领，另一支由海军大将沙伊脱·阿里率领。这两位大将自恃兵力雄厚，认为胆敢来犯者必定有来无回，便放纵土耳其水兵在岸上寻欢作乐。7月31日这天，正是回教节，乌沙科夫率领俄国舰队，突然出现在卡利亚克亚角海面。开始是排成整齐的战斗队形，从东北向西南行驶。当土耳其舰队前来迎战时，他却迅速掉转航向，向土耳其舰队背后插去。经过4小时的炮战，土军舰队乱作一团，若不是夜幕降临，土耳其舰队真有全军覆没的危险。此次战役，乌沙科夫创立了帆篷舰队以火力与机动巧妙结合为基础的战术，不仅消灭了土耳其舰队的有生力量，也迫使土耳其在谈判桌上求和。到1792年，俄土双方在雅西签订了合约。从此，迎来了叶卡捷琳娜二世时期俄国海上力量的黄金时代。

从1790年的交战前夕乌沙科夫被任命为海战最高领导，到1792年俄西签订和约历时三年的时间里，乌沙科夫率其舰队与土耳其海军在海上进行了近三年的拉锯式海战，东击西打，取得了一个又一个重大胜利。此后，乌沙科夫又率领俄海军联合舰队和1700人的海军陆战队进入地中海，成功地完成了封锁敌人海岸、海军陆战队登陆和摧毁要塞等复杂的任务，掩护了苏沃洛夫在陆上的进攻行动。尤其是在1799年，乌沙科夫率领的海军陆战队，在舰队的支援下，从海上登陆，攻占了著名的科俘要塞，夺取了地中海的中枢阵地。这次登陆作战的成功，推翻了俄国海军长期因循守旧，规定舰队对海军基地只能封锁不能攻占的理论，被誉为军舰和海军陆战队协同作战的范例。乌沙科夫战功卓著，被晋升为海军上将，同时也获得"俄国海军军魂"的称号。

【点评】俄国海军上将。多次参加俄土战争，首创俄国海军从海上攻占要塞的战例。强调按实战要求训练部队，反对死板和华而不实的训练方法；作战中不拘泥于传统的战列线战术，强调根据情况采取灵活机动战术，对俄国和苏联海军学术的发展具有一定影响。被称为"俄国海军军魂"。

"军事艺术巨匠"——拿破仑

在世界军事史、战争史和军事艺术领域中，可能再也没有比拿破仑这个名字的"点击率"更高的了，再也没有比拿破仑的称号更多的了。用"军事艺术巨匠"来称谓拿破仑，恐怕更合适一些。

拿破仑于 1767 年 8 月 15 日出生在法国科西嘉岛阿雅克修城的一个日趋衰败的贵族家庭，父亲夏尔·波拿巴博士是一个有地位的法院陪审官。拿破仑自幼聪明伶俐，勤奋好学。1779 年获得法国王室奖学金并进入法国东部的布里埃纳军官学校，因成绩优异，于 1784 年又被保送到巴黎军官学校深造。1785 年，因父亲病故，家境困窘，拿破仑被迫辍学。之后，拿破仑到陆军中当了一名炮兵少尉。1791 年 4 月被提升为中尉。因为战绩卓著，1794 年 1 月年仅 27 岁的拿破仑就被升任准将。凭借文韬武略和赫赫战绩，于 1804 年登上皇位。

拿破仑是法国杰出的政治家、军事家，法兰西第一帝国的创立者。历史上称之为拿破仑一世。他纵横驰骋于欧洲战场 20 年，指挥过将近 60 次重大战役，常常是以少胜多，以弱制强，多次取得辉煌战果，形成了独具特色的作战原则和指挥艺术：他始终把歼灭敌人当作作战行动的最主要目标，积极主动地发动攻势；他一贯坚持集中兵力的原则，力争在战役中心点上确保自己的优势力量；他强调快速机动，经常以大部队的迅速运动达到出奇制胜的效果；他作战指挥灵活，随机应变，不墨守成规。他的军事实践活动，对世界军事科学的发展，产生过相当巨大的影响。

拿破仑

拿破仑一生经历了 7 次同"反法同盟"的战争。1800 年，他率军第二次远征意大利，在马伦哥大败奥军，直逼维也纳，粉碎了第二次反法联盟。1805 年，英俄纠集第三次反法联盟，拿破仑根据战情的需要，主动放弃渡海进攻英国的计划，将法军主力迅速东调，夺取乌尔姆要塞。并在奥斯特里茨大败俄奥联军，奥斯特里茨大捷将拿破仑推上了军事辉煌的巅峰……

1805 年 11 月 13 日，拿破仑率军进入奥地利首都维也纳，然后追击俄奥联军，进入摩拉维亚，并在摩拉维亚的奥斯特里茨村附近，同俄奥联军

拿破仑在作战中

进行了一次惊心动魄的会战，即奥斯特里茨战役，这次会战使他的军事指挥艺术达到了顶峰。

会战之前，拿破仑为了防止俄军和奥军会合，首先在乌尔姆歼灭奥军主力5万人，攻占了奥地利首都维也纳，然后挥师北上，追击溃退奥军至奥斯特里茨村。此时拿破仑面临的形势是严峻的：奥俄两军已经会合，总兵力达到8.7万人，而拿破仑只有7.3万人，当面之敌不仅在数量上处于优势，而且俄军的补充兵力将随后源源不断地开到这里来，奥军司令部也决定从意大利抽调大量部队到这里增援。更为危险的是，在法军侧面集结的10余万普鲁士军队也正开向边境，准备从西北部向法军发动进攻。在腹背受敌的危机面前，拿破仑冷静地分析了面临的形势，认为摆脱不利处境的最有效办法，在于抢在普鲁士的增援部队到来之前迅速击垮俄奥联军。为了实现上述战略目标，精明机智的拿破仑像演员一样采取了两项措施：一是制造法军畏战退却的假象。二是施展外交手腕，推迟普军参战的时间。这两项措施的实现，为拿破仑进行会战赢得了极为有利的条件。会战打响前夕，拿破仑预料联军一定想要截断他的退路，于是，他故意命令前沿部队后撤，主动放弃有利于防守的普拉钦高地，诱使俄奥联军实行迂回，以便在联军运动之际攻其侧背而取胜。12月2日清晨，奥斯特里茨会战打响了。当拿破仑获悉联军4万主力部队正兵分三路迂回法军右翼的消息后，迅速将计就计，以1万人的少量兵力进行牵制、引诱；而在普拉钦方向上，以近6万兵力对付4万联军。这样拿破仑就通过精巧的作战部署，变劣势为优势，掌握了战场主动权。这时，拿破仑已经胜券在握，他兴奋地高呼："奥斯特里茨的太阳升起来了。"

上午7时半，当拿破仑发现普拉钦高地只有少量敌军后，立即意识到这是联军犯了放弃战场制高点的严重错误。于是，拿破仑立即决定，以优势兵力猛攻普拉钦高地，迅速占领了高地。这样，拿破仑就把联军切成两段。随后，他命令炮兵调到高地。从侧面轰击正在迂回的联军主力部队。同时，法军主力从后面和侧翼向联军主力突击；在联军主力正面，又以一个军的兵力奋起冲杀。在法军前后夹击下，联军大乱，士兵纷纷四面溃逃。最后，拿破仑利用压倒的优势，将联军包围并压缩到普拉钦高地和扎恰湖之间，慌乱的联军被迫撤到半结冰的湖泊上，而湖泊的冰层已经被法军炮火击碎。结果，整团整团的联军沉入湖底。拿破仑仅用短短几个小时，就把俄奥联军打败。俄皇亚历山大一世和奥皇弗兰茨二世狼狈逃跑。联军损失 2.7 万多人，而法军只损失不足 1 万人。第二天，奥皇不得不向拿破仑求和，并于 12 月 26 日签订了《普雷斯堡和约》，这一和约的签订，标志着第 3 次反法联盟完全破产。这是拿破仑战争史中最辉煌的一次胜利，使拿破仑赢得了"欧洲第一名将"的美誉。拿破仑自己也曾说："这一仗打得实在最好。同样的仗我曾打过 30 次，但是，并无一次比得上这一次。"恩格斯对这次战役也作了很高的评价：说这"是战略上的奇迹，只要战争还存在，这次战役就不会被忘记"。第三次反法联盟的惨败，使得反法联盟的主要组织者——英国首相小威廉·庇特心力交瘁。临终前，他要人取下挂在墙上的欧洲地图说："卷起来吧！今后十年不需要它了。"庇特的预言没有说错，随着法国军事上的胜利，拿破仑随心所欲地重新绘制了欧洲地图。

【点评】即拿破仑一世，拿破仑·波拿巴。杰出军事统帅，法兰西共和国第一执政（1799～1804 年），法兰西人皇帝（1804～1814年，1815.3～6）。一生指挥大小会战 50 多次，赢得 35 次胜利。他继承和发展了法国革命战争所创立的军事艺术和作战原则，作战中善于实施迂回和机动，重视建立强大的预备队，在决定性的时间和地点集中优势兵力，以坚决的进攻歼灭敌有生力量；惯于采用纵队与散兵相结合的战斗队形，组织步、骑、炮协同，一旦突破敌阵地即组织骑兵实施追击，力求通过一两次决战击败敌人。在军队建设上，改进军队的编制，使师和军成为固定编制单位；后勤补给采取以战养战原则；主张选贤任能，唯才是举。执政期间，改革政治机构，加强中央集权；同罗马教皇签订"政教协议"，确立宗教和平；颁布民法典、商法典等重要法律，以巩固大革命的成果；创办法兰西银行，鼓励发展工商业。这些措施对冲击欧洲旧的封建制度产生重要影响。有《拿破仑一世书信集》和多种版本的口述回忆录传世。

"一只狡猾的北方狐狸"——库图佐夫

在繁若星辰的世界将帅之中，能被称为"狐狸"的人并不多见，俄国名将库图佐夫因为斗败了称雄欧洲的拿破仑，而被他的对手拿破仑称为"一只狡猾的北方狐狸"。

1745 年 9 月 5 日，米哈伊尔·库图佐夫出生于俄国的一个贵族家庭。其父亲是一位军事工程师，在彼得大帝统治时期是一个有学识的人物，被称作"智囊"。在父亲的影响下，库图佐夫自幼酷爱学习，求知欲强，对军事、数学、历史和文学，都有浓厚的兴趣。1757年，年仅12岁的库图佐夫，进入炮兵工程学校接受军事教育，很快成为学生中的佼佼者。1759年，库图佐夫以优异成绩毕业并被选拔留校任教。1761年又被调到阿斯特位罕步兵团担任连长，当时的该团团长就是后来成为俄国著名大元帅的苏沃洛夫。库图佐夫在苏沃洛夫部下服役，在苏沃洛夫的教育和影响下，库图佐夫的军事才干很快增长。库图佐夫学到了前辈们不少优良品质和战略战术，特别是苏沃洛夫的《制胜的科学》一书，对库图佐夫最终成为一名军事统帅奠定了理论基础。从1764年至1790年，库图佐夫参加了不少战役，在克里木的一次战役中，年仅二十九岁的库图佐夫被土耳其人打瞎了一只眼，颈部曾两次负重伤，无论在多么危险的情况下，他都表现出了超常的勇敢和镇静。库图佐夫不仅英勇善战，而且用兵如神，常以少击众，出奇制胜。在1812年的俄法战争中，库图佐夫指挥若定，打得60万人的拿破仑军队只剩下不足3万人的残兵败将。这次作战的胜利，不仅为俄国人赢来了"神圣的荣誉"，库图佐夫的英名也像长了翅膀似的传遍了整个欧洲。这时的库图佐夫毕竟是年岁已高，战后不久即染上风寒，于1813年4月16日，在西勒西亚的布克泽劳城内逝世。俄国人在那里给他立了一个纪念碑，上面写着：库图佐夫统帅把俄国胜利军队引到了此地，可是死神正在这里打断了他继续建立丰功伟绩的征程。他的英勇奋斗的光荣是永垂不朽的。

俄国人永远忘记不了库图佐夫为他们立下的赫赫战功：

第二次俄土（俄国与土耳其）战争期间，苏沃洛夫命令库图佐夫负责围攻伊兹梅尔要塞。土军在雷姆斯基河被俄军打败后，便以多瑙河为天然屏障，以建筑多瑙河口上最坚固的伊兹梅尔要塞抵御俄军的进攻。1790年10月，俄军花了近两个月的时间还没有攻克该要塞。当时，俄军处境极为困难，特别是冬季已经来临，军队既无攻城炮又缺少给养和燃料，而且，疾病又在士兵中流行着。就在这时，库图佐夫奉命指挥第六纵队强攻伊兹梅尔要塞。

伊兹梅尔要塞的防御很严密，火力配备十分强大，城堡高达10至15公米。12月11日拂晓，根据苏沃洛夫的命令，库图佐夫率领部队向伊兹梅尔要塞的齐

库图佐夫

利亚门发起进攻。士兵们冒着敌军的猛烈炮火，架起云梯，爬上城头。库图佐夫身先士卒，亲自向城堡冲击。俄军两次登上敌城堡，两次都被土耳其军击退。库图佐夫见部队伤亡甚重，便向苏沃洛夫求援。苏沃洛夫不但没有给他增援部队，而且还派人返回俄罗斯，报告伊兹梅尔已经攻下，并将库图佐夫调升为伊兹梅尔要塞的司令官。库图佐夫明白，能不能攻克伊兹梅尔要塞，直接关系到俄罗斯帝国的威望，只要这个要塞在土军手里，土耳其对俄国就不会让步。在此紧急关头，库图佐夫决心不惜一切代价强攻要塞。他重新调集队伍，进行了第三次进攻。经过苦杀猛斗，俄军一鼓作气冲进城堡，就在战斗进入白热化的紧急关头，俄军增援部队适时赶到，俄军官兵在每一条街道上与土耳其军展开了短兵相接的肉搏战，整整厮杀了一天，到了黄昏，全部歼灭了土耳其守军。占领要塞后，库图佐夫在给他夫人的信上写道："我将不能再见到这样的交战了……我的毛发全都耸了起来。"苏沃洛夫也说："没有哪一个要塞比伊兹梅尔更加坚固，没有哪一个要塞曾被这样拼命地防守。""像这样的围攻，一生中只能有一次啊！"

　　第三次俄土战争期间，从1806年到1818年，俄军先后调换了几个总司令都未能取得胜利。此时，拿破仑正在加紧准备侵俄战争，形势对俄国十分不利，亚历山大一世不得不任命库图佐夫为对土作战的总司令官。库图佐夫到任后，俄军又抽调五个师到西部边境防御拿破仑，此时，库图佐夫手里实际上只有四万六千人的兵力。当时，俄军战线长达一千多公里，面对如此艰难之势，库图佐夫认为："欲使这样一个广大的地区，在每点上都有充分的实力防守，那是不可能的。"于是，他果断地决定放弃一条直线全面防守的警备阵形，把俄军集中一地，准备在一个点区形成拳头，以优势兵力打击敌人。此时，土军占据着坚固的舒姆拉要塞，库图佐夫了解到要攻克这个要塞"既不可能，亦属无效"，即命令他的部队撤到鲁什丘克地区，背临多瑙河，诱敌出巢。土军见俄军撤退，果然上当，从舒姆拉要塞倾巢出动，追击俄军，结果进了库图佐夫事先设好的埋伏圈。俄军在鲁什丘克以逸待劳，把土军6万之众打败。此时，库图佐夫不但没有让俄军追击，反而将这里的炮台和工事炸毁，继续后退，由多瑙河南岸撤到北岸。这种做法使一些军官不能理解，库图佐夫解释说："我们如果追击土军，也许要一直追到舒姆拉，但是我们接着又将怎么办呢？我们必须回军，和去年的情形相同……比这样好得多的是鼓舞一下我的朋友阿哈买拜（土耳其首相），那么，他便要落入我们的手中了。"果然不出所料，土耳其阿哈买拜在拿破仑的鼓动下，将兵力留在南岸。此时，库图佐夫认为整个局势彻底改变了，他的策略将获得成功，库图佐夫立即组织了一支7000人的轻装部队迅速迂回到多瑙河南岸，突袭土军军营，然后从多瑙河南、北两岸包围土军，一举大获全胜。

库图佐夫主持军事会议

1812 年，俄法战争爆发。在俄军失利情况下库图佐夫出任总司令，面对优势法军，他实施战略撤退和坚壁清野，在博罗季诺之战中重创法军后继续后撤，直至放弃莫斯科。在人民群众支持下开展游击活动并组织预备队，形成兵力优势后适时转入战略反攻，指挥俄军从北、东、南三个方向进攻法军，歼敌于别列津纳河畔鲍里索夫地区。与库图佐夫几次交战都成为手下败将的拿破仑深深体会到了库图佐夫的狡猾与难斗，不无自愧地称库图佐夫"是一只狡猾的北方狐狸"。

【点评】俄国元帅，著名将领，军事家。参加远征波兰、俄土战争、法俄战争等。他精通法、德、英、波、土等多种语言，知识渊博，驰骋沙场 50 余年，作战指挥经验丰富；继承和发展了彼得一世、鲁缅采夫和苏沃洛夫等进攻作战思想，而其战略防御理论更为各国军事家所称道；强调在敌强我弱情况下应避免不利决战，以保存实力；主张疲惫和消耗敌有生力量，不失时机地实施战略反攻。

西方"海军第一伟人"——纳尔逊

在人类的战争史上，军事对垒，各尊其将，仇敌相争，你死我活。这是极其合理也是非常正常的场面。然而，也有些现象令人纳闷：在著名的特拉法尔加大海战中，拿破仑舰队被纳尔逊击败后，拿破仑却命令每艘法国军舰都要悬挂"死对头"纳尔逊的肖像。这究竟是为什么？

纳尔逊生于英格兰诺福克郡伯纳姆托庇村的一个贵族家庭，他体质虽

纳尔逊

弱，但性格刚勇。纳尔逊自幼对航海和海军有着超常的极大兴趣，经常随其舅舅出航，后来由其舅舅荐举，纳尔逊当上了一艘炮艇的代理副艇长。起初，人们担心这个十几岁的小伙子不能胜任。经出航风高浪涌的直布罗陀海峡实践考验后，他的艇长说："只要纳尔逊在船上，我就用不着操心了。"19 岁那年，在海军招选军官的正式考试中，纳尔逊因成绩优异，而被正式任命为一艘战舰上的副舰长。一年后，纳尔逊又成为一艘轻型巡航舰的舰长，1779 年，21 岁的纳尔逊被任命为巡航炮舰的上校舰长。当时，正值美国独立战争时期，纳尔逊率部参加了远征洪都拉斯登陆战役。后来，他又当上了当时世界一流战舰"亚伯美"号的舰长。在率舰赴北美护航纠私中，表现突出，声誉颇佳。回国后得到威廉皇帝的召见和嘉奖。纳尔逊抓住这一被召见的机会，对当时的海上斗争形势和加强海上力量建设提出了自己的见解，纳尔逊对时局大事的剔透见解和对海上军事建设的合理建议，博得了皇帝的重视，但由于种种原因，他的建议并没有得到实施。北美独立战争结束后，纳尔逊预料英法之间终将再战，便利用假期赴法国进行了游历考察。之后，他退出现役，回到故里，看似享受天伦之乐，实则闭门研究战争。法国大革命爆发之后，英法两国争霸欧洲的矛盾急剧激化。纳尔逊看到国家正值用人之时，加上晋见英王时受到了优礼，就应召担任了"亚加曼浓"号巡航舰舰长，遂派往地中海服役。

1793 年 2 月 1 日，法国以及西班牙、荷兰等三个海上强国对英开战，在攻夺法属科西嘉岛的巴斯蒂亚和卡尔维两座重要城市的登陆作战中，纳尔逊首次立下战功，并负伤失去了右眼。谁知评功论赏时，纳尔逊不仅没能列上功劳榜，甚至连伤员表也未列入。对此，他并不计较，反而愈发坚定了"用行动建立毕生功簿"的决心。1795 年底，新任的地中海舰队总司令杰维斯，破格提拔纳尔逊担任分遣舰队司令。次年冬，由于拿破仑在意大利战场上的节节胜利和科西嘉人民的坚决抵抗，使英国舰队无法在地中海立足，不得不撤往直布罗陀，纳尔逊是这次大撤退的主要组织者。这次撤退的成功，使他在海军中开始有了名气。

纳尔逊指挥过不少有名的海战，第一场使他成名的海战是在英吉利海峡的圣文森特角附近海域中进行的。1797 年 2 月 13 日，纳尔逊分舰队与杰维斯舰队主力会合时，发现了数量上居两倍优势的西班牙舰队，纳尔逊一反常规战法，率领自己的旗舰直插对方舰队的两个纵队中间，将敌一分为二，之后乘机集中力量攻击敌舰队后尾，短兵相接后，纳尔逊亲自率领官兵连续跳上敌军两艘战舰，将敌人俘获。此次战役共俘敌舰 4 艘，重创 10 艘，创造了英国海军以少胜多的范例。捷报传来，纳尔逊被荣封为巴思勋爵。同年 7 月，他在特内里费岛登陆战中失去右臂，却豪壮地说："我还有两条腿和一只胳膊哪！""我的一切都是为了国家而战。"纳尔逊的行动给了官兵以极大的鼓舞和教育，同时使他在官兵心目中的形象越来越伟大。次年 8 月，在搜寻出征埃及的拿破仑舰队中，纳尔逊又在尼罗河口打了一场漂亮的伏击战，使 15 艘法舰仅有两条逃命，敌舰队上将司令毙命。英王加封他为男爵。1800 年 7 月，纳尔逊在担任西西里国王顾问两年之后回国，政府在港口和首都为他举行了隆重的凯旋仪式。第二年，他又以波罗的海舰队副司令的身份，巧妙地指挥了哥本哈根海战，为了表彰他的功绩，英国皇帝又授予他子爵勋章。

1803 年，英法之间短命的《亚眠和约》破裂，拿破仑把法国海军主力集中于土伦，准备入侵英伦三岛。英国首相皮特把已退出现役的纳尔逊重新召回，委任为地中海舰队司令，命其率军封锁土伦。此时，因几十年的艰苦征战，纳尔逊已染上一身重病，加之失去一目一臂，难以经受海战生活了，但他却说："法舰未灭，我不能倒下。"双方经过两年多的海上角逐，于 1805 年在特拉法尔加角海域进行了决战。这场决战，法、西联合舰队拥有战舰 33 艘，英军则只有 27 艘。10 月 21 日清晨，纳尔逊命令自己的旗舰"胜利"号打出"祖国期待我们人人尽责尽职"的旗语，自己也写好遗书，身着大礼服，登上甲板亲自指挥战斗。英国舰队在纳尔逊的指挥和鼓舞下，一举毁俘敌舰 22 艘，西班牙主将战死，法军舰队司令维尔诺夫上将被俘。这一辉煌的胜利，使拿破仑踏灭英国的计划彻底破灭。然而，这次胜利的缔造者纳尔逊也在激战中中弹身亡。

人的忠勇可能感动友人也能感动敌人，惨败在纳尔逊手下的拿破仑为纳尔逊的忠勇所感动。为了使纳尔逊的武德精神在法军中得到发扬光大和效法，同时也为了怀念这

纳尔逊指挥作战

位使自己佩服至极的伟人，拿破仑命令每艘法国军舰都要悬挂纳尔逊的肖像。

海战结束后，纳尔逊的遗体被移送到伦敦的圣保罗大教堂，供国民瞻仰。他生前的旗舰"胜利"号被法定为英国的历史文物，从此停泊在皇家海军的最大港口朴次茅斯，供人们凭吊、参观。直到今天，在当时特意修建的特拉法尔加广场高大圆柱的顶端上，仍然耸立着纳尔逊的铜像。纳尔逊的武德精神也感动了世界。至今，世界绝大多数国家海军战士的水兵帽上都保留着为纪念这位西方"海军第一伟人"的两根飘带。

> 【点评】英国海军统帅。12岁参加海军，参加过近百次海战。他作战勇敢，曾被打瞎右眼、打断右臂；指挥果断，富有创新精神，如摒弃传统的战列线战术，采取分队穿插的机动战术（称为"纳尔逊战法"）等，所倡导的海军战术思想受到各国海军的重视。为英国建立海上霸权和争夺海外殖民地作出重大贡献。被称为西方"海军第一伟人"。

获得6个国家的元帅称号——威灵顿

元帅的称号是神圣的，然而，在近代战争上，有人竟获得6个国家的元帅称号。他就是在滑铁卢战役中指挥英普联军彻底击败"战争之神"拿破仑的英国陆军元帅威灵顿。

威灵顿与拿破仑是同龄人，出身于在爱尔兰都柏林的一个贵族世家。幼时就读贵族学校，主修古典文学。父母本想培养威灵顿成为一个政界或实业界的绅士，后来，因为威灵顿对其所学课程一直没有兴趣，父母不得不随其志愿，将其送到被当时上流社会认为是鄙薄的军校当了士官生。威灵顿可能天生就是一块当兵的料，在军校学习期间，他异常勤奋，尤其是对军事历史兴致更浓，从历代名将的业绩中吸取了不少精神营养，锻炼并养成了威灵顿沉着冷静、坚忍不拔、善于思考、严谨细致的性格和作风。这些品质的养成，对威灵顿日后成为著名的军事统帅奠定了坚实的基础。

17岁时，威灵顿以优异的成绩从军校毕业，先是被分派到一个步兵团里当旗手，次年获准尉军衔，并被任命为英国驻爱尔兰总督的副官。1793年，英国策划组成欧洲第一次反法联盟，武装干涉法国革命。威灵顿买得步兵第33团陆军中校军衔（在当时的英国军队中，花钱买军衔、买官职是一件相当普遍的事情），随后赴荷兰与法军作战。费兰德斯之战，使这位中校开始小有名气。在此期间，威灵顿也目睹了英军大部分部队因后勤供应差和纪律涣散而战斗力不强的现实，他决心在自己的部队中改变这种面貌。他为官兵规定了严厉的法规，对部队进行了严格的训练，对后勤保障进行了一系列的改进，因而，威灵顿所指挥的部队，素以严格的笞刑纪律和官兵战地生活待遇良好而著称。

1799年，英国发动了对印度南部迈索尔王国的第四次殖民战争。威灵顿被调到印度，指挥一支英军用大炮轰开该国首府林卡布坦，将全城洗劫一空，杀害了迈索尔国王、印度民族英雄铁普苏丹，由此成为英国统治南印度的总督。四年后，他又率领殖民军击败了中印度马特拉联军，迫使印度莫卧儿王朝

威灵顿

皇帝接受"保护"，从而确立了英国对整个次大陆的殖民统治地位。英国皇帝对威灵顿的"功绩"大加赞赏，威灵顿也因此而擢升为内阁官员，担任爱尔兰事务大臣。

1808年，西班牙和葡萄牙爆发了反抗法国吞并的民族独立战争，英国决定趁机派远征军前去对法作战。当时，正值拿破仑帝国所向披靡的鼎盛时期，英军不少所谓"德高望重"的贵族将帅因畏惧而不敢领衔出征，此时，资历尚浅的威灵顿挺身而出，接受了英葡联军司令职务，于8月间率12000多人的军队在伊比亚半岛登陆，开始了在欧洲大陆上同法军为时七年的逐鹿较量。威灵顿不负众望，在维米耶罗旗开得胜，将米诺指挥的驻葡萄牙法国军队3万人歼灭了近三分之一，打破了法军不可战胜的神话。然而，由于英国宫廷斗争等种种原因，威灵顿被调离战场回国，第二年四月，在战局迫在眉睫，英军危在旦夕之时，威灵顿才被重新重用，重返战场。接任之时，严酷的战局摆在威灵顿的面前：查理大公的军队已被拿破仑击败，37万法国大军正压向半岛战场。为了扭转战局，威灵顿认真分析了形势，采取了持久胜敌的"费边战略"，在半岛民众武装的配合下开展游击战和运动战。为了广泛地争取民心，威灵顿废除了部队就地征饷的制度，建立了一套专门的后勤系统以供军需，从而减轻了战区居民的负担，赢得了半岛人民的拥护。

1809年7月，在西班牙境内的塔拉韦借之战中，威灵顿指挥部队灵活机动，消灭了儒尔当元帅指挥的法军7000多人，正值胜利在望之际，因西班牙民军未能完成指定的掩护任务，使英军险些被另一支5万人的法

军抄了后路。为了加强盟军的团结以利再战，威灵顿不但没有斥责西班牙盟友，反而加以鼓励。威灵顿的这一反常举动，使他在西班牙人心目中建立起了很高的声望。第二年，当几路敌军分进合击威灵顿时，威灵顿又表现出超常的冷静和坚定，他指挥部队大踏步撤退并返回预先在葡萄牙海岸构筑的托里施—韦得借要塞，沿途坚壁清野，然后抓住时机举行反攻，将陷入饥困的敌6万追兵歼灭大半。1812年的萨拉曼卡之战，威灵顿巧妙地指挥部队，仅用40分钟的激战就击毁4万法军，解放了马德里，威灵顿被西班牙议会举任为西军最高统帅。次年夏，威灵顿又挥师北上，长驱千里，以奇袭手段取得维多利亚盆地战役大捷，将拿破仑的兄长约瑟夫统率的7万之众的法军彻底打败，整个半岛战争遂告胜利。当威灵顿把缴获的法军儒尔当元帅的节杖送给英国摄政王时，皇室内外一片欢腾，为了表彰威灵顿的丰功伟绩，皇室封他为陆军元帅和公爵。

威灵顿战胜拿破仑

半岛战争获胜后，威灵顿又奉命率领军队进入法国作战。一次，有个葡萄牙新兵受了点轻伤，紧张得大声哭叫"我挂彩了！"刚好在旁边的威灵顿也中了一弹，他却若无其事地站起身来，也用葡萄牙语大笑着说："天哪！我也挂彩了"——威灵顿常用这种幽默的方式，帮助新兵们解除初上战场的紧张心理。1815年2月拿破仑发动政变成功，欧洲反法联盟百万大军三路进军巴黎。拿破仑首先迎战正由比利时境内开来的威灵顿所率英荷军团和布吕歇尔所率普鲁士军团。5月17日，滑铁卢决战发生了。当时，英荷军团是由讲5种语言的北欧各国军队临时拼凑起来的，大部分为非正规部队。威灵顿深知，这样一支军队根本无力与久经战阵的法军做硬性撞击。于是，他决定采用与北欧士兵的特点相适应的战法：首先凭据圣让山的有利地形顽强防御，耗尽对方进攻锐气；待到布吕歇尔军赶来战场、敌竭己盈之际，再实施决定性的反击。会战开始的当天清晨，拿破仑在法军阵地上此起彼伏的"皇帝万岁"的欢呼声浪中宣称："要在一顿早餐之内解决战斗！"威灵顿的临战动员却仍是那样简短而富有感情，他说"我们要让敌人永远也吃不上早饭！"接着，一场天昏地暗的恶战开始了

——圣让山前弹雨交织，血肉横飞，法军一次次潮涌般冲来，英军阵地上一次次险情迭起。威灵顿的坐骑中弹身亡，但他照旧以安详的语调口述各种命令指挥部队作战。日近黄昏，普军赶到了战场，威灵顿立即站到高处挥起帽子，发出决战的信号，英军发起了猛烈的全线反击。随即，精疲力竭的法军发生了雪崩般的溃败，显赫一世的拿破仑帝国轰然倒塌了。拿破仑在失败后曾这样评价这位老对手："威灵顿公爵的治军之才与我不相上下，还具有更为小心谨慎的长处。"年仅46岁的威灵顿因为在滑铁卢之战中指挥英普联军打败了"战争之神"拿破仑而一举成为整个欧洲妇孺皆知的"铁公爵"，为此获得6个国家授予的元帅军衔。

【点评】英国陆军元帅，政治家。曾参加第一次反法联盟的对法战争、英国—迈索尔战争、半岛战争、对法战争等，战术灵活，进退有节，先后击败占优势的敌手。他擅长防御作战，注重培养士兵的勇敢精神，对于提高英国陆军的战斗力作出了较大的贡献。因在滑铁卢之战中彻底击败拿破仑，获得6个国家授予的元帅军衔。

军事科学巨匠——若米尼

一位西方人士这样说过：法国大革命产生了一代天骄拿破仑，拿破仑战争则培育出克劳塞维茨和若米尼这两位近代军事科学巨匠。

若米尼祖籍意大利，1779年出生在瑞士法语区巴耶那的一个富裕家庭。少年读书时，他立志成为一名贸易家或银行家。走出学校后，若米尼到巴黎一家大银行里当上了职员。17岁时，拿破仑大军在意大利战争中取得的震惊全欧的奇迹般胜利，一下子改变了若米尼一生的道路。这个年轻的瑞士人热情向往刚刚经过革命洗礼的法国，尤其仰慕拿破仑光彩初露的统率艺术。这一年，他投笔从军，先是在为法国服务的一个瑞士步兵团任职，后来进入法国陆军的一个后勤部门当军需官。干这种事情，一无正式军官的荣誉身份，二无薪饷可拿。对此，他若米尼不仅毫不计较，而且在工作中还表现了出色的才华，不久若

若米尼

米尼即被遴选到司令部门当了参谋。可惜的是，虽然若米尼工作勤奋努力，但由于没有受过正规军人教育，既无法得到重用，也没有机会上前方领兵打仗，一试锋芒。

1802年，欧洲战争出现一段间歇，若米尼用了两年时间，潜心研究拿破仑的崭新作战方式和统率艺术，并且同前代名将菲德列大帝的统率之道做了比较和分析，据此写出了他的第一部军事著作《大战术理论和应用教程》。这部著作引起了拿破仑手下大将内伊元帅的重视，他不仅掏钱资助出版了这本书，还将此书推荐给了拿破仑。据说拿破仑读了此书以后，拍案惊起说："年轻的瑞士人把我的全部战法都写出来告诉我们的敌人了！军政部为什么批准出版这本书？"一会儿过后，拿破仑平静了下来，又说："我实在不必自忧。敌人的那些老将根本不读书，而肯读书的青年人又不够资格掌握军队的指挥权。不过，今后再出版这种书，必须由我亲自批准。"不久，若米尼被提为上校，当了内伊的参谋长。1806年，欧洲战火重起，拿破仑亲自召见若米尼，决定把他留在统帅部以备咨询。召见完毕后，若米尼需要返回内伊军部做个交代，行前问拿破仑："四天以后我是否应该到班堡再去见您？"拿破仑一听，一半惊异，一半恼怒，反问："谁说我要去那里的？"因为这是拿破仑内心的绝密行动计划，未曾泄露给任何人。若米尼不慌不忙地回答："陛下，是地图和您指挥的马伦哥、乌尔姆两次战役告诉我的。"这件事给拿破仑留下了极深的印象，在他被流放到圣赫勒拿岛的晚年，还曾对人讲述起这段事。

1812年，若米尼升任准将。同年，在拿破仑远征俄国的战争中他又被任命为维尔诺城防司令和斯摩棱斯克省省督。他虽然不是行伍出身，被称为"文人战略家"，据他本人讲，甚至"从未见过刺刀肉搏的实际场面"。但如果以为他只会纸上谈兵，那就大错特错了。法国大军征俄失败，遇到俄军追击时，是若米尼的预见措施和所率部队的迅速行动，才使法国皇帝及其残军安全地撤过了别列津河，返回西欧。如果当时若米尼不是久病不愈，那时，拿破仑就准备把元帅节杖授予若米尼。次年，若米尼身体刚刚康复，就被任命为内伊的参谋长。在拿破仑指挥法军同俄、普联军进行的包岑会战中，若米尼又为法军的胜利作出了重要贡献。若米尼深得拿破仑的器重而成为拿破仑的真正高参，也正是由于拿破仑对若米尼的这种厚爱而使若米尼遭到了其他人的嫉妒，尤其是拿破仑的参谋长贝耶元帅更是千方百计地排挤他。若米尼对自己的处境非常清楚，先后十五次主动提出辞职，但均未得到允准，后来，若米尼感到继续在法国军队干下去肯定不会有什么好结局，因而，于1813年致书俄国沙皇亚历山大，表示愿意前赴俄国效劳。亚历山大早已仰其大名，欣然表示欢迎，这样，若米尼又踏上了俄罗斯的土地。

初到俄国时，若米尼在亚历山大的统帅部当军事顾问，随后又帮助亚历山大创建了俄国第一座高等军事学府，并亲自为俄军将校们讲授军事理论和战争艺术史。1828～1829年的俄土战争和1853～1856年的克里木战争中，若米尼参加制订了俄军的作战计划，对俄军的胜利作出了重大贡献。若米尼对俄军的作战指导和军事教育做了大量的工作，是俄皇不可缺少的军事顾问。

对于若米尼的离法去俄，法国方面未做苛责，因为他的国籍是瑞士，而瑞士又是中立国。所以人们并不把他的做法视为叛国。当俄国等欧洲反法同盟国家在1815年重新对法开战时，若米尼也保持了人格的荣誉，从未为俄国及其盟友设一谋。

虽然如此，鉴于若米尼的超众才华和智慧以及对军事理论的精通，俄皇仍一直任用其作为自己的高级顾问。直至在1815年之后的和平年代里，若米尼继续充任俄皇的军事顾问达20年之久，曾参加过俄军诸多军事战略的制定，协助进行军事改革，取得了很大的成绩。1855年若米尼被晋升为俄军步兵上将。同年，若米尼又离开俄国赴比利时。晚年定居法国，靠俄国的养老金生活。1869年病逝于巴黎，终年90岁。

若米尼一生参加过12个战局和许多高级军事会议，对法国革命战争和拿破仑战争深有研究。他在军事理论上第一次把战略、战术和后勤明确区分开来，指出战略是进行战争的科学，战术是进行战斗的科学；认为进攻优于防御，交战是克敌制胜的唯一方法；主张保持战略的主动性、突然性和集中兵力攻击敌之薄弱环节。若米尼是一个精通战略战术的政治家，他呼吁社会给军人以相应的荣誉和地位。他说："假如在一个国家里，那些牺牲了生命、健康和幸福去保卫国家的勇士，其社会地位反而不如大腹便便的商贾，那么这个国家的灭亡就一点也不冤枉。"若米尼的这些观点对军事理论的发展产生了很大的影响。若米尼一生军事著作颇丰，主要有：《论大规模军事行动》、《革命战争批判军事史，1792～1801》、《拿破仑的政治和军事生涯》、《战争艺术概论》。其中影响最大、流传最广、理论价值最高的，当数《战争艺术概论》。就其军事学术价值而言，有人把他的这部著作同中国《孙子兵法》和克劳塞维茨的《战争论》相媲美。

《战争艺术概论》（兵法概论）中文版

【点评】 欧洲资产阶级军事历史学家、军事理论家。19 岁参加瑞士军队，曾任陆军部长的副官、秘书长及营长等职。25 岁转入法军服务，曾任 M. 内伊元帅的副官、参谋长。在拿破仑一世远征俄国期间，先后任维尔诺城防司令和斯摩棱斯克总督。1813 年转投俄军供职，任俄皇亚历山大一世和尼古拉一世的军事战略顾问达 20 年之久，为俄罗斯帝国军事学院奠基人之一，被授予步兵上将军衔。晚年定居法国，靠俄国养老金生活，经俄国同意应聘为拿破仑三世的军事战略顾问。一生军事著作颇丰，主要有：《论大规模军事行动》、《革命战争批判军事史，1792~1801》、《拿破仑的政治和军事生涯》、《战争艺术概论》。其中影响最大、流传最广、理论价值最高的，当数《战争艺术概论》。就其军事学术价值而言，有人把他的这部著作同中国《孙子兵法》和克劳塞维茨的《战争论》相媲美。但由于时代的局限，若米尼的军事思想带有某些形而上学和机械论的色彩。例如，认为战争艺术的规律是永恒不变的，夸大统帅在战争中的作用，低估政治、经济因素对战争的影响等。

"全世界公认的军事理论权威" ——克劳塞维茨

克劳塞维茨出生于普鲁士马格德附近布尔格镇一个退役军官的家庭，他从小受到军旅生活的熏陶，12 岁就投身军营，接受传统军事教育和严格训练，13 岁就在第一次反法联盟的对法作战中，体验了 4 个月的堑壕生活。首次参战的规模虽然不大，但法国人的胜利和普鲁士失败的景象，却给他留下了极深刻的印象，同时激励了他的求知欲望和对军事研究的兴趣。

克劳塞维茨的前期军事生涯，正是在"战神"拿破仑几乎踏平整个欧洲的年月。他以犀利的军事眼光，目睹了这位军事巨人的兴衰。从 1793 年至 1795 年的几年间，克劳塞维茨经历了大大小小的几十次战斗，领略了当时战争的各种现象。进攻和防御、胜利和失利的实践与体验，使他认清了老式横队战术的落后性，炮兵的巨大威力，积极防御的坚强有力，以及军队的武德在战

克劳塞维茨

争中的重大作用等，从而为这位军事理论大师的成长垫铺了肥壤沃土。自1795 年普鲁士与法国议和以后，克劳塞维茨和他所在的军队度过了十多年的和平生活。在这期间，他如饥似渴地博览群书，读了大量的战史和其他军事著作。他广泛的学识和敏锐的思维，开始引起了有关人士的注意。1801 年，团指挥官推荐和保送克劳塞维茨到柏林普通军校深造，在校学习期间，他比周围的人都善于利用时间，不仅潜心钻研军事理论，而且孜孜不倦地研读数学、逻辑学、地理和历史等学科。在军校上学的 3 年，使他不仅有了潜心钻研军事理论的良好学术环境，而且结识了当时出色的军事理论家，该校校长沙恩霍斯特。在沙恩霍斯特的帮助、提携和影响下，他很快成长为最优秀的军官。毕业后，经沙恩霍斯特荐举，克劳塞维茨担任了普鲁士奥古斯特亲王的副官。不久，又得到了国王的赏识，并给予正式的任命。这样，克劳塞维茨便跻身于上层社会。他是一位颇为能干的副官，既充当亲王的总督，又是随从官，处处表现得彬彬有礼，才智出众，办事干练，深得上下人心。同时，他在这样的环境中，发愤从事军事科学的研究，并进一步丰富了其他方面的知识，尤其改善和加强了文学方面的素养。

1806 年 10 月，普法战争失败后，克劳塞维茨与他的亲王一起双双成了拿破仑的俘虏。1807 年元月，他随亲王被解送到法国。在法国，克劳塞维茨一边同他的亲王过着高贵的战俘生活，一边饱餐了巴黎的文化艺术，并研究了拿破仑的用兵方略。10 个月后，以两国交换战俘的机会使他们重新回到普鲁士。从 1807 年 11 月至 1808 年 3 月，克劳塞维茨根据自己的这段实践和所见所闻，写了一份长达 14 页的备忘录《关于普鲁士未来反法战争行动》，对以后战争作了新的预测和探索。1808 年，普鲁士军队实行大改组，克劳塞维茨受聘担任军事改革委员会主席办公室主任。在对部队体制进行研究的同时，也参加了一些重大的军事演习，使他对部队的体制、编制、作战等一系列问题有了更加深入的认识。1810 年，克劳塞维茨被晋升为少校，并担任了柏林军官学校的战略学和战术学教官。这样，他又有机会把自己积累的知识和经验做理论上的进一步整理和概括。

1812 年 6 月，拿破仑发动了大规模的侵俄战争。战争前夕，克劳塞维茨因反对普鲁士同拿破仑结成同盟而辞去军职，转而投奔俄国，参加反抗拿破仑的战争。克劳塞维茨在俄国军队中任军参谋长等职，参加了斯摩棱斯克争夺战和博罗季诺会战等。1814 年春，随着拿破仑被击败和欧洲军事形势的改变，克劳塞维茨又重新回到普鲁士军队。1815 年被任命为布吕歇尔军团第 3 军参谋长，参加了林尼会战。同年秋升任莱茵军团参谋长，开始从事总结对拿破仑作战的经验，着手战争理论的研究。1818 年 3

月，被调任有职无权的柏林军官学校校长，9月晋升为将军。从此，在任职的12年当中，他致力于军事理论、军事历史的研究，撰写了许多军事著作，后来由他的夫人整理出版了共10卷的《卡尔·冯·克劳塞维茨将军遗著》，其中的1~3卷，就是有名的《战争论》。

《战争论》中、德文版

克劳塞维茨聪颖过人，经历丰富，善于思考和总结经验教训，他先后经历过2个国家的军队领导工作，既具有最基层的士兵感受，也具有在皇室高官身边工作的经验，他既当过战略战术教员，也当过军事院校校长，使他看问题既具有宏观的气吞山河之战略气势，也具微观的下层官兵之眼力，这些主、客观因素的共同作用，使他能够写出具有极富科学及实用价值的军事巨著。

克劳塞维茨的名著《战争论》，是世界军事思想发展史上的一个光辉的里程碑。该书认真考察了以往各个时代的战争，特别是在他生活的那个时代刚刚过去的拿破仑战争，他以130多个战例为基础，以辩证研究的方法和手段，科学地阐明了许多复杂的政治、经济和军事现象，从而比较客观地揭示了战争的发展规律及其发展变化的内在动力，对战争与政治、战争的目的与手段、战争中的人与物、消灭敌人与保存自己、进攻与防御等相互关系，作了比较辩证的分析，提出了不少精辟的见解。其军事思想反映了资产阶级初期的进步倾向和革新精神，曾大大地推动了19世纪战争理论和军事学术思想的发展，至今仍具有很高的理论价值。

【点评】普鲁士杰出的军事理论家、军事历史学家。12岁参加普鲁士军队，13岁踏上战场。1803年从柏林军官学校毕业后，任奥古斯特亲王的副官。1806年随亲王参加对法战争，战败被俘。翌年被释放回国后，参加普鲁士军事改革工作。1818年出任柏林军官学校校长并晋升为将军。在任12年，致力于军事理论和战争史研究，著书立说。死后，其遗孀玛丽整理出版了《卡尔·冯·克劳塞维茨将军遗著》，共10卷，《战争论》是其中的前3卷，后7卷为战史著作。《战争论》，是世界军事思想发展史上的一个光辉的里程碑。书中，作者运用辩证的方法对战争的定义、目的、手段，军事艺术的划分，战略要素，战争中的攻防和会战的地位、特点等作了系统阐述，提出了许多正确的见解，蕴含了非常丰富而又深刻的军事思想。该书问世以来，再版20多次，译成多种译本，广为流传，被推崇为资产阶级军事理论的代表作，西方国家奉为军事经典、军事院校的教科书、军人的必读书。克劳塞维茨被公认为资产阶级军事理论的奠基人，被誉为"兵学大师"、西方"兵圣"。但由于时代的局限性，克劳塞维茨的一些观点是有缺陷的。例如，他所说的战争是政治的继续，只是指一国对外政策的继续；在分析精神因素与物质因素的关系时，某些地方过分夸大了精神因素的作用。

"作战行动非常卓绝"——毛奇

提起毛奇的名字，人们可能会想到两个军事名人，一个被称为"老毛奇"另一个被称为"小毛奇"。"小毛奇"其实是"老毛奇"的侄子。我们这里说的毛奇是"老毛奇"，简称毛奇。

毛奇在西方军事界可谓如雷贯耳，他军事生涯长达70年，在普鲁士军队的总参谋长位置上就干了30年。他不仅是一个出色的战地指挥官，而且是德国最著名的军事思想家和军事理论家之一。在完成日耳曼统一的事业中，他和"铁血宰相"俾斯麦，好比是普鲁士的一对不可拆散的"雌雄剑"一样配合默契，披荆斩棘，横扫群敌，创造了德意志盛世。

1800年10月26日，毛奇出生于梅克伦巴尔希姆的一个破落贵族家庭。他的父亲曾在普鲁士军队当过军官。毛奇的童年，处在战神拿破仑几乎踏平整个欧洲的年代，战争的烽火硝烟熏染了他幼小的心灵，毛奇刚满10岁就被送到哥本哈根皇家军校接受严格的军事教育和训练，18岁时进入丹麦军队中服役，同时被授予少尉军衔。富有雄才大略的毛奇觉得弱小的丹麦军队不能为自己提供一展宏图的用武之地，便在1822年通过考试取得了普鲁士军籍，次年又考入柏林军事学院。在校期间，他废寝忘食，刻苦攻读军事历史、军事地理、语言学、物理学等多门学科。1828年，毛奇因发表《论军事测绘大纲》而受到军界重视，被调到总参谋部供职。1855年，毛奇被调去为弗里德里希·威廉亲王做副官，从而与这位后来的普鲁士国王和德意志帝国皇帝弗里德里希三世密切接触，由于国王的信任与提拔，毛奇于1857~1888

毛奇

65

年长期担任普军总参谋长。

毛奇担任普鲁士军队总参谋长后，开始专心致志地经营总参谋部工作，他通过扩大总参谋部的编制，完善机构，扩大权限，使之逐渐变成普鲁士军事指挥的枢纽和中心。他与俾斯麦奉行的"通过王朝战争统一德国"的政治战略紧密配合，从动员体制、军队训练、武器装备等各方面，实行了一系列加强军队建设的重大措施。在威廉皇帝的支持下，毛奇领导建立了一支37万人的常备军、12.6万人的预备役和16.3万人的国民兵，使国防力量编成更加合理，使战斗力提高到了一个新水平。1864年，普鲁士为了夺取列斯维希公国和霍尔施坦公国，联合奥地利以及其他一些德意志联邦国，发动了对丹麦的战争，毛奇作为总参谋长坐镇统帅部，指挥整个部队的行动。此次战争的胜利，迫使丹麦签订了维也纳条约，使列斯维希公国和霍尔施坦公国"自愿"接受普、奥两国的控制。

1866年6月，毛奇受命全权指挥普军，发动对奥地利的战争，迫使奥地利退出德意志联邦，普鲁士获得了汉诺福、希里维格、阿尔斯坦、希斯、纳骚和法兰克福自由城，建立了以普鲁士为盟主的北日耳曼系联邦。

为了统一全日耳曼，普鲁士决心对阻挠这种统一的法国摊牌，而苦于找不到借口。1870年，俾斯麦巧妙利用了普法两国在西班牙王位继承问题上的分歧，激怒了拿破仑三世，诱使法国于7月19日首先向普鲁士宣战。法国宣战，正中普鲁士的下怀，普鲁士总指挥毛奇，把38万军队分成三个军团，利用铁路运输，迅速使部队到达集结和待机地域，拿破仑三世原想依靠兵力优势，先发制人，攻入德境，一举打败普鲁士。结果一闯入德境就遭到毛奇的痛击。在法军首先发动的吴尔斯会战中，法军官兵虽然表现出传统的勇敢精神，却抵挡不住普军的攻击。同时，普军第2军团在斯皮齐云也同法军展开激战，将法军击溃。接连的挫败，不仅给法军大本营带来了惊惧，而且使法军的士气大伤。随后，毛奇又指挥部队与法军展开了一系列的战役，尤其是在色当战役中，毛奇以超常的智慧和强大的攻势大败法军，直逼巴黎，迫使法国签订了《法朗克条约》。条约规定：法国赔款2亿英镑，阿尔萨斯和洛林东部并入德国版图；法国给德国以最惠国待遇；……由于毛奇为实现德意志统一作

毛奇战地画像

出的重大贡献。国王因此称他很好地"使用了宝剑"，封他为伯爵，晋升为元帅。

在这几场战争中，特别是在普法战争中，毛奇的战略获得了惊人的成功。在实现德意志统一后，毛奇即将主要精力用于研究军事问题，特别是德国东、西两线作战问题，更是毛奇专心研究的焦点。毛奇的军事思想继承了克劳塞维茨的理论观点，同时加上了当代的特色，他强调战争是政治的继续，重视总参谋部和参谋人员对于组织和完善军队作战指挥的重要作用，强调在军事上要充分认识和运用最新技术，他在战争指导上主张先敌动员、分进合击、快速突破、外线作战和速战速决。

毛奇的为将之道和指挥艺术有许多特点。例如，他首创了完善、高效能的参谋体制；重视利用当时最先进的铁路交通实现部队的快速机动，加强严格的训练和发挥火炮的威力；主张先发制人的快速攻击等。其中更为突出的是，毛奇善于从战略上组织战争，而不在细节的战术问题上纠缠。每次战争，他都不大包大揽，而是给各军团司令以最大自主权，充分发挥他们的主动精神，只要把军团送到了预定的位置，就任凭他们按照简单的命令和意图去各自为战。在军事建设上，毛奇对战争动员、军队编制、作战指挥、武器装备等问题都有诸多论述和建树。他的军事理论在西方军事界是很有影响的。可以说，西方军队中流行的"委托式指挥法"、"闪电战"理论，都是在毛奇那里首开先河。恩格斯对毛奇的作战理论和作战实践都给予了崇高的评价，多次称毛奇是"军事天才"，说"毛奇的作战行动是非常卓绝的"。

【点评】普鲁士和德意志总参谋长，著名军事家。一称老毛奇。他重视铁路、电报等新技术在军事上的运用，强调参谋人员对完善军队指挥的重要作用，在战争动员、军队编成、作战指挥、武器装备等方面多有建树。战争指导上，主张先敌动员、快速突破、分进合击、外线作战和速战速决。其军事理论在西方有较大影响。有《毛奇全集》、《毛奇军事著作》等传世。恩格斯对毛奇的作战理论和作战实践都给予了崇高的评价，多次称毛奇是"军事天才"，说"毛奇的作战行动是非常卓绝的"。

"伦敦头号军事权威"、"将军"、"小毛奇"——恩格斯

恩格斯不仅是科学共产主义创始人，无产阶级革命导师，而且也是马克思主义军事理论奠基者。他虽然只当了一年的炮兵，却荣获了"伦敦头号军事权威"、"将军"、"小毛奇"等称号。

弗里德里希·恩格斯于1820年出生在德国莱茵省巴门（今乌培塔尔）市一个虔信宗教的棉纺厂主家庭。1834年10月入爱北斐特理科中学读书。1837年9月，因父亲的坚持而中途辍学从商。由于年轻的恩格斯勤奋好学，探求真理，特别是在青年黑格尔派的大卫·施特劳斯的《耶稣传》的影响下，促使恩格斯与家庭彻底决裂，强烈反对君主政体、等级制度和贵族特权等。恩格斯在青年时代，就非常注意对德国工业发达的莱茵地区进行社会调查，在他发表的第一篇作品《乌培河谷来信》中，用许多具体

恩格斯

的事实和数字，揭露了工人和手工业者的劳动繁重、工资微薄、生活贫困、疾病蔓延和儿童失学等社会罪恶，抨击了虔诚主义的剥削者。

1841年9月至1842年10月，恩格斯在柏林炮兵部队服兵役，同时到柏林大学旁听哲学课，并于1842年4月开始为《莱茵报》撰稿。写成了一系列批判文章，对保守的哲学教授谢林的神秘主义观点进行了揭露和批判。这位年轻"志愿兵"的论文曾一度被认为出自造诣很深的哲学博士之手。在柏林期间，恩格斯和青年黑格尔交往密切，经常参加他们的活动，但对他们脱离实际和进行纯理性批判的观点持保留态度。同年11月，恩格斯按照父亲的要求，到英国曼彻斯特"欧门—恩格斯棉纺厂"的办事处工作，这期间，他把业余时间的主要精力用于了解工业发达城市的社会状况和工人状况。开始系统研究政治、经济与哲学问题。恩格斯还积极投入英国的工人运动，参加他们的各种集会，与宪章派左翼和正义者同盟的领导人建立了经常联系，为宪章派和欧文主义者的报纸写稿，介绍革命的工人运动和社会主义运动。这些交往和活动，加深了恩格斯对工人阶级的了解，所以列宁说："恩格斯是在英国，是在英国工业中心曼彻斯特结识无产阶级的。"1844年，恩格斯在《德法年鉴》上发表了《政治经济学批判大纲》，表明他已由革命民主主义和唯心主义转向共产主义和唯物主义。1845年，他同马克思合作的第一部著作《神圣家庭》出版，该书阐明了辩证唯物主义和历史唯物主义的一些重要原理。1847年，他同马克思一起改组正义者同盟，使之成为世界第一个国际共产主义组织"共产主义者同盟"，并为同盟第二次代表大会起草了党纲草案。1848年，发表了他与马克思合著的科学共产主义的纲领性文献《共产党宣言》，第一

次公开升起了共产主义的旗帜。

1848年德国革命爆发后，恩格斯与马克思一起回到德国，创办《新莱茵报》，进行革命工作。1848年5月至7月间，恩格斯参加德国人民武装起义，任维利希志愿部队参谋长，表现出了卓越的军事才能。恩格斯的军事才能，不仅表现在他对军事战术的精通，而且更重要的是他运用科学的辩证唯物主义和历史唯物主义的世界观和方法论，对战争本质的深刻理解和认识，表现在他对革命战争过程和前程的辩证思考。由于种种原因，此次起义未能获得彻底胜利。起义被镇压后，恩格斯经瑞士前往伦敦与马克思会合。与普通的军事家所不同的是，恩格斯没有因为一次战争的失利而气馁，他把这次起义战争作为总结战争的教材。1850年至1852年，为总结1848年革命的经验，恩格斯撰写了《德国农民战争》、《德国的革命和反革命》等著作。他深深感到了军事在无产阶级革命斗争中的重要意义，认识到了崇高的革命追求和科学的军事思想及军事力量在革命道路中的极端重要性，于是系统地运用辩证唯物主义和历史唯物主义观点，来分析当时世界上发生的重大军事事件，从中揭示战争的本质、起源和制胜战争的要素。从此以后，到1869年6月，恩格斯完成了大量重要的军事著作，撰写了《1852年神圣同盟对法战争的可能性与展望》一书，发表了有关克里木战争、意大利战争、美国内战、普奥战争等的评论文章和其他军事论文，并为纽约《美国新百科全书》撰写了《军队》、《步兵》、《炮兵》等59个军事条目。所有这些著作，涉及军队建设、装备发展、作战指挥以及后勤补给等十分广泛的问题，为无产阶级军事科学的形成奠定了基础，为无产阶级革命斗争指明了方向。这些军事著作和军事思想，成为无产阶级革命斗争的重要的军事宝库，成为时人和后人研究、认识、把握战争规律的珍贵财富。列宁称恩格斯是"伟大的军事专家"。

1870年9月，恩格斯迁居伦敦；10月，当选为第一国际总委员会委员，直接参加共产国际的领导工作。1871年，他同马克思积极支持巴黎公社。1877年至1878年，完成了光辉巨著《反杜林论》，对马克思主义的三个组成部分第一次作了系统的论述。从19世纪70年代初至1883年，恩格斯研究了自然科学中的哲学问题，并作了许多札记，后辑录成《自然辩证法》。1883年3月马克

恩格斯在前线

思逝世后，他承担了马克思未完成的《资本论》第二、三卷的整理和出版工作。1884年又撰写了《家庭、私有制和国家的起源》，晚年还给各国社会活动家写了大量书信，进一步发展了历史唯物主义原理。1895年8月5日，伟大的无产阶级革命家、军事家恩格斯，因患食道癌而在伦敦与世长辞，终年75岁。

【点评】科学共产主义创始人，无产阶级革命导师，马克思主义军事理论奠基者。恩格斯不仅亲自参加了当时的革命活动和1849年的德国革命战争实践，而且在理论上为改变唯心主义和形而上学在军事思想领域中占统治地位的局面，为向行将到来的无产阶级暴力革命提供理论指南，又以极大的精力对战争和军队等问题进行了专门研究。他用辩证唯物主义和历史唯物主义的方法，分析了资产阶级的多次起义和战争，研究了历史上一些著名军事家的理论与实践，总结了无产阶级武装起义及民族解放战争的经验教训。在此基础上，形成了自己的军事理论，并与马克思共同创立了马克思主义军事理论体系。

德军两次世界大战的"总设计师"——施利芬

施利芬是一个将门之子，其父曾是普鲁士军队的一位少将。施利芬自幼勤奋好学，苦读经史。由于受父亲的影响，他从小就立志从军，之后考入军校，20岁毕业后，即投身军旅，成为一名年轻的军官。1853年，服役5年的施利芬又赴柏林军事学院深造，毕业后任职于德国陆军禁卫第一骑兵团。1866年，普鲁士同奥地利进入战争状态，施利芬随部队开赴前线作战。在著名的萨多瓦战役中，普军在毛奇的指挥下，连战连捷，将23万奥军击败，取得了普奥战争的决定性胜利。施利芬在这次战役中，亲身领略了老毛奇的指挥艺术，第一次享受到作为战场上的胜利者的欢愉，同时也为他建造自己的军事理论大厦奠定了基石。

普法战争（1870）之前，施利芬被调到德军总参谋部任作战参谋，而总参谋长正是备受他敬仰的毛奇元帅。这样，施利芬可以直接向他的崇

施利芬

拜者学习兵法战术，毛奇对施利芬的聪明才智特别器重，给予了他特别的关照和帮助。在普法战争中，毛奇采用铁路进军，密切协同，分割慕尼黑的战术，一举击败法军，从而使施利芬对毛奇的快速机动、集中兵力、速战速决等战略战术原则有了更深刻的体会。

施利芬聪明绝顶，忠于职守，对战略战术问题有超群的洞察力，工作效率也很高，所以备受毛奇的赏识。才干加机遇，成为施利芬在和平时期步步升高的关键因素。1876 年，他被任命为德国第一骑兵团团长，1884年任德军总参谋部的处长，1888 年晋升为军需总督。3 年后，当接替毛奇任总参谋长的瓦德西被解职后，58 岁的施利芬担任了德军的总参谋长。

施利芬升任德军总参谋长后，横溢的才华和孜孜不倦的精神，使他的军事思想日臻成熟。他早年丧妻，长期过着单身生活。他把父亲"始终不渝地勤奋工作，矢志不移地忠于职守"的遗言作为座右铭，将全部身心投入工作和学术研究之中，一年一度的圣诞节，在西方是最为隆重的节日。施利芬的圣诞节却过得别具一格。每到这一天，他或是把部属召集起来切磋学术，提出新的战略战术构想，或是出难题作业，让部属连夜做完，以此作为献给圣诞节的"礼物"。

19 世纪末，德国已跻身于帝国主义列强的行列。施利芬适应德国对外扩张的需要，致力于建设一支人数可观，装备精良和训练有素的军队，以便随时准备用武力去夺取"阳光下的地盘"。1893 年，在施利芬等军界要人的呼吁和推动下，国会通过了扩军的军事法案，使军队的平时编制增加到接近 60 万人。与此同时，施利芬加强对各级军官的训练，更新军队的技术装备，为提高德军的实战能力竭智尽力。

在担任总参谋长期间，施利芬认为，两线作战问题对德国至关重要。为解决此问题，他经 10 多年研究，于 1905 年制定了《对法战争备忘录》，即"施利芬计划"。他认为，德国被夹在俄、法两强之间，既有弊也有利。从总体上说，德军兵力与法、俄相比处于劣势，有腹背受敌的危险；但另一方面却将法、俄隔开，对其中任何一方来说均处于优势，便于各个击破。因此，趋利避害的唯一途径是集中兵力于西线，先发制人突然袭击，从翼侧迂回包围迅速歼灭法军，数周内结束对法作战。尔后利用铁路迅速将兵力调往东线，全力对付俄国。"施利芬计划"集中反映了施利芬军事思想的基本内容，其精髓是"坎尼战"思想，即速战速决，各个歼敌。

1906 年，年事已高的施利芬考虑到英国可能参战，对他的战略计划做了某些枝节上的变更之后，便退出了现役。

虽然新上任的总参谋长小毛奇并不是施利芬的热心信徒，但施利芬计划的战略构想，仍在大战前的德国军事科学中占有统治地位。大战爆发后，德军的战略部署基本上是以"施利芬计划"为蓝本的。不过，由于小毛奇把这个计划改得不伦不类，本来意义上的"施利芬计划"并未付诸实施。

德国在第一次世界大战中失败后，军事学术界对"施利芬计划"或褒或贬，但多数人认为德国失败的原因恰恰是没有完整地实施"施利芬计划"所致。所以，在第一、二次世界大战之间，德国正统军事思想仍把"施利芬计划"奉为楷模，看作是军事学术的最高成就和西线作战获胜的秘诀。第二次世界大战初期，德军实施的"曼施泰因计划"也是在"施利芬计划"的基础上加以扩大与发展而成的。因而，军事学术界认为，施利芬实际上是德国发动两次世界大战的"总设计师"。

【点评】德国军事家、军事理论家、陆军元帅。曾参加普奥战争和普法战争，1891～1905年任德军总参谋长。施利芬认为，两线作战问题对德国至关重要。为解决此问题，施利芬经10多年研究，于1905年制定了《对法战争备忘录》，即"施利芬计划"。他认为，德国被夹在俄、法两强之间，既有弊也有利。趋利避害的唯一途径是集中兵力于西线，先发制人突然袭击，从翼侧迂回包围迅速歼灭法军，数周内结束对法作战。尔后利用铁路迅速将兵力调往东线，全力对付俄国。"施利芬计划"集中反映了施利芬军事思想的基本内容，其精髓是"坎尼战"思想，即速战速决，各个歼敌。该战略计划为德国在第一次世界大战和第二次世界大战中处理两线作战等战争指导及作战指挥问题提供了理论依据。因而，军事学术界认为，施利芬实际上是德国发动两次世界大战的"总设计师"。

提升最快的美国海军上将——杜威

美国海军上将乔治·杜威是个学识渊博、经验丰富的海军指挥官。青少年时代，他曾就读于安纳波利斯海军学校，他聪明伶俐，勤奋好学，不仅所学课程成绩优异名列榜首，而且还大量地阅读了当时世界上的很多有关海军、海战和海军历史名人方面的书，他的理想是当一位世界一流的海军将军。毕业后，杜威虽努力工作，但就是得不到上司的赏识，杜威虽满腹牢骚，但为了能出人头地，还是忍气吞声，继续不断地向着自己的目标努力。美国南北战争期间，杜威先后在6艘军舰上任过职，参加过攻打新奥尔良等著名战斗。此后，他还远航去过欧亚两洲，足迹遍历大西洋和太平洋的每一个重要港口。然而，由于机遇不佳，几十年来，杜威一直默默无闻，壮志未酬。

1898 年 2 月 15 日深夜，美国战列舰"缅甸"号被突然击沉，全舰 354 名官兵有 266 人葬身鱼腹。美国政府一口咬定，西班牙当局是这一事件的主谋，虽然老牌帝国西班牙再三道歉，表示让步，但预谋打仗的美国政府毫不理会，步步进逼，于是美西战争于 1898 年 4 月爆发。正是这场战争，给杜威创造了机遇。

杜威

战争爆发后，美国政府正急于寻找一位既精通海战又老谋深算的将军出征，经当时的海军部次长、密友奥多·罗斯福的推荐，年届 61 岁的杜威被任命为亚洲舰队准将司令，终于得到了施展才能的良机。

5 月 1 日清晨，杜威做好了严密的作战部署：命令亚洲舰队的 7 艘战舰迅速集结并做好战斗准备，继而率领亚洲舰队，从香港起航穿过南中国海，偷偷驶入了菲律宾马尼拉海湾，负责阻止西班牙舰队离开亚洲海岸，以便进攻菲律宾岛。为了保持舰艇的行动隐蔽以达成突然袭击的效果，杜威下令把原来的白色船体统统涂上不易被发现的新颜色。与此同时，杜威还要求全体官兵每天进行火炮操演和消防训练，他本人则抓紧时间查阅了有关菲律宾的地图和资料，尽可能多地掌握了战场的地理环境。在接近作战海区前，杜威命令各舰把一切并非急用的和易燃的物品全部丢掉。乘着夜幕的掩护，杜威率领舰队偷偷地溜进科雷吉多尔群岛和埃尔弗雷尔群岛之间的水道。为了保持行动的隐蔽突然，杜威命令舰队实行严格的灯火管制，经过一番周折，杜威的舰队进入了马尼拉湾。此时，只见一支由 7 艘巡洋舰、3 艘炮舰和 2 艘运输船组成的西班牙马尼拉舰队，密密麻麻地停泊在距马尼拉 10 海里的甲米地海面上，置于卡威特炮台的"保护"之下。西班牙舰队发现美军舰队闯入海湾后，立即组织舰炮和岸炮射击。炮火似乎很猛烈，但打得并不准，这时，杜威没有急于反击，而是率领舰队继续逼进。当美舰队相距西班牙舰队只有 400 米并保持最佳射击位置时，杜威才从容地下令美舰队向西班牙舰队开火。由于西班牙舰队准备不足，炮火又处于劣势，在杜威舰队成密集纵队，以绝对优势火力抵近，迂回和反复炮击下，甲米地海面顿时一片火海，滚滚浓烟笼罩了马尼拉湾，7 时 30 分，杜威命令各舰暂停炮击，以便检点和搬运炮弹，部队也得以战隙休整。待烟幕消散，只见西班牙舰队除几艘炮舰尚存外，其余的不是被击沉、击伤，就是搁浅或躺在水面上燃烧。11 时，杜威命令各舰再次开火。

不到 1 小时，残存的西班牙战舰也成了哑巴。激战结果，西班牙舰队全军覆没，7 艘巡洋舰和 3 艘炮舰全部被击沉、击毁，381 名官兵战死、战伤。杜威率领的美军舰队仅伤 8 人，无一人阵亡，可谓战果辉煌。3 个月后，杜威又协同美军地面增援部队占领了马尼拉，终于为新兴的美利坚帝国又夺回了一个战略要点。

老将杜威率领亚洲舰队未折一兵一卒，就全歼了西班牙马尼拉舰队的消息传到美国，立即引起了疯狂的欢呼和希冀。美国政府中有人竟说得如

美西战争

此淋漓尽致："杜威军舰上的炮声，像是太平洋上的一种新的照会，它向全世界宣布，我们来到太平洋，就要留下来。"美国的金元财团们马上开始谋划对菲律宾的投资与商品输出，朝野上下都在热烈地谈论着长期占领菲律宾的计划。杜威本人从而一举成为闻名全国乃至全世界的海战明星。海战结束，美国国会便于 5 月 16 日破例开会授予杜威少将军衔。1899 年，当杜威班师回国时，各城市纷纷举行庆祝活动，竞相邀请他与全体参战官兵参加，表示感谢和祝贺的礼物也从四面八方纷至沓来。1899 年 3 月，杜威被国会授予美国当时唯一的海军上将军衔，并批准他终身服役。1900 年起，担任美国新成立的负责海军平时战备工作的海军总务委员会主席。此间，他针对当时战争的实际和美国对外扩张的需要，对美国海军进行大刀阔斧的改革，组建了符合美国海外利益的太平洋舰队和大西洋舰队。1903 年起，担任美国陆海军联合委员会主席。1917 年 1 月 16 日，杜威这位提升最快的美国海军上将，带着太多的荣誉离开人世，享年 80 岁。

【点评】美国海军上将。1898 年 4 月美西战争爆发后，于 5 月 1 日率部在马尼拉湾发起突袭，全歼西班牙舰队，随即被提升为海军少将。1899 年 3 月，被国会授予美国当时唯一的海军上将军衔，并批准他终身服役。1900 年起，担任美国新成立的负责海军平时战备工作的海军总务委员会主席。此间，他针对当时战争的实际和美国对外扩张的需要，对美国海军进行大刀阔斧的改革，组建了符合美国海外利益的太平洋舰队和大西洋舰队。1903 年起，担任美国陆海军联合委员会主席，直至去世。

"把军舰送下水的设计师"——马汉

一个美国评论家曾写道："如果说，特洛伊中的海伦是把许多军舰送下水的人，那么，马汉就是把军舰送下水的设计师。"还有的人说，马汉的笔"强于一支海军舰队，新建的无畏战舰是他的'孩子'，16英寸口径的舰炮轰鸣则是他洪亮声音的回声"。对于马汉的生平，美国《军事百科全书》中有这样一段记述：美国海军军官，海军历史学家，第一流的海军战略理论家和海上力量哲学家。的确，马汉及其创立的"海权论"、"海军战略论"对世界历史的影响是直接的、广泛的和深远的。1840年，马汉出生在美国西点军校的一个教授家庭，父亲是一位在军事工程学和战术学方面都有较深造诣的人。马汉的童年，不仅受到了西点这样有名的军事学府的环境影响，而且直接受到知识分子家庭的熏陶。因此，他从小酷爱军事并得到了良好的家庭教育。15岁时他进入哥伦比亚学院就读，但他从来没有放弃自己要成为一名军人的志向。开始他曾企图使自己成为一名杰出的陆军军官，然而，命运并没有做出这样的安排。1856年，按照其父的意愿，让他转到安纳波利斯海军学院学习，从而使他在陆军成名的幻想破灭。马汉的可塑性很强，到海军学院不久，他便对海军发生了浓厚的兴趣。他的优秀学习成绩曾使全校师生惊叹不已。从海军学院毕业后，马汉被分配到联邦海军中服役。此后，他借舰船执行任务的机会，周游了世界上很多海洋国家，使他对海军、海洋和海权等有了更直接的了解和更深刻的认识。

马汉

1878年，海军学院举办了一次海军训练报告会的写作比赛，马汉作为一名海军中校参加了这次比赛，虽然没有取得理想的成绩，但更加激发了他研究海军的兴趣，坚定了他研究海洋的信心。1884年，美国为加强对海军军官的培养，在罗得岛新港新建了一所纽波特海军军事学院。学院院长看到马汉在海军军事学术方面颇有见地，就邀请已升为海军上校的马汉担任教员，专门讲授海军历史和战术课程。这是马汉军事生涯的转折点，也是他进入真正的学术研究的开始。在这里，他潜心钻研了被称作拿破仑式的战略家的著作，如克劳塞维茨的《战争论》、亨利·若米尼的《战争艺术概论》等。这些著作对于马汉强化自己的军事理论基础和启迪海军学术思想，起到了非凡的作用，而且，马汉思维敏捷，见解独特，善于在前人思想的基础上进行再创造。结合教学实践，马汉进行了深入的研究，先后发表专著和论文 100 余部、篇，其中关于海权论的著作有 20 多部，主要有《海权对历史的影响，1660～1783》、《海权对法国革命和帝国的影响，1793～1812》、《海权的影响与 1812 年战争的关系》等，从而形成了"海权论"。另外，还撰写了《海军战略》。这是马汉继"海权论"系列著作外，又一部影响较大的系统阐述其海权思想的理论著作。

《海权论》中文版

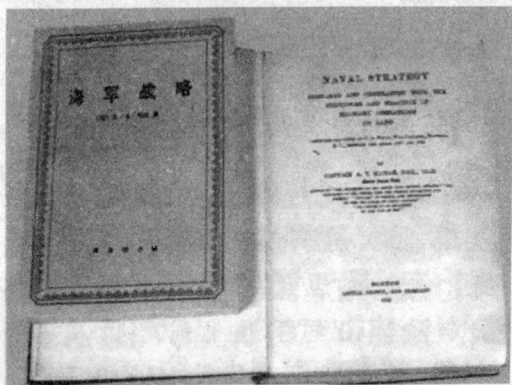

《海军战略》中英文版

马汉的"海权论"和"海军战略"问世后，立即在世界许多国家尤其是西方国家产生了空前的影响。

最先接受马汉理论的是英国人，因为当时英国正在辩论扩充海军的问题，马汉的理论被认为"是一个伟大的发现"，他的书受到百般推崇，而且被当作最大的权威著作加以引用。在法国，由于马汉著作中对法国海军的失败多处进行了评论，触到了法国海军建设的要害，虽然遭到了一些人的攻击，但大多数人拥护马汉的观点，因而马汉著作在法国被称赞为最客观公正的著述。在日本，马汉的著作出版后，即刻便被译成日文，而且均被列为日本海军军官的必读书。当时，日本正在跃跃欲试，企图赶上西方，因此日本政府便开始与马汉进行频繁的通信联系，就日本海军的规模、舰炮的型号等问题征求马汉的意见。在俄国，马汉早期著作的俄译本被年轻的海军军官奉为"经典"，克拉多曾企图把马汉理论应用于俄国海军和海上力量建设并因此受到沙皇的赞赏。

尤其需要提出的是马汉著作在德国产生的巨大影响。当时的德国海军大臣提尔皮茨元帅及其皇帝威廉二世在马汉"海权论"中找到了扩充海军的理论依据，也都成了马汉理论的狂热崇拜者，威廉二世说："我现在不是在阅读马汉上校的著作，而是想吞食它，并且牢记在心灵之中，这是第一流的著作，所以在各点上都是经典化的。在我所有的军舰上都备有此书，并经常为我们的将领和军官们所引述。"德国还规定将马汉的著作作为海军学校的教材。

在美国，马汉的《海上力量对历史的影响》一书刚出版，当时担任文官委员会委员，后来出任总统的西奥多·罗斯福就写信给马汉，称赞这本书是"非常好的书"，是"绝妙的书"，是一部"经典著作"，美国海军和陆军当局也先后下令大量订购马汉的著作，甚至连美国政府的议员们也以引证马汉的词句为荣。根据马汉的理论，美国迅速建立了一支与世界海军强国相抗衡的海军舰艇部队——"大白色舰队"，于 1898 年进行了美西战争，夺取了西班牙的殖民地古巴和新加坡，不久又开凿巴拿马运河，"建立了美国对运河的绝对控制"，还相继占领了关岛、菲律宾和夏威夷。自此美国海军把势力范围扩展到了世界各大洋，以一个海军强国的面目称雄于世。

马汉理论特别是其"海权论"适应 19 世纪末 20 世纪初美国垄断资本向海外发展的需要，是当时历届美国政府制定对外政策和海洋战略的重要依据，对美国军事思想和其他许多国家的海军理论都产生了重要影响。但由于时代的局限性，作者过分夸大了海上力量和舰队决战的作用。

【点评】美国军事历史学家、军事理论家。1885 年开始从事军事理论研究和著述，发表专著和论文 100 余部、篇，其中关于海权论的著作有 20 多部，主要有：《海权对历史的影响，1660~1783》，《海权对法国革命和帝国的影响，1793~1812》，《海权的影响与 1812 年战争的关系》和《海军战略》等。马汉理论特别是其"海权论"适应 19 世纪末 20 世纪初美国垄断资本向海外发展的需要，是当时历届美国政府制定对外政策和海洋战略的重要依据，对美国军事思想和其他许多国家的海军理论都产生了重要影响。但由于时代的局限性，作者过分夸大了海上力量和舰队决战的作用。

德国人吹捧的"护国之神"——兴登堡

1847 年 10 月 2 日，保罗·冯·兴登堡出生在德国东普鲁士地区波森市（今波兰的波兹南市）的一个军人家庭。兴登堡的少年时代正处于德国分裂时期。德意志邦联之一的普鲁士政府在 1848 年的欧洲革命中，帮助各邦镇压革命，成为实际上的"邦主"，有了统一德国的实力。为达此目的，普鲁士容克资产阶级在邦内崇尚习武，扩充军队，积极准备王朝战争。由于兴登堡自幼就受到这种黩武精神的熏陶，因此，"从军作战"几乎成了他幼小心灵中唯一的追求目标。

12岁刚过，他就在父亲的引荐下，离开舒适的家庭，走进生活刻板的军校，接受系统的军事教育和训练。1866年，普奥战争爆发。刚从军校毕业的兴登堡，踌躇满志，领少尉军衔，随毛奇军团进入萨克森地区作战。他指挥的步兵排直接参加了具有决定意义的萨多瓦大战，获得大胜，他所在的部队因此受到通过柏林凯旋门的殊礼欢迎。海洋般

兴登堡

的花流，热烈的欢呼，所有这一切，都使兴登堡激动不已，终生难忘。为普鲁士的荣誉而奋斗，成为兴登堡的最高准则。

1870年，普鲁士铁血首相俾斯麦再次发动普法战争。深得上司赏识又为战争作出功勋的兴登堡，以功臣的身份参加了隆重的德意志帝国正式成立典礼，他感到无比的光荣，确立了"大日耳曼民族是人类最优秀民族"的信念。

1873年，兴登堡考入当时世界上最著名的柏林陆军学院。毕业后被分配到总参谋部任职，深得毛奇和另一位德军著名军事家史里芬的赏识。从此，他官运亨通，至1903年，已升任德军第3军军长。1911年退休。

1914年，正在休养的兴登堡听到第一次世界大战爆发的消息后，顿感"建立庞大的日耳曼德意志帝国"的机会终于到了。他立刻前往总参谋部请战，要求赴前线督军，然而，未得获准。

战争初期，德军右翼的两个集团军按照史里芬的计划，在西线绕过法军的坚固防御地带，穿过比利时，强攻列日要塞，直扑法比边境，大败法军，向巴黎猛进。法国的盟友俄国见西线吃紧，赶忙派大军在东线对德进攻，牵制德军的西线作战。8月17日，俄军司令日林斯基指挥萨姆索夫和雷恩凯两个兵团，分南北两路，攻入东普鲁士地区，大败驻守该地的德第8军团，德军司令普里特维兹担心全军覆没，准备放弃东普鲁士，退守维斯河下游地区。

东普鲁士是德国容克资产阶级经济基地之一，东线德军的失利引起全国震恐。许多人致书德皇威廉二世，要求他派得力干将挽回东线局势，拒俄军于国门之外。总参谋长小毛奇也反对普里特维兹的退守计划，决定选用"列日战役悍将"鲁登道夫，替代那个胆小的将军主持东线战事。不过，小毛奇深知鲁登道夫处事独断，锋芒逼人，而且资历不深，难以服

兴登堡指挥作战

众，需要一个善于处事、为人大度的资深老将担任台柱。正在他选将之时，兴登堡再次致信总参谋部，希望得到使用。小毛奇了解兴登堡是个城府很深的人，因此喜出望外，上奏德皇批准任命兴登堡为第8集团军司令，鲁登道夫为其参谋长。于是，兴登堡被派往东线战场。

此时，俄军被最初的胜利冲昏了脑袋，认为德军败局已定，战役可以基本结束。因而部队放松了警惕。俄军的失误立即为兴登堡和鲁登道夫所利用，鲁登道夫迅速与参谋部拟订了反攻计划。兴登堡是个聪明人，他心里最明白，此次出山，总参谋部不是用他的将才，而是要发挥他的容人之能，为骁勇的鲁登道夫铺路。因而，他放手大胆地使用鲁登道夫，让他放开手脚大胆地干！事实也是如此，一切作战计划都是鲁登道夫完成的。

8月25日，兴登堡到达前线，命部队按计划全面展开。德军以非主力的国民兵，引诱俄军4个军的主力部队向西进攻，而德军的4个军的主力部队则兵分两路，迅速从两翼迂回，包抄俄军。俄军果然中计，于8月28日，前锋已突入坦能堡地区。兴登堡之所以把俄军引入坦能堡，是因为500年前，德意志条顿骑士团曾在此被俄国人打败。现在兴登堡在这里报"九世之仇"岂不更有意义。兴登堡见俄军已进入德军最有利的合围地点，立即命两翼主力部队合围，紧缩包围圈。直到这时，俄军才醒悟过来，顿感事态严重，急想撤退，但为时已晚。德军切断了他们的退路，将其逼至狭窄的沼泽地，用大炮猛轰狠打。绝望的俄军几次突围，均被击退，全军士气沮丧，斗志全无，俄军战地总指挥官萨姆索夫见大势已去，偷偷带着几个参谋、副官潜走，中途因体力不支而上吊自杀。30日，俄军残部投降。至此，12万俄军被兴登堡全部歼灭。9月15日，兴登堡乘胜向东推进，再次歼敌3万，迫使东线俄军退出东普鲁士，德军取得了战役上的重大胜利。然而，就在东线战场得力之时，西线德军失去了初期的有利进攻态势，在马恩河战役中被英法联军打得大败。威廉二世为此撤了小毛奇的职。为抵消西线战事对国内的不利影响，德皇命柏林各报公布东线胜利的消息，并大力宣扬兴登堡的爱国精神和战绩，虽然东线战场上的战绩大部分是鲁登道夫作为，但处于政治的需要，兴登堡却被吹捧为"护国之神"。因而，兴登堡一夜之间竟成了这个"狂欢国家"内备受崇拜的偶像，全德掀起了一股"兴登堡热"，一时间，兴登堡大街、兴登堡广场、兴登堡公园、兴登堡纪念碑……许多以兴登堡命名的商品也被抢购一空。为表彰他在东线的"战绩"，德皇授予兴登堡元帅军衔。

【点评】德国元帅，军事家。第一次世界大战爆发后，出任东线第8集团军司令，8～9月率部粉碎俄军进攻，歼灭俄第2集团军，击败俄第1集团军，取得东普鲁士战役的胜利。11月升任东线德军司令，晋元帅。1914～1915年先后组织指挥罗兹战役、华沙—伊万哥罗德战役、奥古斯图夫战役和戈尔利采战役，占领俄属波兰大片土地，收复加利西亚，迫使俄军全线撤退。1916年8月升任德军总参谋长，负责东西两线的战略指挥。在西线建立兴登堡防线，以加强对英法联军的防御；在海上恢复无限制潜艇战，对英国进行封锁。1918年春在西线连续发动五次大规模进攻战役，取得局部胜利，但未能突破协约国军队防线。著有《兴登堡回忆录》。

多才多艺的俄国海军名将——马卡罗夫

在苏俄历史上，从1877年到1904年，俄国海军经历了一个飞速发展的黄金时期。斯帝潘·奥西波维奇·马卡罗夫作为这一时期的俄国海军将领和科学家，为俄国海军的重新崛起立下了汗马功劳。同时，苏俄政府也给予他极大的荣誉，苏俄的许多舰艇、军校、基地和港口，都以他的名字命名。

1848年12月27日，马卡罗夫出生于一个海军军官家庭。由于父亲的影响，他自幼就向往着富有传奇色彩的航海探险和海战生活。刚刚进入青年时代，马卡罗夫便跨入了尼古拉耶夫斯克（庙街）海军学校的门槛。在海军学校学习期间，除了必读的军事课程外，他还贪婪地阅读了许多有关海洋、航海、造船等方面的书刊。1866年，马卡罗夫以优异的成绩从海军学校毕业，正式步入俄国海军。由于学识渊博，毅力坚韧，马卡罗夫在作战以至海军业务的各个领域里都取得了杰出的成就。

1876年以前，马卡罗夫在太平洋分舰队和波罗的海舰队中任职，并开始研究舰船不沉性问题。他建议将舰艇隔成若干个水密舱，在舰上安装

带有大功率的排水泵和排水管道，同时
配备特种堵塞垫以堵塞破损。因此，马
卡罗夫被俄海军界誉为"舰船不沉性理
论的奠基人"。1876 年，马卡罗夫被调
到黑海舰队后，建议将"康士坦丁大
公"号汽船改装成母舰，用以向敌舰泊
地运送攻击敌舰的水雷艇，为建造水雷
艇和鱼雷奠定了基础。马卡罗夫除了自
己身体力行，锐意改革海战武器之外，
还大力支持别人的发明和创造。1895
年，俄国水雷学校的教官波波夫发明了
无线电通信设施。1899 年，俄军在戈
格兰海岛附近援救触礁的"海军元帅阿
普拉克辛"号装甲舰时，首次成功地使

马卡罗夫

用了这一发明，马卡罗夫立即提议，要广泛使用这一新的通信技术。于是
在波罗的海舰队的许多舰艇上和波罗的海沿岸的各个通信站里，无线电得
以大批安装，舰队的战斗力也因此而如虎添翼。

　　1877 年俄土战争爆发。29 岁的马卡罗夫以水雷艇母舰舰长的身份，
多次指挥水雷母舰，用撑竿水雷对土耳其舰队和商船实施出其不意的攻
击，击沉、击伤土舰多艘。1881 年，马卡罗夫首次在俄国海军中使用
"瓦伊特赫德"自动水雷，并于 1 月在巴统海域击沉土耳其蒸汽护航舰
"因奇巴赫"号，创造了历史上鱼雷击沉军舰的首次战例。以后，马卡罗
夫率领战舰继续战斗，屡创土耳其舰艇。俄土战争结束时，马卡罗夫已是
战功赫赫的海军英雄，他先后获得二等勋章和四等勋章各一枚，沙皇亚历
山大二世还特意赐给他一把光彩夺目的军刀，因而，连升两级，一跃成为
海军中校。

　　1881 年，马卡罗夫指挥"塔曼"号警卫舰，主动考察了博斯普鲁斯
海峡，第一次在该海峡发现了深水海流，并撰写了一部《关于黑海和地
中海的水量交换》的著作，获得俄国科学院奖金。1886 年，马卡罗夫指
挥"勇士"号轻型巡航舰进行了长达 3 年的环球航行。在这次航行中，
马卡罗夫系统地考察了大西洋和太平洋的广大区域，撰写了《"勇士"号
和太平洋》一书。因此，马卡罗夫再次获得奖金和金质奖章，并赢得了
世界海洋学家的声誉。1897 年，年过半百的马卡罗夫提出了"向北极进
军"的口号，并于 1899 年和 1901 年乘破冰船，连续进行了两次大规模的
极地考察，很快他又成为一名极地考察家。

　　1890 年，马卡罗夫出任波罗的海舰队副司令，次年担任俄国海军炮

兵总监察长。任职期间，已被晋升为海军少将的马卡罗夫发明了一种炮弹弹帽，大大增强了炮弹的穿透力，被称之为"马卡罗夫弹帽"。1894年底，马卡罗夫担任地中海分舰队司令，1894～1896年，完成了第二次环球航行。1897年，马卡罗夫发表了巨著《论海军战术问题》。在这部著作中，马卡罗夫大胆地批判了美国海军少将马汉和英国海军上将科洛姆的某些陈旧的理论，全面论述了装甲舰队舰艇作战的基本原理，这部海军战术力作，在世界海军界产生了巨大的影响，对海军学术的发展起到了举足轻重的作用。1899～1904年，马卡罗夫出任喀琅施塔得港司令。在此期间，他详细研究了和平时期海军人员的培养和训练问题，为了尽快提高海军官兵的素质，他又撰写了新作《没有风帆》，认真总结了治军方面的经验。

1904年1月，沙俄侵入中国东北，日俄谈判陷入僵局，双方面临着一触即发的开战状态。颇具帅才的马卡罗夫正确估计了局势。2月8日，他专门致函俄海军部，信中说，战争已迫在眉睫，停泊在旅顺港外锚地的俄国舰艇处境危险，随时都会遭到袭击，必须马上采取对策。然而，沙俄海军部的达官显贵对马卡罗夫提出的这一警示置之不理。果然不出马卡罗夫所料，从2月起，旅顺港外的俄国舰艇，在不到一个月的时间里，连续数次遭到日本海军的袭击，被迫退入狭窄的港内。3月，俄国海军起用马卡罗夫，任命他为太平洋分舰队司令。在保卫旅顺港的作战中，他于辽东半岛沿海布设水雷，积极改善旅顺口防御，加强战术训练，袭扰日军海上交通线，并领导了反击日本鱼雷的夜间突袭，给了日本舰队以沉重打击。1904年3月31日，马卡罗夫乘坐的装甲舰"彼得罗巴甫洛夫斯克"号不幸触水雷爆炸，马卡罗夫随舰阵亡。

多才多艺的海军名将马卡罗夫，一生中撰写了50多篇学术著作，涉及海军业务的各个领域。他不仅在生前受到人们的敬重，就是死后也成为人们经常缅怀的对象。1913年，沙俄政府在喀琅施塔得和尼古拉耶夫等地，为其建立了纪念碑。多年以来，俄罗斯（以及苏联）也曾以马卡罗夫的名字命名了许多舰艇、军校、基地和港口，使马卡罗夫的功德永远地谱写在苏俄大地上。

【点评】俄罗斯帝国海军理论家、海军中将。曾指挥舰船完成两次环球航行、设计并主持建造"叶尔马克"破冰船、发明能够大大增强炮弹穿透力的炮弹弹帽（被称之为"马卡罗夫弹帽"），在海洋学、造船、装甲舰战术、舰队编成等方面颇有研究。著有《论海军战术问题》、《论舰船的不沉性》等50多部（篇）著作，被称为多才多艺的海军中将。

日本帝国海军 "名将之花" ——东乡平八郎

东乡平八郎是日本明治时代阅历极为丰富的海军 "名将之花"，是日本对外侵略扩张的重要执行人。东乡平八郎出身于萨摩鹿儿岛藩士，自幼学文习武，舞枪弄剑，立志要 "从事海军事业"。1863 年从军，随父参加萨、英战争，更坚定了服务于海军的决心。1866 年萨摩藩成立海军局，东乡平八郎刚满 19 岁就参加了萨摩藩海军。在 1868～1869 年推翻德川幕府的战争中，担任 "春日" 舰分舰长的东乡平八郎，转战和函馆等地，初立战功。1871～1878 年，他两度赴英国留学深造 6 年多，学习军事，专修海军技术，并绕世界航行一周，增长了见识，扩大了眼界。

1884 年，东乡平八郎出任 "天城" 舰舰长，曾到上海、福州和基隆等地调查考察中法战争情况。1894～1895 年，东乡平八郎参加日本侵略中国的中日甲午战争时，担任日本联合舰队第 1 游击队 "浪速" 舰舰长，在丰岛海域偷袭中国舰队，击沉中国政府租用的英国运输舰 "高升" 号，致使该舰装载的 1000 多名中国军队官兵大部分牺牲，东乡平八郎欠下了中国人民一笔举世震惊的血债，大英帝国和日本朝野也为之震惊。1895 年日本攻打澎湖列岛时，东乡平八郎作为舰队少将司令，又指挥第 1 游击队以火力支援步兵登陆。同年，东乡平八郎又一度代理日本联合舰队总司令职务，前往讨伐和镇压台湾人民，在中国面前，东乡平八郎确实是一个血债累累的刽子手，而在日本侵略者的心目中，东乡平八郎却是一个战绩赫赫的海军英雄。1895 年，东乡平八郎被提拔为海军大学校长，曾专修海军战略战术，两年后又被晋升为中将。1900 年，东乡平八郎被任命为日本常备舰队司令官，参与策划和指挥八国联军侵略中国的战争，镇压义和团运动。1903 年任日本联合舰队司令官。1904 年日俄战争爆发后，他指挥联合舰队多次袭击位于旅顺口外和仁川港的俄国舰队，封锁对马海峡，夺得黄海制海权。

东乡平八郎夺得制海权后，日本陆军相继从朝鲜半岛及辽东半岛大批登陆。接着，北线日军迅速合围了辽阳，南线日军很快攻陷了金州、大连，并开始向旅顺要塞发起猛攻。此时，东乡平八郎率领 52 艘战舰，严密地封锁了旅顺港，

东乡平八郎

与陆军协同作战，很快使旅顺要塞成了一个孤立的据点，使旅顺不再是俄国舰队的安全港。为此，沙皇命令阿列克谢耶夫，迅速组织龟缩在旅顺港内的太平洋第一分舰队，向海参崴突围。东乡平八郎获悉这一情报后，马上把主力隐蔽配置在圆岛附近。

1904 年 8 月 10 日清晨，俄国太平洋第一分舰队新任司令费特吉夫特率领 6 艘战列舰、4 艘巡洋舰、8 艘驱逐舰及其他辅助船只 20 余艘，冲出旅顺港，开始突围。中午时分，俄国舰队不知不觉地进入了东乡平八郎蓄谋设好的伏击圈。经过一个小时的苦战，俄国舰队侥幸冲出包围，拼命向东逃遁，东乡平八郎率舰队紧追不舍，步步进逼。下午 5 时许，航速较快的日本舰队终于追了上来，迎头截住了俄舰队的退路，接着发起了更加激烈的海战。激战中，东乡平八郎指挥各舰集中火力猛攻俄国旗舰"泽萨列维奇"号，6 时左右，一颗炮弹突然落到"泽萨列维奇"号的舰桥上，包括俄军司令官费特吉夫特在内的舰桥上的全体官兵顿时被炸得血肉横飞。俄舰队失去指挥，陷于更加混乱之中。而此时的东乡平八郎却表现出了异常的沉静，他指挥日本舰队乘机猛攻四散逃命的俄舰，很快便重创俄军铁甲舰 1 艘、巡洋舰 5 艘，其余的俄舰，除少数脱逃到青岛等港口外，大都被迫逃回旅顺港。

旅顺告急，沙皇政府迅速从波罗的海舰队抽调舰船组成"太平洋第二分舰队"，开往远东增援，随后，又将驻欧洲的一些破旧舰艇拼凑为"太平洋第三分舰队"以补充第二分舰队。经过一番准备，俄国太平洋第二分舰队在罗日杰斯特温斯基海军中将的率领下，于 1905 年 5 月，太平洋第二、第三分舰队在越南金兰湾附近会合，合成联合舰队，由罗日杰斯特温斯基统一指挥。

在俄国舰队东调的过程中，东乡平八郎率领舰队进行了充分的迎战准备。尤其是对舰炮的射击准确度进行了强化训练，东乡平八郎提出的练兵宗旨是"百发百中的一门大炮要胜过一百门百发一中的大炮"。与此同时，他对未来的战役进行了精心的筹划，经过周密的分析，东乡平八郎判定，俄国舰队最可能通过对马海峡，取最短的航线前往海参崴。因此，他将主力隐蔽配置在对马海峡和日本海岸附近，决定在俄国增援舰队抵达海参崴之前，趁其舰船失修、人员疲惫之机，采取以逸待劳、击其惰归的策略，与俄军舰队进行决战。同时，东乡平八郎还派出大批轻型巡洋舰和炮艇，在俄国舰队可能经过的所有海上通道附近严密巡逻，组成了一个纵深达 200 多公里的庞大的预警网。

东乡平八郎的判断是正确的。5 月 27 日凌晨，他接到了俄舰队出现在对马海峡的报告，即迅速率领舰队在对马海峡展开火力，并向舰队发出号令：皇国兴废在此一战，诸位尤须尽力奋战！

13 时 40 分左右，日本舰队突然出现在俄国舰队的右前方，激烈的海战打响了。起初，日军战局不佳，5 艘舰艇被俄军击中起火，东乡平八郎并没有把注意力集中到如何击沉俄的一舰一船上，而是以其海战的经验，沉着指挥日舰队将罗日杰斯特温斯基的战斗队形打乱，夺得了战役主动权。此时，东乡平八郎又以其集中火力打击其要害的战术，指挥舰队猛攻罗日杰斯特温斯基的旗舰"苏沃洛夫"号和先头主战舰艇"奥斯利亚比亚"号。半小时后，"奥斯利亚比亚"号中弹沉没，"苏沃洛夫"号也遭到重创起火。此时的罗日杰斯特温斯基已气得捶胸顿足，急得抓耳挠腮，俄舰队也出现了一片慌乱。次日上午 9 时，俄军被日军严密包围，不得不投降。

在这次为时不到两天的对马海战中，俄国一共损失战舰 28 艘，总吨位达 20 万吨，伤亡 5500 多人，被俘 6000 人，而日军只损失鱼雷艇 3 艘。

对马海战

然而，此时的罗日杰斯特温斯基并没有像其他败军之将那样沮丧，反而"真诚"地对东乡平八郎说："败在你的手下，我并不耻辱。"

【点评】日本海军上将，对外侵略扩张政策的积极推行者。曾参加萨英战争、日本戊辰战争、侵朝战争、中日甲午战争和八国联军侵华战争等。1904 ~ 1905 年参加日俄战争，指挥日本舰队袭击停泊在中国旅顺的俄国太平洋第一分舰队；而后将联合舰队主力集结在对马海峡机动作战，采取"T"字形战法，一举歼灭从波罗的海前来增援的俄国太平洋第二、第三分舰队。

三个国家授予他元帅称号——福煦

18 世纪的法兰西大地上，出现了一位名震寰宇的军事巨人拿破仑，而福煦·弗迪南这位拿破仑的旁系后裔，则是一位熟谙拿破仑用兵之道的一代名将。第一次世界大战中，福煦担当大任，屡挫强敌，被当时的舆论称为"人类纪元以来超群拔萃之人"。大战结束后，法国、英国、波兰三个国家都授予福煦元帅称号。

福煦于1851年出生于法国西南部的一个边远小镇，他自幼聪明绝顶，不类常童，有过目成诵之才，深受老师的赞许和同学的垂慕。福煦12岁入中学，除学习规定的课程外，他大量阅读了法国的伟人传记和法国历史。其数学老师曾经预言，此子自负不凡，学业精深，将来必成大器。中学毕业后，福煦以优异的成绩考入被当时的年轻人仰慕至极的巴黎百科大学。由于受家庭的影响，福煦对军事颇感兴趣，普法战争爆发后，福煦毅然辍学从军，被编入步兵第4团当兵。1871年，福煦退伍后重返学校。当时，有一个德军分队驻在福煦所在的校园，他时常与雄赳赳的德军相遇，兵败国破之屈辱情景，在福煦的脑海里打下了深深的烙印。福煦以优异的成绩毕业后，自愿要求到驻地偏远的炮兵24团服役。福煦爱好骑马，骑术精湛，在该团服役两年后，考入骑兵学院。1878年，福煦以第四名的好成绩从骑兵学院毕业，被破格晋升为上尉，调配到炮兵第10团任职。1885年，福煦又考入巴黎高等军事学院深造两年。1891年，福煦晋升少校并调到总参谋部第三局任职，继而又到炮兵13团当营长，1894年复入总参谋部，次年在巴黎高等军事学院当研究生。1896年至1900年，福煦在该校任教官，他的教学方法灵活，授课深入浅出，饶有趣味，不仅深得学员欢迎，而且使学员深受其益。1903年，福煦被提升为炮兵35团的上校团长，1907年又被提拔为少将旅长，1908年至1911年被推举为高等军事学院院长。在担任高等军事学院院长期间，他大力改革教学内容及教学方法，有效地调动了学员的进取心和求知欲。他还建议政府挑选最优秀的军校毕业生重点培养，造就高级军事人才，第一期选入的15人中，后来大都成为优秀的指挥员。

福煦是拿破仑之后法国最有代表性的军事思想家之一，他长期在高等军事学院讲授战略战术，著有多种兵书，比较有名的如《作战原理》等。他的思想是拿破仑军事思想的发挥。大战爆发前，福煦为法国军事理论的建立和发展起了很大的作用。

1914年，第一次世界大战爆发后，法军因战场连连失利而节节后退，给巴黎造成严重威胁，在这紧要关头，法军统帅部制订了新的作战计划，重新部署了兵力，并成立了一个新的第9集团军，由博学多才、足智多谋的福煦担任司令。

福　煦

9月15日至10月，德法两军在马恩河长达200多公里的战线上展开会战。会战的第一天，福煦就组织第9集团军的炮兵，给了德国近卫军的疯狂进攻以致命的打击。9月18日午夜，福煦率领的第9集团军的右翼尽管遭德军奇袭，但他仍然信心百倍地指挥数量处于劣势的部队猛攻德军侧翼，致使德军第1、第2集团军处于孤立无援的境地，迫使德军溃退，取得了马恩河会战的胜利，使巴黎转危为安。

1915～1916年，在欧洲西部战场上进行了著名的凡尔登战役和索姆河战役。凡尔登战役由德军发动，以德军的失败而告终。索姆河战役，由英法联军发动，福煦任总指挥，英法联军虽然在此战役中付出了沉重的代价，但对德军的打击也极为惨重，使德军损失达53万余人，以致再也无法恢复原有的战斗力和士气。英法联军通过这次战役，终于从德国手中夺得了战略上的主动权。

1917年5月，福煦升任法国陆军总参谋长。1918年初，协约国最高军事委员会就俄国退出战争后德军兵力集中于西线的局势召开会议，福煦第一个阐述了自己的方案。他认为"进攻是取得胜利的唯一方法"，"在敌人进攻时，不但要在进攻地域将其阻住并对其实施反冲击，而且还要采取强有力的反攻"，力求"使这些行动具有勇往直前，组合进攻的样式"，并一再强调建立统一的作战指挥机构的必要性。福煦的计划虽然符合当时的情况，但却遭到反对，导致协约国军在5次大进攻面前屡屡失利，士气低落，战略态势恶化。

1918年7月，福煦预见到德军会乘7月14日法国国庆之机发动一场大规模的进攻，便预先作了迎战准备。7月15日0时30分，法军炮兵对占领进攻出发阵地的德军出其不意地发起了先发制人的猛烈的预防性射击，给德军以重大杀伤，从而使德军统帅部苦心经营的最后一次进攻基本破产。随即，福煦指挥协约国军队发动了最后的决战——亚眠战役和圣米耶尔战役。此时，编入联军攻击集团的有17个步兵师、3个骑兵师、2684门火炮、511辆坦克和大约1000架飞机。8月8日，联军对德军阵地指挥所、观察所、通信枢纽部进行了猛烈的炮击，还未等德军指挥部弄清情况，联军的大量坦

第一次世界大战中的福煦

克就已经冲到了德军阵地。交战第一天，德军就损失 27000 人，德军副统帅鲁登道夫说这是"德军在世界大战史上最黑暗的一天"。到 8 月 13 日，联军在 75 公里的正面推进了 10～18 公里，不仅消除了德军对亚眠铁路的威胁，而且使德军损失 48000 人。9 月 12 日，联军又以潘兴将军指挥的美国第 1 集团军为主，成功地发动了圣米耶尔战役。接着，联军向"兴登堡防线"发动总攻，德军惨败临头，德军正副总指挥兴登堡和鲁登道夫，于 9 月 29 日发表声明，要求签订停战协定，1918 年 11 月 11 日 11 时，各战胜国礼炮鸣响 101 发，宣告了第一次世界大战的结束。鉴于福煦在第一次世界大战的功绩，法国、英国、波兰三个国家都授予福煦元帅称号。

> **【点评】** 法国元帅，军事家。第一次世界大战期间，于 1918 年 2 月任协约国最高军事委员会执委会主席，负责协调西线协约国军队的作战行动。同年 4 月任协约国军队总司令，指挥英、法、美、比军挫败德军于同年春夏发动的五次进攻，7 月对德军发动总攻，收复法国和比利时大片领土，迫使德国于 11 月 11 日投降。战后，晋法国元帅，获英国、波兰元帅称号。他强调进攻原则和歼灭战思想，认为精神因素在战争中具有决定性作用。著有《战争原则》、《战争指导》及《战争回忆录，1914～1918 年》等。

第一次世界大战中创造了两个"奇迹"——霞飞

在世界军事家的殿堂里，霞飞占有重要的一席。这位法兰西传统进攻精神的继承者，在第一次世界大战中，连创马恩河战役和凡尔登战役两大奇迹。

1911 年，法、德两国为了争夺摩洛哥而剑拔弩张，战争一触即发。新上任的法军陆军部长梅西米举荐贤才，把当时并不出众，但比较年轻，而政治上属温和派的霞飞推上高位，让他当了最高军事委员会副主席兼总参谋长。

第一次世界大战爆发时，霞飞已出任法军总司令。为了取得战争的胜利，霞飞以其新学派的眼光，制订了具有划时代军事意义的作战计划，史称"第 17 号"计划。这个计划把攻击变成唯一目标，主张一旦战争爆发，就集中所有兵力，攻入德国腹地。1912 年，霞飞曾宣称说："我决定不踟蹰地直向敌人进攻，只有攻势才适合我们军人的思想。"霞飞的主观愿望是好的，但是大战初期的边境交战，以法军的失败而告终。战争实践证明，霞飞攻势至上的计划是战争指导上的一大失误。然而，霞飞毕竟是一个具有巨大勇气和蛮性的人，边境交战的失败并没有使他灰心，他借鉴

霞飞

了战略战术上的经验教训，立即调整计划，部署兵力，选贤任能，重新组织抵抗。从8月1日战争爆发到9月6日，他果断地撤换了两个军团司令，十个军长和38个师长，相当于当时法军高级将领的半数。9月1日，联军6个集团军按照霞飞的命令，在马恩河附近，进入对德军形成包围的有利位置，9月4日晚，霞飞乘机下令转入进攻。进攻发起前，霞飞以命令形式发布一项简短的号召书，向部队作了宣读。命令号召："正值国家存亡在所一战之际，必须提醒大家不得瞻前顾后。应全力以赴进攻并打退敌人；部队倘若不能再前进，那就不惜一切代价守住已经占领的区域，宁肯就地战死而决不后退。在当前的情况下，任何怯懦都是不可容忍的。"由于连续撤退而满腹屈辱的法军官兵，一听说进攻，便士气大振。9月6日凌晨，进攻开始了，法国第6集团军首先投入战斗，接着英法联军其他部队也都展开进攻。德军为了制止法军对其侧翼的突击，展开三个军来对付乌尔克河以西的法国第6集团军。霞飞闻报后立即从后方调来一个师加强该地的兵力。为此，他调用了巴黎的1200辆出租车，在一夜间将一个步兵旅运送到50公里以外。据说这是战争史上第一次将汽车运输用于调动兵力，交战过程中，霞飞始终不放松对部队的指挥，他根据对全线情况的了解和分析，每天都对第二天的交战下达作战命令。他常常亲自到前沿阵地就地解决各种作战问题，带有战略进攻性质的马恩河战役持续了8天，约200万英法联军在180公里的正面战场上向前推进了60公里，德意志帝国迅速击溃法国的战争计划彻底破产了。德军总参谋长小毛奇因吃了败仗而丢了乌纱帽。

根据大战初期的经验教训，以霞飞为首的法军统帅部，决定从1915年8月起，建立以要塞为基地的筑垒地域，作为野战集团军防御的不可分割的组成部分。著名的凡尔登要塞就是在霞飞这位军事工程专家的指导下，完成了全新的防御体系。整个要塞外径45公里，防御正面112公里，分四道防御阵地，纵深15～18公里，由3个军把守。1916年2月12日，德军在做了仔细而秘密的准备之后，决心以急速的攻击夺取战略枢纽凡尔登要塞。他们在马朗库尔至埃坦的正面战场上，部署展开了1204门火炮和202门迫击炮。由德国皇太子威廉指挥的第5集团军及其他加强的部队实施突破。德军在主要突击方向上形成了兵力兵器的绝对优势，师多3

倍，火炮多3倍以上。德军声称，要把凡尔登要塞作为"碾碎法军的磨盘"。霞飞采取"以磨盘对磨盘"的战术，决心集中兵力死守凡尔登。从8时12分起，德军持续了约9个小时的炮火准备，对突破正面阵地进行了大规模、高强度的狂轰滥炸，不到4天就占领了法军第一、二阵地，法军阵地被切成数段。在关系到法国生死存亡的危急关头，霞飞坚毅果断，冷静沉着，他在派其代表卡斯特尔诺去凡尔登，严令"不惜任何代价将敌人拦阻在马斯河右岸"的同时，派贝当率第5集团军迅速增援，接着，霞飞又不断向前线增兵。他组建了一支近9000人的运输队，调集了3900辆汽车，编成175个汽车排，一周之内将23000吨弹药2500吨物资和19万部队送到凡尔登。一方强攻，一方死守，双方展开了空前残酷的绞杀战。战至8月份，凡尔登城下的主动权转到法军一边，10月24日法军转入反攻，夺回了失去的阵地。凡尔登战役是第一次世界大战中规模最大、持续时间最长的战役，双方损失了120个师，伤亡近100万人，其中德军60万。德军1916的战略计划在凡尔登城下遭到破产。当时有"绞肉机"之称的凡尔登战役成了第一次世界大战的转折点，霞飞作为这次战役的法军最高统帅，其卓越的指挥，坚定的意志和灵活的战法，为法军的胜利发挥了重大作用，霞飞也因此而赢得了很大的荣誉。

1916年12月，64岁的霞飞改任政府军事顾问，1917年至1918年任法国驻美国军事代表团团长，后任驻日本军事代表团团长。霞飞文武双全，一生著作甚多。1918年，法兰西学院授予他院士学衔，这是许多赳赳武夫望尘莫及的崇高荣誉。从1922年起，霞飞担任法国政府国防委员会主席。1931年，霞飞带着他的不朽战绩而逝世。

【点评】法国元帅，军事家。第一次世界大战爆发后兼任法军总司令，在法国边境之战失利、巴黎面临严重威胁的危急关头，指挥英法联军且战且退，整编部队并组建法第6、第9集团军；尔后对德军右翼第1、第2集团军实施反击，迫使德军退却，消除其对巴黎的威胁，取得第一次马恩河战役的胜利，粉碎德军以速决战略为基础的施利芬—小毛奇计划。1916年指挥英法联军取得凡尔登战役和索姆河战役的胜利，但法军伤亡惨重。著有《1914～1915：战争准备与战役实施》和《霞飞元帅回忆录》。

从"法兰西救星"到"法兰西罪人"——贝当

有60余年军事生涯的贝当，在第一次世界大战中曾被誉为"法兰西救星"，但在第二次世界大战中，他却当了傀儡，与德国法西斯合作，大战结束后，他以卖国投敌罪被判处死刑，缓期执行。他的一生，有功有过，耐人寻味。

贝当于1856年4月出生在加勒海峡省的一个农民家庭。早年丧母，由外祖母和舅舅抚养成人。1867年，他在寄宿学校读书。当时欧洲正处在烽火战争年月，贝当忧虑国家命运，立志从军报国，遂考入圣西尔士官学校，21岁军校毕业，被分配到第24轻步兵营任少尉军官。32岁时又考入陆军大学，毕业后在国家射击学校任教官，后在陆军大学当步兵技术助教。第一次世界大战前夕，贝当还只是驻阿腊斯的一名步兵团的上校团长。

时势造英雄，不同时代的战争把不同时代的英才推到前台。第一次世界大战的战火造就了一批将才，贝当就是其中的名将之一。战争初期，贝当升任为旅长，其后又因在比利时等地作战获胜而晋升为将军。之后，贝当一路顺风，由第6师师长、第32军军长很快升至第2集团军司令，并于1916年2月26日受霞飞的指派，指挥了名噪一时的凡尔登战役。当时，法国苦心经营的凡尔登防线在德国陆军的猛攻下，形势十分危急，法军的防线岌岌可危。贝当受命于危急之时，来到凡尔登担负起了统一指挥、挽救危局的重任。他首先激励士兵，提出了"他们（敌人）不准通过！"的战斗口号。这句话很快成了法军人人皆知的格言。同时，他迅速调集援兵，并主张前线部队合理轮调，使法军很快恢复了战斗力。之后，贝当凭借大纵深的防御，组织顽强抵抗。当时，法军仅有一条从巴勒杜克城通向要塞的狭长公路补给线，远远解决不了数十万大军的后勤补给问题，贝当迅速采取措施，开辟了"神圣路线"，解决了部队的补给问题，使整个部队保障系统在极其艰险的情况下仍能发挥出高效能，不仅确保了前线的需要，而且大大振奋了法军的士气。此后，在半年的时间里，法军经过艰苦卓绝的反击作战，收回了凡尔登，使这场被称为"大战中的大战"宣告结束，贝当因其优异的组织指挥才能，以"凡尔登胜利者"的称号扬名于法国。

1917年5月，贝当接任法军总司令。当时法军中的反战运动日益高涨，两年间就有2万名士兵开小差，仅1917年5月20日至6月7日，法军中就发生了80多起集体叛逃案件。为了改变这种危急的状况，贝当视察了法军将近60个师，向将士发表训言，积极采取

贝当

措施，改善部队生活，减轻士兵的操作劳役。同时，他还实行严厉的镇压手段，从而使整个部队保持了相对的稳定，基本上改变了法军的不利局面。贝当还在协调英法联军的防御，调解美军司令潘兴和法国元帅福煦的争端等方面，发挥了一定的作用。1918年11月，贝当因劳苦功高而被升任法国元帅，担任最高军事会议副主席和陆军总监。在这期间，贝当战绩赫赫，贡献大大，是当之无愧的"法兰西救星"。

第二次世界大战爆发后，法国在军事上节节败退，国内政局混乱。1904年1月，贝当奉召担任法国内阁副总理。但是，出乎总理雷诺预料，贝当不是一个主战派，而是一个认为继续与德军作战"只是一个玩笑而已"的失败主义者。贝当和当时的法军总司令魏刚站在一起，鼓吹战争已经打败，停战是唯一出路，并在法国内阁会议上，激烈反对雷诺提出的坚持抗战和政府迁至北非法属殖民地的主张，并逼迫雷诺辞职。这样，1940年6月16日，贝当担任了法兰西第三共和国第99届政府的总理。当任总理的第二天，他就命令法军全线停火，并通过西班牙政府向德国提出了谈判要求。6月21日，希特勒亲自来到贡比隆森林接见法国代表团。这个地方正是1918年法国接受德国投降的地点，而且还是当年签字的那个火车车厢，举行的受降方式，对于德国来说，一扫昔日之耻辱，对于法国和贝当来说，这无疑是一个极大的讽刺。但是，贝当接受了比这更令人难堪的东西，他同意了德国提出的非常苛刻的、使法国丧权辱国的停战协定。协定规定：法军全面投降，交出武器；法国五分之三的领土（主要是北方工业区）由德军占领，称为占领区；占领军的每日费用4亿法郎，全部由法国负担。

1940年7月1日，贝当政府迁到维希，当时的国民议会授权贝当制定亲政宪法。按照这个宪法，成立了"法兰西国家"以代替原来的"法兰西共和国"。贝当被授予"国家元首"称号，并兼任政府总理，被赋予行政立法、召开国民会议、指挥军队、任命和撤换部长等多项大权。当时的军队、法官、政府官员都必须宣誓效忠于贝当。其后，贝当还建立了仿效德国党卫队的"维持秩序部队"，以及保安部队，以配合德国占领者残酷镇压国内的抵抗运动和爱国人士。贝当政府还从提供原料、商品、劳工，直到命令在北非的驻军与同盟国作战等各个方面，为德国法西斯效劳。成了一个彻头彻尾的卖国贼。

贝当的下场是十分可悲的。1944年，他看到战局对德国越来越不利，便试图和戴高乐将军秘密联系，但被德军当局察觉，于1944年8月20日，贝当被德国占领军拘禁，直到德国战败。1945年4月被盟军逮捕，8月以通敌罪被法国最高法院判处死刑，后改判终身监禁。卒于法国西海岸的约岛。

【点评】【点评】法国元帅，维希法国元首。第一次世界大战中，先后参加马恩河战役和阿拉斯、香槟等战役，取得凡尔登战役的胜利，1918年晋元帅，率法军参加协约国军队的进攻。1940年5月德军入侵法国后，先后任副总理、总理，主张对德投降，退出战争。同年6月22日法国败降后，任维希法国政府元首，默许总理赖伐尔实行法西斯统治，镇压法国爱国力量。1945年4月被盟军逮捕，8月以通敌罪被法国最高法院判处死刑，后改判终身监禁。卒于法国西海岸的约岛。

他曾从上尉一下飙升为准将——潘兴

被美国人称为"凶狠的杰克"和"铁锤将军"的美军五星上将潘兴，这位曾在第一次世界大战后名扬于世的美国军事人物，不仅其军事生涯是丰富多彩的，而且其仕途官运也是耐人寻味的。他曾经创造了从上尉直接升为准将的世界军衔飙升纪录。

1860年9月13日，潘兴出生在密苏里州一个小镇的一个普通家庭，潘兴自幼体格健壮，但因顽嬉不奋而学业一般。1876年，年仅16岁的潘兴，被聘为村中黑人学生的幼校任教。由于种族的差别，其他教师都难以训授学生，唯有潘兴却极受学生欢迎。两年多的任教，使他手头有了点积蓄，便在父亲的帮助下，于1879年进入师范学校读书。正读第二学期时，他从报角上发现了陆军大学招生的广告，决然要去报考。当时，离考试时间只有一个星期了，他深夜苦读，弟妹们还经常在灯旁伴坐，有时帮他提问。结果，他很幸运地被录取了。

潘兴进入陆军大学，可算是他军事生涯的开始，也是他一生的转折。由于他具有较强的组织能力，教官和同学们推荐他担任了班长。遗憾的是，他的学习成绩并不太好。然而，军校的生活，锻铸了他意志坚定无情和强烈的统治欲、责任感等军人的性格和气质。正是凭借这些基础素质，潘兴所带的班成为全校遵守纪律的最佳分队。1886年6月，潘兴学业届满，被授予少尉军衔，派到第6骑兵团服役。当年9月，潘兴随部队到新墨西哥南达科

潘 兴

外国著名将帅

他州参加镇压印第安部落的活动。回国后，潘兴从 1891 年开始，在内布拉斯加大学担任了四年之久的战术教官，结合教学研究，他对传统的陆军战术作了初步的探讨。在此期间，他曾对法学发生了浓厚的兴趣，工作之余，潘兴系统地研读了有关的法学著作，并获得法学学士学位。1895 年，在美国西部地区服役两年之后，潘兴回到母校——西点军校担任战术教官。已到"而立"之年的潘兴，只想利用西点军校的条件，在战术教学方面有所成就。然而这时，西（西班牙）美战争爆发，潘兴却被派往驻古巴的第 5 军第 1 师团当了一位很难飞黄腾达的军需官。

西美战争结束后，美国陆军组建了海岛局，主管波多黎各和菲律宾事务，潘兴幸运地被任命为海岛局局长，不久，潘兴又被调到第 8 军任职，前往菲律宾镇压摩洛族人民的正义斗争。因潘兴既善于组织指挥部队作战，又善于安抚当地民心，而受到老罗斯福的赞许。从此，潘兴青云直上，1903 年被调到总参谋部工作，后来又被选送到陆军军事学院深造，1905 年赴日本东京担任驻日武官，日俄战争期间又担任了乃木将军的观察员，1906 年被破格从上尉晋升为准将。有人说，潘兴这"一步登天"的晋升，越过了原来比他职位高的 862 名军官。从此，美国军人敬仰地称他为"奇遇将军"。

在官运亨通的时节，35 岁的"光棍"潘兴，在赴日就任武官之前的几天，与一位参议员之女结了婚。这时的潘兴，一有合意的职位，二有美貌的妻子和和睦的家庭，三有与国会成员联姻的后台，不愁飞黄腾达。但事实并不像他想象的那么简单。他从 1906 年 9 月到 1913 年，几乎一直在菲律宾供职，回国后才改任巴尔干观察员，不久才捞到一个旧金山的第 8 旅旅长的职位。更不幸的是，1915 年 8 月 27 日，家宅失火，妻女四人当场被大火烧死。潘兴在这悲痛欲绝的时刻，表现了一个军人应有的自制力。

1914 年 8 月，卡兰萨趁机夺取了墨西哥的政权，并得到美国威尔逊政府的承认，卡兰萨实行的政策，遭受到了农民的反对。墨西哥人民在查普塔和比利亚的领导下，组织了游击队，与英美支持的卡兰萨傀儡政府展开了坚决的斗争。卡兰萨政府请求美国支援。1916 年 3 月，潘兴被任命为远征军司令，率军进入墨西哥，以镇压"内乱"为名，对墨西哥进行武装干涉。两年之后，直到美国加入第一次世界大战前夕，潘兴才率部回国，任南部分区的司令。后来，被美国政府任命为远征军司令，率部开赴法国参加第一次世界大战。潘兴到达欧洲战场之后，根据对时局的分析，预见到一旦俄国退出战争，西线战场将更加危急；只有美国大规模参战，才能有进攻的优势和迫使德国屈服的希望。因此，他坚决反对美军零零星星地派兵加强协约国防线的做法，而要求政府一次性地派出大批部队开赴欧洲战场。他的主张得到了威尔逊总统的支持。不久，美军的大批部队被派到法国。

美军在欧洲战场，开始大部分分散在英法联军中担任后勤任务。潘兴对这种状态极为不满，始终坚持要保证美军的独立性和完整性。他认为，如果美军失去了独立性，不仅对国家（美国）威望是空前的牺牲，而且是对远征军士气的严重打击。因此，他在力主大量美军增兵欧洲战场的同时，从思想上和组织上做好了独立作战的准备。到 1917 年 10 月底，晋升为四星上将的潘兴，把美军远征军编成军和集团军，下辖有 8 个师，武器装备也得到了很大改善。

1918 年下半年，战略主动权转到了协约国手中。7 月 24 日，协约国军司令官贝当、海格和潘兴在博蒙召开会议，对今后的作战作了深入的讨论和准备，为第一次世界大战的彻底胜利奠定了基础。在之后的作战中，潘兴取得了空军作战的经验，开始十分重视空军的威力。

根据战局的发展，协约国军指挥部决定于 1918 年秋转入总攻。美国第 1 集团军和法国第 4 集团军在马恩河西岸向梅济埃尔方向对阿尔贡两侧实施主要突击。第一次攻击受阻后，潘兴投入三个集团军的兵力发动了第二次攻击，在他的正确指挥下，美军进展迅速，突破了兴登堡防线，彻底粉碎了德军，占领了色当一线，迫使德军投降。1919 年 9 月，潘兴因作战有功而被晋升为五星上将。

第一次世界大战结束后，潘兴曾于 1921 年出任美国陆军参谋长，1924 年离职退役。晚年曾赴秘鲁和英国等地执行政府委托的使命，接受了牛津、剑桥大学的荣誉学位，成为巴黎道德和政治科学院的荣誉会员。1941 年 12 月，珍珠港事件后，他曾亲赴白宫，志愿要求服役。1948 年 7 月 15 日，病故于华盛顿，后葬于阿灵顿公墓，墓碑上刻着"最后的军号声响，我要和我的士兵奋起"的墓志铭。

【点评】美国军事家，陆军上将军。1890 年起，先后任内布拉斯加大学军事教官、西点军校战术教官、驻日武官兼日俄战争军事观察员等职，参加过征剿印第安人的作战、镇压摩洛族武装起义。1906 年得到 T. 罗斯福总统赏识，由上尉破格提升为准将。1906 年后，历任要塞司令和省总督、旅长、远征军司令等职，参加过入侵墨西哥的战争和第一次世界大战。1917 年 2 月、10 月，晋升为少将、上将军衔。1918 年后，率部参加第二次马恩河战役、圣米耶尔战役和默兹—阿戈讷战役，配合英法联军突破兴登堡防线，迫使德国投降。1919 年 9 月被正式授予陆军上将军衔。1921 年起任陆军参谋长。1924 年退役后任美国战争纪念委员会主席。有"铁锤将军"之称。著有《我在世界大战中的经历》。

"真正"的总司令和"高级"战略家——鲁登道夫

鲁登道夫是一个典型的民族沙文主义者，第一次世界大战期间是兴登堡的副手，但却扮演了"一把手"的角色。第二次世界大战前，他所创立的"总体战"理论，奠定了法西斯德国军事思想的基础，对第二次世界大战期间德国的军事战略产生了重大影响。可以说，他是德军一战中"真正"的总司令、二战中"高级"战略家。

鲁登道夫出生在一个商人家庭。其父曾在普鲁士军队中服过役，鲁登道夫的幼年时代正处于战争环境中，普鲁士在战争中的接连获胜，极大地调动了一些青少年的军国主义狂热和黩武精神，鲁登道夫从小就深受佩剑执戈精神的熏染，立志做一名叱咤风云的雄武军人。他12岁入军校少年班，后转入中等武备学校。1881年毕业后被授予少尉军衔。1890年，鲁登道夫又考入柏林军事学院深造。这两次入校，不仅使他获得了丰富的军事知识，而且也初步显露了他在军事方面的天资，学业成绩一直名列前茅。1893年毕业后不久，因头脑清晰、学识丰富、组织能力强，具有良好的军人风度，而被选调德军总参谋部供职。1908年，鲁登道夫被提拔为总参谋部作战处处长，掌握全军的作战、训练和军务事宜，三年的作战处处长经历，为他以后指挥数百万德军积累了丰富的知识和经验。

鲁登道夫熟谙将道，意志坚强，不畏压力，有超群的指挥才能。他说："一位将军是要能够负重的，而且需要坚强的神经。文人们常常有这样一种想法，以为战争好像算数学题一样，由已知来求未知。实际上完全不如此。在这种斗争中，物质的力量和心理的力量是交织在一起，而数量居于劣势的方面是尤为困难。在这种工作中，包括着许多的人员，其个性和观点都是各有不同的。其中唯一已知的常数即为将帅的意志。"鲁登道夫按照他的"为将之道"在坦能堡战役中力挽狂澜，使德军化被动为主动，进一步赢得了德国当局的器重与信任。

当第一次世界大战爆发时，鲁登道夫在斯特拉斯堡任步兵第85旅旅长。根据战争的需要，鲁登道夫又被任命为第二集团军的作战部长，负责筹划和协助指挥德军的先头部队作战。1914年8

鲁登道夫

月5日，德军在进攻比利时边城列日的作战中失利。危急之时，德军最高统帅部迅速起用鲁登道夫为作战总指挥。鲁登道夫到任后，首先组织大口径榴弹炮，集中轰击比（比利时）军炮台，他身先士卒，率领一部分精锐部队首先占领了列日城，对战斗的胜利起到了至关重要的作用。鲁登道夫因此威名大震。

1914年8月，俄国乘东线德军兵力薄弱之际，发兵突入东普鲁士。在战情危急之时，虽然有人又想起起用鲁登道夫，但由于当时的德皇威廉二世对他存有疑心，怕他那刚愎自用的性格和不够深的资历不适合或不足以坐第一把交椅，尤其是他凭借自己的才能和战绩而经常与德皇闹别扭，使德皇更不敢重用他。于是在鲁登道夫的头顶上放了个资历雄厚、德高望重，而且善于调节各种关系并具有容人之量的兴登堡为之压阵，鲁登道夫作为兴登堡的参谋长。坐着第一把交椅的兴登堡心里最明白，德皇用的并不是他的才能，而是让他作为一种象征放在鲁登道夫上面。因而，待兴登堡走马上任来到前线，鲁登道夫已把一切作战计划作得天衣无缝，听了鲁登道夫的扼要汇报，兴登堡就表示完全同意。这样，兴登堡从与鲁登道夫搭配的第一天起，就当起了"甩手掌柜"和"不管司令"，部队的指挥和决策几乎全由具有真才实学且年富力强的鲁登道夫拿主意。兴登堡在自传中也公开写道："当我认识了鲁登道夫将军的高尚价值后，我看我的最大任务之一，是在可能的范围内，尽量给我的参谋长的精力、丰富的思想、几乎超人的工作力及不倦的工作意志让出自由的道路来，在必要时给他创造道路。"其实，重要的组织指挥活动都是鲁登道夫独自承担。凭借聪明过人的头脑和丰富的指挥经验，鲁登道夫指挥部队迅速扭转战局并将俄军逼于绝境，歼灭俄军12万人，俄军主将萨姆松诺夫兵败自杀。

1914年11月，鲁登道夫就任德国东线方面军参谋长，与兴登堡共同负责指挥对俄国的作战。德军统帅部根据鲁登道夫的建议，把作战重点由西线转移到了东线，从这年年底到次年底，兴登堡和鲁登道夫在东线以德国边境内的平行铁路网为机动的基础，发动了一系列的进攻，从波罗的海到喀尔巴阡山的绵亘战线上勇猛突进，打得俄军溃不成军。而在西线，由于指挥不力和各种因素影响，德军连连失败，使整个战局失利。1916年8月，兴登堡继任总参谋长，鲁登道夫被任命为军需总监。从此，这对将才总揽了德军大权，把战争机器的马达开到了最高挡位，兴登堡仍然一如既往地给鲁登道夫创造施展才能的机会。鲁登道夫也不负重托地制订了"兴登堡计划"，在全力以赴增加军火生产的同时，在全国煽动起了民族沙文主义情绪，鼓动全民为战争效劳。

为了扭转总体作战军事形势的不利局面，鲁登道夫从破坏对方的经济实力着眼，极力主张恢复无限制的"潜艇战"。在他的组织下，德国将潜

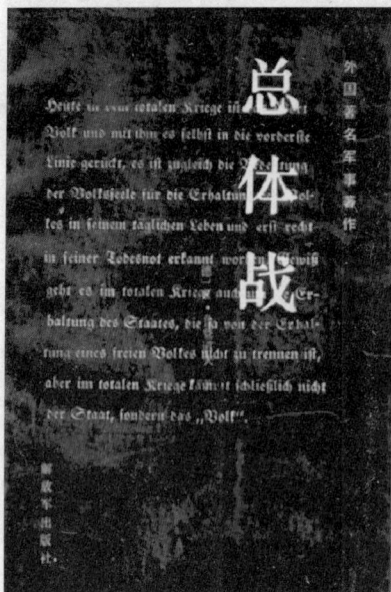

《总体战》中文版

艇的年产量增加了一倍，威廉二世屈于鲁登道夫的压力，于1917年1月31日，命令潜艇战采取无限制的原则。"无限制潜艇战"大量击毁了协约国包括美国的运输船舰，一度给协约国尤其是英国造成极端困难。对此，德国举国欢呼，对鲁登道夫赞不绝口。

第一次世界大战结束后，鲁登道夫主要从事军事学术研究和政治活动，1920年他组织并参加了以推翻魏玛共和国、建立君主政体为目标的卡鲁暴动，1923年11月又与希特勒合作在慕尼黑发动政变未遂。1924年他以纳粹党的代表身份成为国会议员，1925年被提名为纳粹党总统候选人。

1935年，他的军事代表作《总体战》出版，同年获得希特勒政府授予的元帅军衔。在《总体战》中，鲁登道夫大肆鼓吹民族沙文主义，极力主张恢复德国的军事实力和建立法西斯专政，不仅真实地暴露了法西斯的真实面目，而且为德国帝国主义发动第二次世界大战作了思想上理论上的准备和战略上的设计，法西斯头子希特勒正是以他的这一理论为重要依据之一而发动战争的。有人说，"看懂了鲁登道夫的《总体战》，就明白了希特勒的作战路线"。

【点评】德国步兵上将，军事家。第一次世界大战初期，先后任集团军参谋处长、集团军军需总监、集团军参谋长、东线德军参谋长等职，先后组织实施东普鲁士战役、罗兹战役、华沙—伊万哥罗德战役、奥古斯图夫战役和戈尔利采战役，迫使俄军全线退却。1916年8月29日任德军第一军需总监，协助兴登堡负责东西两线的作战指挥，上任后他力主实施无限制潜艇战，一度使英国陷入困境。1935年他的军事代表作《总体战》出版，为希特勒发动第二次世界大战作了思想上理论上的准备和战略上的设计。可以说，他是德军一战中"真正"的总司令、二战中"高级"的战略家。

空军军事理论的先驱——杜黑

　　朱里奥·杜黑是意大利的军事理论家、战略家，也是注重实际、独具慧眼的军事改革家。在世界军事领域里，他的军事学术观点影响相当广泛，是被世界公认的"制空权"理论的倡导者，也有人称他是空军军事理论的先驱。

　　杜黑于1896年5月30日出生在意大利的卡塞塔。童年时期，受到良好的家庭教育。少年时期，以他肯钻研的精神，在学业方面取得了良好成绩。后来，他又以对军旅生活的热爱，步入都灵军事工程学校，毕业不久，他又进入陆军大学深造，学习指挥艺术和参谋业务。

　　1903年，飞机在美国诞生。不久，它便在战争中充当了刺探对方军事情报的"间谍"和传递统帅命令的"天使"。1909年，杜黑以他锐敏的军事眼光，认识到"飞机具备成为一种独特的军事手段的潜能，武装飞机可以在战场内外到处出现，在目标区内不易遭到对方防御手段的毁伤，并且具有攻击和摧毁地面及海上所有目标的能力"。他预言，飞机用于军事必将引起战争样式的革命，战争将从平面发展为立体，他形象地指出，战争演变曲线由这点开始中断了连续性，突然转向了一个完全不同的方向，它不再是革新，而是革命。据此，杜黑认为，战争舞台将出现新的武装力量——空军，新的战争领域——空中战场，新的战争样式——空中战争。他进而作出预测：空军的出现"将改变整个战争，也将改变陆战和海战的面貌"；未来"战争将从空中开始……甚至在宣战之前，就将进行大规模的空中行动"；过去"如果不首先突破敌人的防线，就不可能侵入敌人的领土"，而空中力量提供了"新的可能"，即"有可能不用首先突破坚固防线就能进入它的远后方"，直接打击敌人的心脏，"战场已扩大到交战国的整个国境"，"空军正在引起战争样式的革命"。他在一篇文章中写道："天空即将成为战场。现在所有的人都认识到了制海权的重要性，但在不久的将来，制空权的获得将是更为重要的。"并强调指出，空中战场将是未来战争中的决定性战场。在未来战争中，哪个国家控制了

杜　黑

天空并取得空战的胜利，哪个国家就能赢得战争的胜利。"掌握制空权就是胜利，没有制空权就注定要失败"，这就是杜黑所谓"夺取制空权就是胜利"的公理。他的这些见解和公理，引起了人们的很大关注。

1912 年，杜黑被任命为意大利第一个也是唯一的航空营营长，主持编写第一本航空兵作战使用教令，支持飞机设计师 G. B. 卡普罗尼研制重型轰炸机。他对航空的爱好许多人都认为是"太过分了"，所以给他取了个"飞行狂"的绰号，飞机的运用和飞行的实践，使杜黑进一步印证了自己 1909 年提出的思想，同时，使他鼓足了勇气，大胆地向他的上级说明夺取制空权的理论。他认为，陆军和海军最好用于防御，而空中力量则可以全力发动进攻，摧毁敌方的物力资源和人民的意志，迫使敌人投降。因此，在未来的作战中，空中力量将是决定的因素。这一理论的提出，立刻引起了当时各国军事家的注意。但是，由于当时飞机的技术性能和使用方法还很不完善，飞机的作战威力还没有显露出来，因此，那些患有"战略近视症"的人嘲笑杜黑是乌托邦，是梦想家。意大利总参谋部也因此撤了杜黑的职。为了彻底贯彻自己认为是正确的主张，杜黑不但不顾及他人的误解，而且就是受到毁损名誉的危险，他也无所畏惧。

1915 年 5 月意大利参加第一次世界大战后，杜黑出任米兰步兵师参谋长，他曾建议组建一支由 500 架轰炸机组成的航空队，轰炸奥地利军队后方，但未被采纳。1916 年因批评陆军当局战略指导错误，杜黑被军事法庭判处一年监禁。1917 年 11 月，意大利军队与奥地利军队在卡波雷特区举行了会战，结果意军大败。意大利新政府和军法会议在总结这次会战失败的教训时，忽然想起了杜黑以前的建议书，便对他提出的意见重新作了调查。结果表明，杜黑的许多观点是正确的，而且此次作战的败北，完全印证了杜黑的看法的正确。1918 年初，杜黑被任命为陆军部航空处主任，因工作难以开展，不久辞职。1920 年 11 月，经过陆、海军最高军事会议的再次审议，正式承认了杜黑的制空权理论。从此，杜黑便成为意大利显赫一时的人物。1921 年陆军部出版他的第一部著作《制空权》，同年晋升少将。1922 年法西斯党上台后，出任航空部部长。1923 年辞职，专事著述。杜黑的主要著作有四部：1921 年出版、1927 年修订的全面阐述其理论观点的《制空权》；1928 年出版的强调新兵器在未来战争中作用的《未来战争的可能面貌》；

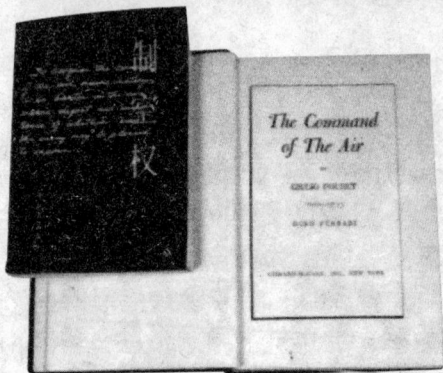

《制空权》中、英文版

1929 年出版的论战性著作《扼要的重述》；1930 年出版的预测未来欧洲大战可能面貌的《19××年的战争》。1932 年，这四部著作合编成《制空权》在罗马出版，由当时意大利航空部长巴尔波作序。该书奠定了制空权理论的基础，被译成多种文字出版。解放军出版社 1986 年出版曹毅风、华人杰翻译的中译本。

杜黑早在 1909 年就提出，天空将成为重要性不次于陆地和海洋的另一个战场，制空权将变得和制海权同等重要；航空兵的重要性将日益提高，它不仅是一种辅助力量，而且是军事大家庭中的第三位兄弟。第一次世界大战结束后，杜黑全面研究此次战争的经验和军事航空技术的发展，同时研究未来欧洲战争及意大利的地理环境和国防态势，并撰写一系列著作。其军事思想由初期强调空军的重要性，发展为系统完整的空中战争论。

杜黑的军事思想主要观点包括：①飞机用于战争，彻底改变了战争面貌，是战争发展史上的转折点。从此，战争将成为全民的、总体的、不分前方和后方、不分战斗人员和非战斗人员的战争。②未来战争中，夺取制空权的斗争极端重要。只有阻碍敌人飞行，才能保证自己飞行。掌握制空权就是胜利，丧失制空权就是战败。③夺取制空权只能靠空军。因此，建立与陆军、海军并列的独立空军是绝对必要的。陆海空三军是构成国家武装力量不可分割的整体，但三军的发展应有所侧重。未来战争中，空中战场是决定性战场，空军的重要性将进一步提高，陆军、海军的重要性将相应降低。④空军是一支进攻性力量，不适用于防御。空中力量应当集中使用。未来战争中，集中空军最大力量对敌后方城市和居民中心实施战略轰炸，即可摧毁其物质和精神的抵抗，迅速赢得战争胜利。未来战争是激烈的，也是速决的。⑤建设强大的商业航空，作为空军的后备。发展民用航空，吸引民众关心航空建设。建立产品供出口的航空工业，以便使航空技术保持先进水平。

杜黑是空中战争论的主要创始人，有较强的预见性和创新精神。他的军事思想对空军理论的发展起了先驱作用，在近代军事思想史上占有重要地位。有人把《制空权》一书与美国海军理论家 A. T. 马汉的名著《海权对历史的影响，1660～1783》并列，称他为"空军的马汉"。巴尔波在《制空权》序言中写道：这些著作在军事研究方面是表现意大利人智慧的珍贵文献，有极大的现实意义。但也有人反对杜黑的论点，称之为"武断和空想"。尽管各国对杜黑的军事思想评价不一，但它对许多国家的国防建设尤其是空军建设都产生过不同程度的影响。

【点评】意大利军事理论家，空中战争论的主要创始人。早在1909年就提出，天空将成为重要性不次于陆地和海洋的另一个战场，制空权将变得和制海权同等重要；航空兵的重要性将日益提高，它不仅是一种辅助力量，而且是军事大家庭中的第三位兄弟。第一次世界大战结束后，全面研究此次战争的经验和军事航空技术的发展，同时研究未来欧洲战争及意大利的地理环境和国防态势，并撰写一系列著作。主要著作有四部：1921年出版、1927年修订的全面阐述其理论观点的《制空权》；1928年出版的强调新兵器在未来战争中作用的《未来战争的可能面貌》；1929年出版的论战性著作《扼要的重述》；1930年出版的预测未来欧洲大战可能面貌的《19××年的战争》。1932年，这四部著作合编成《制空权》在罗马出版。他的军事思想对空军理论的发展起了先驱作用，在近代军事思想史上占有重要地位。有人把《制空权》一书与美国海军理论家马汉的名著《海权对历史的影响，1660～1783》并列，称他为"空军的马汉"。同时也有人反对杜黑的论点，称之为"武断和空想"。尽管各国对杜黑的军事思想评价不一，但它对许多国家的国防建设尤其是空军建设都产生过不同程度的影响。

幸运之神的宠儿——贝蒂

戴维·贝蒂于1871年1月17日出生在爱尔兰韦克斯福德郡的一个军人家庭。由于家庭的熏陶，贝蒂从小就向往着神秘的军旅生活。1884年，刚满13岁的贝蒂就加入到海军的行列。可是，在海军服役的10年里，生活平淡无奇，心怀雄图的贝蒂大有生不逢时之感。十九世纪末期，马汉的海军理论极大地影响和刺激了欧洲的帝国列强。为了攫取"海权"，英、德等国的战船吨位愈造愈大，火炮口径日趋增大。海战的频繁，在给人民造成了灾难的同时，却给贝蒂创造了时来运转的机会。也正是人类的厄运给贝蒂带来了幸运，1896年，他奉命率领一支由炮艇组成的小型舰队，沿尼罗河而上，支援基切纳的陆军部队攻打苏丹，他英勇善战，指挥有方，荣获优秀服务勋章。翌年，他被基切纳召到埃及。在埃及服役期间，他表现出了卓越的领导才能，因而晋升为中校，成为英国海军最年轻的中校军官（当时他年仅27岁）。1900年，他随英国远征舰队入侵中国，镇压中国的义和团运动。在入侵中国北部的作战中，他率领登陆分遣队首先登上中国大陆。不久，他又被提升为上校。当时，英海军上校军官的平均年龄43岁，而贝蒂仅29岁。1910年，贝蒂又被提为少将，成为英国海军近百年来最年轻的将官。他之所以官运亨通，既不是凭其出身名门显贵，也不是因为在各种书面考试中名列前茅，而是由于他具有超群的指挥才干，作战勇敢，思想开放，不为传统所束缚。他的至理名言是："战争的作用在于争取胜利的和平。"

1911～1913 年，贝蒂被选任为温斯顿·丘吉尔的首席秘书，从而跻身于皇家海军的谋臣策士之列。在担任丘吉尔秘书的两年中，他为丘吉尔出谋划策，实际上起到了海军顾问的作用，很得丘吉尔的赏识。1913 年，他晋升为海军中将后，被任命为英国大舰队战斗巡洋舰分舰队司令。战斗巡

贝 蒂

洋舰分舰队在英国海军力量中举足轻重，任命贝蒂这一个"资历很浅的小人物"为司令，在英国海军史上是绝无仅有的。

贝蒂担任分舰队司令不久，便迎来了第一次世界大战，又一次幸运地得到了充分显示军事才能的机会。1914 年 8 月 28 日，在黑尔戈兰湾海战中，贝蒂率领他的分舰队在大雾的掩护下，勇敢地驶进德军战斗舰队的火力范围，以突然袭击的方式，一举击沉了 3 艘德国巡洋舰和 1 艘驱逐舰。1915 年 1 月 24 日，贝蒂在多格尔沙州附近截击了冯·希佩尔中将的德国分舰队。这支德国分舰队拥有 4 艘战斗巡洋舰、4 艘轻型巡洋舰和 19 艘驱逐舰，于 1 月 23 日夜，溜出威廉港，企图俘获多格尔沙州的英国海军巡逻艇和渔船。英国海军通过无线电侦听到这一消息后，贝蒂便率领自己的分舰队去迎击德军驱逐舰。24 日上午，两军遭遇，德国军舰被这突如其来的打击吓得转头全速返航。见此情景，贝蒂立即命令英国各舰全力追击。由于英舰航速快，渐渐缩短了与德舰的距离。贝蒂率领他的旗舰"雄狮"号全速追赶，向落在德国舰队最后面的德国战斗巡洋舰"布吕歇尔"号猛烈开火，使"布吕歇尔"号遭受重创。贝蒂的"雄狮"号由于遭到德国"德弗林格尔"号巡洋舰的炮击，也受了轻伤。于是，贝蒂命令"新西兰"号上穆尔代他率领分舰队继续快速追击。当快要追上德舰队时，贝蒂发出了"攻击敌舰队后方"的信号。穆尔误解了这一信号，因而集中炮火打击了已受重创的"布吕歇尔"号。"布吕歇尔"号被击沉了，但德军的分舰队却趁机逃脱了。这次海战中，贝蒂没有取得"理想"的胜利，完全是由于穆尔的过错。

日德兰大海战

1916年初，英国大舰队和德国公海舰队进行了第一次世界大战中规模最大的一次海战。在这次海战中，贝蒂率领的巡洋舰分舰队与敌舰队交战的时间最长，打得也最激烈。贝蒂虽然作战勇敢，击伤了多艘敌舰，但自己的分舰队却损失更为严重：战斗巡洋舰"不倦"号和"玛丽皇后"号被击沉，战列舰"战恨"号和"马来亚"号受到重创，就是他的旗舰"雄狮"号也被击中，幸亏舰上皇家海军陆战队的哈维少校，在两条腿被炸掉的情况下，在失去知觉之前，指挥水兵给弹药舱注满了水，才使"雄狮"号没有爆炸。

巡洋舰分舰队损失惨重的消息传到伦敦后，伦敦的报纸对贝蒂进行了严厉的指责，说他"鲁莽急躁，指挥不当"，因而给英国造成了不应有的严重损失，毁了英国舰队战无不胜的声誉。再加上一些早就对贝蒂有嫉妒之心的人不怀好意的故意炒作，一时间，英国舆论哗然，贝蒂的处境非常困难。就在此时，又一个幸运光环落到了贝蒂这位经常幸运的人头上：经调查核实，英国舰损失的舰艇之所以比德军多，主要是由于英舰的弹药传输系统结构不合理造成的。真相大白之后，不仅没有影响贝蒂的声誉，反而使人们从中看到了一些人的不怀好意，公众舆论更加热烈地把贝蒂捧为纳尔逊式的人物，把他誉为英勇善战的民族英雄。

1914年，贝蒂被封为二等高级爵士；1916年12月，贝蒂被晋升为英国主力舰队司令。1919～1927年，贝蒂又被擢升为海军大臣，在担任海军大臣期间，贝蒂凭借丰富的海战经验和卓越的战略见识，对英国海军的指挥体制和作战原则进行了重大改革。1919年，贝蒂被封为伯爵，并由于在第一次世界大战中战功卓著，得到了10万英镑的奖金。

【点评】英国海军元帅，伯爵。1884年参加海军。1913年任战列巡洋舰分舰队司令。第一次世界大战期间，率部在黑尔戈兰湾击沉德舰4艘；在多格浅滩率战列巡洋舰切断德舰队退路，击沉德"布吕歇尔"号战列巡洋舰；在日德兰海战中，作为英国大舰队前卫舰队司令率先迎战德公海舰队。1916 年 12 月任英国大舰队总司令。1918 年 11 月接受德国公海舰队投降。1919 年晋海军上将和海军元帅。1919 ~1927 年任海军大臣。任内，主张建立海军航空兵，对英国海军指挥体制和作战原则进行重大改革和修改。

两度"名噪"国际军界——甘末林

甘末林作为一名法国军事指挥官，在第一次世界大战中，曾参与和指挥过著名的马恩河战役，使英法联军获胜，而名声大震。在第二次世界大战法德战争伊始，甘末林作为法国陆军总司令和英法联军总指挥，由于军事思想偏于保守，败北于德国法西斯，成为后人议论的笑柄。

甘末林在青年时代，就跻身于法国军界。在 1887 年至 1893 年期间，曾两次进入法国陆军院校，专修参谋业务，先后毕业于圣西尔军校和法国陆军参谋学院。他奋发好学，思想敏锐，长于思考问题，学业非常优异，曾获得上司好评，被誉为具有参谋军官"独特素质"、法兰西陆军中"大批为共和国繁荣效忠的纯粹参谋"之一，被授予陆军少校军衔。

当甘末林年过 40 岁的时候，他对业务的精通和工作的精明强干，在参谋同行中，居于出类拔萃的地位，越发博得上司的青睐。第一次世界大战爆发前和战争初期，甘末林被委任为法军总司令霞飞将军的幕僚，在总司令部做过参谋和作战处处长。在这期间，他的聪明才智得到了充分施展。他思想"激进"，是"极端攻势"的热烈鼓吹者。霞飞对他格外器重和赏识，经常同他谋划、咨询军机要事，并采纳过他不少的意见和建议。他所参与制定的 1914 年法国振兴计划，被证实是积极而有效的。对此，甘末林曾引为荣耀。

在英法联军与德军在马恩河交战中，甘末林更是淋漓尽致地展现了他的机智和军事谋略。1914 年 9 月，英法联军与德军在马恩河地区进行了一次大规模的遭遇战。在这次作战中，由于德国第一、二集团军偏离了最初进攻的方向，这对于拥有相对优势的英法联军非

甘末林

常有利，法军总司令霞飞在甘末林的精心运筹帮助下，不失时机地发布了进攻德军的训令。在甘末林的有力协助下，霞飞指挥部队乘德军调动和不备之机，突然转入全线反攻，使德军露出缺口，两个集团军被法军包围。经过激战，迫使德军撤出马恩河，退至兰斯以东地区。法军的此次胜利，是一次高度机动的战役杰作，是霞飞、甘末林机智灵活、巧妙利用德军错误所取得的一次重大胜利，也成为西线战场 1914 年战局中有利于联军的转折点。甘末林由于参与了这次会战计划的制定，自始至终参与组织指挥，从而名震国际军事论坛，并被誉为"国际知名的军事战略家"。

正因为甘末林在第一次世界大战中的出手不凡，战绩昭著，因而，他的职务、军衔也随之不断获得晋升。战后的 1919 年，甘末林被任命为法国驻巴西的军事委员会主席。20 世纪 20 年代，又相继被任命为驻叙利亚法军萨拉伊耳的参谋长，驻叙利亚法军司令兼高级副专员，并指挥法军镇压过叙利亚人民反抗法国殖民者的民族起义。之后，甘末林的仕途一路顺风：1929 年，甘末林又被任命为法军第二十军军长；1930 年调到法军总参谋部工作，任陆军第一副参谋长；第二年进入法军最高军事委员会，接着被委任为法国陆军总参谋长；1935 年兼任最高军事委员会副主席，陆军训练总监；不久，又被任命为陆军总司令。在此期间，甘末林在制定国防方针、加强法军建设等方面都发挥过重要作用。在政治方面，他以其突出的智力、中庸及和解精神，赢得法国政治家们的欢心。然而，甘末林不接受新的军事思想，对坦克、飞机的作战地位发展不予理睬，同时，他的性格也发生了变化，他不再能听得进不同的意见，自以为是，刚愎自用。这些致命的缺陷，为他在第二次世界大战中的悲惨结局埋下了种子。

第二次世界大战爆发时，甘末林重负千钧，任法国陆军总司令，兼英法联军总指挥，亲自指挥西线盟军在范赛纳斯作战，而东北战线却由他的助手乔治将军负责。这时，他名极一时，被誉为杰出的将领、统帅，他所领导的法国陆军被认为是世界上最好的军队。然而，战幕刚刚拉开甘末林就连吃败仗。法国统帅部错误地估量形势，错误地判断德军的主攻方向，再加上甘末林等人的军事思想保守，墨守第一次世界大战的经验，设想新的战争也会像第一次世界大战那样，德军进攻将以步兵为主，从坚固的筑垒地域突破，然后再缓慢地向前推进。甘末林则命令法军采取"静待敌人进攻"的战略，企图依托坚不可摧的马其诺防线，把战争推向持久，并以"堡垒和堑壕构成的无法突破的延伸战线遏止住敌人"，使德军"消耗至枯竭"。对于德军以闪击战袭击、占领波兰和捷克等国的新的战争形势，则置若罔闻，视而不见。本来，法军的坦克数量不比德军少，但因甘末林指导思想错误，把坦克分散使用于整个前线部队，没有形成具有快速和强大威力的突击力量，以致当德军以大量坦克、机械化部队在飞机和空降兵的配合下，绕过坚固筑垒的马其诺防线，通过荷兰、比利时，从阿登山区出其不意地突入法境，并闪电般地向其纵深推进时，甘末林便手足无措，未能阻止住德军的快速进攻，使得法军严重受挫，并导致难以挽回的败北局面。以此为转折，甘末林本人和法国陆军过去享有的盛名，也成了昨日黄花。

1940 年 5 月 19 日，甘末林被撤职，之后，又被指控为法国失败中的主要负责人，并于当年 9 月被捕，以叛国罪锒铛入狱，被拘押在布达雷炮台。后来，维希政府中止了这场使他丢脸的审判。1943 年甘末林被解往德国，被关押在法西斯集中营。

战后，甘末林被释放回国，专心致志于个人写作，先后发表了《马恩河交战中的机动与胜利》、《回忆录》等著作。在著作中，除详尽地记述自己的军事生涯外，还竭力为自己在第二次世界大战中的过失进行辩解。

【点评】法国陆军上将。第一次世界大战初期在总参谋部任职，参与制定马恩河战役作战计划，并自始至终参与组织指挥，从而名震国际军事论坛，并被誉为"国际知名的军事战略家"，其职务、军衔也随之不断晋升。1935 年任最高军事委员会副主席兼陆军总监，1938 年任国防总参谋长。第二次世界大战爆发后，任陆军总司令兼西线盟军总司令，其军事思想落后，墨守第一次世界大战阵地防御的经验，1940 年 5 月德军经阿登地区突入法国北部后被撤职，9 月被维希政府拘审。1943 年押往德国，战后获释。著有《马恩河交战中的机动与胜利》、《回忆录》、《服役》等著作。

"噢，老'波尼'真了不起"——富勒

第二次世界大战，标志着以大规模坦克机动战为主的现代机械化战争时代的开始，英国著名军事理论家富勒，是这一时代公认的先驱。直至今天，欧美军人每当提及他的名字，往往竖起大拇指，说一句："噢，老'波尼'真了不起!"

富勒出身于英格兰一个中产阶级家庭。少年时期，他对自然科学有浓厚的兴趣，五体投地地崇拜牛顿。中学毕业后，进入皇家军官学校。1898 年，20 岁的富勒·桑德赫斯特从皇家陆军军官学校毕业，后任初级军官，曾参加英布战争。1902 年战争结束后，又随军驻屯印度。在那里，开始研究军事学术，出版了几本有关步兵训练的小册子。同伴们对他涉猎广泛、孜孜以写作感到不解，他说："军人光有发达的肌肉不行，还要有丰

富的大脑。"

1911 年，富勒利用军官休假之机，赴德国北部考察。当时，英法与德奥两大帝国主义集团之间瓜分世界的争赃矛盾日趋尖锐，一场世界大战已属山雨欲来。这种形势使富勒强烈地感到研究军事艺术的重要，从此，他决心"像哥白尼研究天文、牛顿研究物理、达尔文研究自然界那样，用科学的方法研究战争"（富勒语）。当年秋天，富勒从德国返回英国，入参谋学院深造。他从研究

富　勒

拿破仑战争史入手，探索军事科学的奥秘。经过一年废寝忘食的博览与思考，提出了被认为有普遍意义的六项军事原则（1915 年又补充了两条），从 1920 年起，他总结的这些作战指挥原则，相继被英、美等国军队列入训练和作战的条令。

第一次世界大战爆发后，富勒主动请缨上前线，被分配到在法国作战的一支重型机枪部队当了一名指挥官。这场席卷整个欧洲的大战，本来是以机动战开始的，可是很快陷入了持久的阵地僵持战。尽管双方均力求速战速决，但因囿于传统的作战方式，仍无法扭转这种局面。根据战争需要，英国的温斯登发明了坦克，在首先投入战场之时，这种前所未有的战场怪物虽然取得了一些战绩，但也出了不少洋相，就连法军元帅福煦也不无讥讽地说："这种发明，当当玩具还可以。"然而富勒慧眼独具，认为这种崭新的兵器虽然眼下性能尚差，但它把火力、机动力、防护力三者融为一体，无疑是军事技术领域的一个飞跃；只要积极地加以改进和完善，它的前途是无量的。他由此预见，以后的战争，应该是以坦克战为主的大规模机械化战争；为适应这种转变，军队的编制体制和整个作战理论必须来一番重大的变革。

1916 年 12 月，富勒被任命为英军坦克部队参谋长。他根据索姆河战役中英军首次使用坦克的经验，提出使用坦克的新思想。次年 11 月，英军在比利时境内首次大量使用坦克，发起康布雷战役。富勒是这场战役计划的制订人。他改变惯例，不经炮火准备，就以坦克集群为前导发起冲击。此战取得了战术上的成功，一天内突入德军防线纵深 6 公里。只是由于那时尚无利用坦克突击效果，把战术突破发展为战役突破的经验，战局恢复到原来的僵持状态。不过，富勒却从这次被看作"平淡无奇"的战功中，坚定了对坦克战的信念。

战后，他继续在坦克部队任职。1923～1925年初，富勒于英国坎伯利参谋学院任主任教官。当时，西方各国军队都大量装备了坦克和其他装甲战斗车辆。但如何运用这种新式兵器，还没有成型的理论作指导。连当时的英国陆军的《野战条令（二）》也没有着重论述机械化部队作战问题，所以想在下一本条令《野战条令（三）》中反映机械化部队的特点与战术。富勒的这本《关于〈野战勤务条令（三）〉的讲义》实际上是《野战条令（三）》的蓝本。用他本人的话说，这本书是以《野战条令（二）》作为基本材料写成的，"是第一本完整地写机械化部队作战的书"。在这本书中，他系统地阐述了机械化军队及其作战在现代战争中的地位、作用和使用原则。他的理论虽然过分夸大了坦克等新式兵器的地位、作用，但他却尖锐地指出了大工业时代的战争方式不能停留于蒸汽机时代的水平，以及今后战争中应集中使用坦克实施深远纵深的快速突击等观点。这在军事上无疑是正确的。遗憾的是，响应的人寥若晨星，无论在英国还是在法兰西等盟国，那些执掌军界权柄的年迈将帅们，却一味迷恋于在第一次世界大战中给他们带来过胜利荣誉的传统作战方法。他们指责富勒的这些观点是"战车狂热"，是"异想天开的梦说"，并且对其本人开始压制、排斥。然而，他没有因坎坷而丧志，仍继续宣传机械化战争理论。历经千辛万苦，该书终于1932年在英国出版。受到西方各国军界的普遍重视，不少国家争相翻译，并作为一些军事院校的基本教材。然而此书在它的祖国军界上层却无人问津。据说，德国是最先接受这本书的西方国家，它一次就出版了3万册，被当成坦克兵的"圣经"在军官中广为流传。

1933年12月，富勒退役，1935～1939年任伦敦《每日邮报》记者。此后，主要从事军事理论与军事历史研究。他早期研究以第一次世界大战经验为基础，致力于探索未来战争的特点和创新作战理论，后期研究向国际政治和军事历史领域拓展。主要著作有：《大战中的坦克》、《战争的改革》、《论未来战争》、《装甲战》、《一个异乎寻常的军人的回忆录》、《机械战》、《第二次世界大战，1939～1945》、《西洋世界军事史》、《战争指导》等。

富勒的军事思想主要内容有：

（1）关于军事科学。富勒认为，军事科学是一门综合性科学，是社会科学的一个分支。军事科学的发展有其复杂的历史因素与社会因素，工业革命对军事科学的发展具有深远影响。研究军事理论应采取科学态度，善于运用科学的思维进行分析。指导战争不能因袭以往的战争经验，必须了解过去、现在并预见未来。未来战争与以往任何一次战争都不可能相同。

（2）关于战争。富勒认为，战争是人类社会的重要活动，是有组织

外
国
著
名
将
帅

社会的产物。战争不单是军事问题，与政治、经济、社会、科技、文化、宗教等均有紧密联系。战争与和平没有本质区别，和平是不打仗、不流血的战争，战争是又打仗、又流血的和平。战争是政治的工具，军备是战争的工具。战争的政治目的应该是有限的，应该是战略上能够达到的。经济因素是战争根源之一，因而战争是经济政策另一种形式的继续。科学技术是战争的基础，工业革命以来生产工具的机械化以及其他科技成就，促进了武器装备的发展，改变了战争的性质。战争与社会革命也有着直接联系。

《装甲战》中文版

（3）关于机械化战争。富勒认为，未来战争主要是机械化战争，是陆海空战场一体化和三军联合作战的战争。未来战争中，地面机械化与空中机械化之间的关系日益密切，陆战和海战也有着广泛的联系；武器装备的机动力得到充分发挥，战争进程进一步加快，持续时间大为缩短；进攻比防御拥有更大优势。机械化战争主要发生在人口稠密、坦克部队较多、机械化程度较高的欧洲发达地区。未来战争是不宣而战的战争，没有很长的动员时间，不可能出现第一次世界大战那样的消耗战和堑壕战，补给线也不像过去那样长，打击的主要目标是敌人的首脑机关、重兵集团、通信和后方补给基地。未来战争中，夺取战场主动权的斗争相当激烈，机动与时间因素格外重要。

（4）关于战争指导。富勒认为，进行未来战争必须指导思想明确和分析问题不带偏见。战略上，必须体现国家意志，运用包括精神、人体和物资在内的各种资源，以保证战争的胜利，实现战争的政治目的。作战上，必须体现战地指挥官的意志，运用各种作战手段实现其作战决心，达成作战行动的军事目的。为便于制定战争计划，必须有几条明确的作战原则。他提出目标、进攻、集中、节约兵力、机动、突然性、安全和协同，后来又增加一条简明，作为制定作战计划的依据。另外，他还提出瓦解士气、持续耐久和震慑敌人的战术三原则。进攻是机械化战争的主要样式。大量使用坦克实施突破、包围和追击，直捣敌集团军和军、师司令部等指挥机关，将对敌造成巨大的精神震撼。未来的防御将是攻势防御，防御将由一系列配置有反坦克火炮的据点构成防护力与机动力相结合的防御体系。

（5）关于军队建设。富勒强调，英国为了保持帝国的地位，应加强防务，改组国防机构，建立国防部和联合作战机构，以实施统一领导，消除三军分立现象。军队规模和员额应适当缩小，武装力量建设的重点是依靠科学技术提高军队的机械化程度。军队编组要适应机械化作战的要求。由于军队小型化和高度机械化，更要加强对战争全过程，特别是战争初期军队行动的指导，要对官兵进行更加严格的军事训练与纪律教育，使之在战场上能够自我约束。要在战场上建立精干而又机动的参谋部，以便机智灵活地率领部队实现战争的政治目标。

富勒的军事思想体现了工业革命后资本主义社会生产力的发展水平，在欧美一些国家有较大影响。有些主张尽管当时未被英国官方采纳，但却为德国等其他国家所接受，因而推动了机械化战争论的发展。

【点评】英国军事理论家，军事历史学家，机械化战争理论创始人之一。第一次世界大战期间赴法参战。1916 年 12 月任坦克部队参谋长后，根据索姆河战役中英军首次使用坦克的经验，提出使用坦克的新思想。战后继续在坦克部队任职。1926 年任帝国总参谋长助理。1929～1932 年任旅长。1930 年晋升少将。1933 年 12 月退役。1935～1939 年任伦敦《每日邮报》记者。此后，主要从事军事理论与军事历史研究。他早期研究以第一次世界大战经验为基础，致力于探索未来战争的特点和创新作战理论，后期研究向国际政治和军事历史领域拓展。主要著作有：《大战中的坦克》、《战争的改革》、《论未来战争》、《装甲战》、《一个异乎寻常的军人的回忆录》、《机械战》、《第二次世界大战，1939～1945》、《西洋世界军事史》、《战争指导》等。

"苏联大元帅"——斯大林

1945 年，苏联共产党和国家最高领导人、武装力量最高统帅斯大林被授予"苏联大元帅"，以褒奖他在卫国战争以及在第二次世界大战中立下的不朽功勋和杰出的军事才能。

斯大林生于格鲁吉亚哥里城一农民出身的鞋匠家庭。1898 年进正教中学读书，开始参加革命活动。1899 年加入俄国社会民主党。1901 年 3 月开始职业革命家生涯，投身俄国无产阶级解放事业，先后被捕 7 次，流放 6 次。1903 年被选进党的高加索联盟委员会。曾参加俄国 1905 年革命，捍卫并执行布尔什维克的战略和策略。1912 年被增补为俄共（布尔什维克）中央委员会委员，并领导中央委员会俄罗斯局的工作。1917 年 5 月当选为党中央政治局委员。10 月主持党领导武装起义的革命军事总部，

斯大林

协助列宁组织和领导十月社会主义革命。

革命胜利后，斯大林担任民族事务人民委员、国家监察部人民委员等职。在苏俄内战和外国武装干涉时期，先后担任全俄中央执行委员会工农国防委员会委员、共和国革命军事委员会委员和南方、西方、西南等战线的革命军事委员会委员，转战各地，为保卫新生的苏维埃政权建立了卓越功勋。1922 年 4 月，在俄共第十一次代表大会上，斯大林被选为中央委员会总书记。

1924 年 1 月列宁逝世后，斯大林领导苏联党和人民在十分艰难的条件下进行社会主义建设，把落后的农业国变成先进的工业国，为国防建设奠定了牢固的经济和技术基础。第二次世界大战爆发后，他清醒地认识到，德国最终会进攻苏联，但在进攻的时间上，可能不会早于 1942 年 5 月。于是，他决心抓紧时机在全国加强防御准备，并以本国安全为由出兵占领邻国领土，以武力解决历史遗留的领土争端，将苏联国界西推 300～400 公里，建立一条从波罗的海到黑海的"东方战线"。1939 年 11 月，斯大林担任总军事委员会委员，致力于武装力量建设，鼓励研制新式武器和发展军事学术。1941 年 2 月，在党的第十八次代表大会上，斯大林号召全国总动员，大力研究工业转入战时轨道问题和研制新型武器及提高军事工业产量问题。同年 4 月，在西部边境战云密布的形势下，与日本签订中立条约，缓和远东边境紧张局势。之后，斯大林被

斯大林检阅苏联红军

任命为苏联人民委员会主席，全面掌握了苏联的党政军领导大权。

1939 年，在世界战争危机日益严重的情况下，斯大林于 3 月在党的第十八次代表大会上指出"德、日、意是侵略者"，批评英法放弃集体安全政策、对侵略者采取"不干涉"政策，强调党的任务是争取建立欧洲集体安全体系，加强战备和发展军事工业。同年 8 月，斯大林在判断与英法结盟无望后，转而与德国改善关系以赢得时间加强战备，并决定与德国签订互不侵犯条约（其实，此时的斯大林和希特勒心里都在打着对方的小算盘，斯大林对希特勒的戒心一刻也没有放松）。1941 年 6 月 22 日，德国对苏联发动突然进攻。由于斯大林对德国发动进攻的时间和主要方向判断失误，致使苏联没有适时完成战争准备，使苏军在战争初期遭受惨重损失，陷于十分危急的境地。6 月 30 日，斯大林出任国防委员会主席，7 月 3 日向全国发表广播讲话，阐述打败德国法西斯夺取卫国战争胜利的纲领，10 日任最高统帅部大本营主席，19 日任国防人民委员，8 月 8 日任武装力量最高统帅。以斯大林为主席的国防委员会集党政军大权于一身，组织领导全民进行反法西斯战争，从政治、经济、军事、外交等方面动员一切力量，保障反侵略战争顺利进行。斯大林依靠最高统帅部大本营及其指挥机关总参谋部及时作出战略决策，制定战略计划，组织战略协同，组建和使用战略预备队，总结失利教训，推广成功经验，首先取得了莫斯科会战、斯大林格勒会战、库尔斯克会战等一系列战略决战的重大胜利。同时，斯大林也积极开展外交活动，推动世界反法西斯联盟的建立和巩固：1941 年 7 月与英国签订《在对德战争中一致行动协定》，9 月宣布赞同《大西洋宪法》，1942 年 1 月签署《联合国家宣言》，1943 年 11 月出席德黑兰会议，1945 年 2 月和 7 月出席雅尔塔会议和波茨坦会议。在这些会议上，斯大林围绕联盟战略和战后世界安排等重大问题，与美英首脑进行磋商，进行必要的斗争和妥协，达成有利于世界反法西斯战争胜利后的协议，但在涉及处理其他国家事务时也表现出大国沙文主义和民族利己主义倾向。战争期间，斯大林以国防人民委员和最高统帅名义所作的报告、发布的命令和训令，对于指导战争和发展苏联军事学术起了重要作用。在以斯大林为首的联共中央领导下，苏联军队和人民最终取得了苏德战争的伟大胜利，并支援盟国打败日本法西斯，为第二次世界大战的最后胜利作出了重大贡献。

战后，斯大林领导苏联人民恢复和发展了遭到战争严重破坏的国民经济，但是由于没有能够从苏联国内外已发生重大变化的历史条件出发，及时改革 30 年代形成的高度集中的政治经济体制和完成从战备体制到和平体制的战略转变，从而对苏联社会主义建设事业产生消极影响。1946 年 2 月，斯大林在莫斯科选民大会上发表演说，总结卫国战争经验，阐述第二次世界大战的起源和性质以及战前苏联的积极防御准备，同月在一封公开信中指出，必须从现代军事科学的观点出发，对资产阶级军事思想家过时了的原理和见解进行批判的分析，以推动军事科学的发展。5月，斯大林以武装力量部队名义发布命令，强调苏联武装力量必须在战争经验、军事科学和军事技术发展的基础上逐步提高自己的军事艺术水平。同年9月，斯大林针对美国的核讹诈发表评论，明确指出"原子弹只能用来吓唬神经衰弱的人，不能决定战争的命运"。1951年2月，针对英美一些政治家自1946年以来发表的"冷战"言论，斯大林严厉批评了西方国家所推行的战争政策，同时指出新的世界大战是不可避免的。1952年，斯大林在其最后一部著作《苏联社会主义经济问题》中指出，资本主义国家争夺市场的斗争比东西方两大阵营之间的矛盾更加激烈，美苏必战之说缺乏根据，但只要帝国主义仍然存在，战争的不可避免性也就仍然存在。

斯大林在领导苏联军队进行革命战争和现代化建设的长期实践中，还以极大的精力系统、理性地思考战争和军队等问题。1905～1907年俄国第一次革命高潮时期，他撰写《武装起义和我们的策略》、《马克思和恩格斯论起义》等著作，论述了如何组织和领导武装起义的思想。1917年协助列宁组织领导俄国十月社会主义革命期间，他撰写《论战争》、《论俄国革命胜利的条件》、《两条道路》等著作，阐述了帝国主义战争的本质、目的及制止的方法，俄国革命胜利的条件等问题。1918～1920年苏俄内战和外国武装干涉时期，他撰写《关于建立共和国的战斗预备队》等著作，主张建立无产阶级正规军、建设巩固的后方和发展军事工业，提出了关于社会主义国防建设的重要观点。20世纪20～30年代，他撰写《论俄国共产党人的战略和策略问题》、《论红军的三个特点》、《在党的第十八次代表大会上关于联共（布）中央工作的总结报告》等著作，针对帝国主义包围和世界大战危险增长的现实，提出了积极防御、全面加强军队和国防建设的思想。

苏德战争期间，在领导苏联军民打败德国法西斯侵略的伟大战争实践中，他撰写《广播演说》、《伟大的十月社会主义革命二十七周年》等著作，论述了有关战争、军队建设和作战指导等问题，从而发展了马克思列宁主义的军事理论。战后，根据新的历史条件，他提出大战不是不可避免的新论断和要经常保持警惕、加强军队和国防建设等思想。斯大林的军事理论是苏联共产党集体智慧的结晶，反映了处于资本主义包围中的社会主义苏联，根据帝国主义时代的特点，结合本国具体情况，进行军队建设、国防建设和卫国战争的基本规律，它不仅对苏联国防建设和反侵略战争等实践起到重要的指导作用，而且对世界其他一些国家的军事思想也产生了一定影响。

苏联共产党和国家主要领导人之一，武装力量最高统帅，苏联大元帅，政治家，战略家，军事家。1894 年开始从事革命活动。1917 年 5 月当选为党中央政治局委员，10 月主持党领导武装起义的革命军事总部，协助列宁组织和领导十月社会主义革命。在苏俄内战和外国武装干涉时期，先后担任全俄中央执行委员会工农国防委员会委员、共和国革命军事委员会委员和南方、西方、西南等战线的革命军事委员会委员，转战各地，为保卫新生的苏维埃政权建立了卓越功勋。1924 年 1 月列宁逝世后，领导苏联党和人民在十分艰难的条件下进行社会主义建设，为国防建设奠定了牢固的经济和技术基础。1941 年 6 月 30 日出任国防委员会主席，10 日任最高统帅部大本营主席，19 日任国防人民委员，8 月 8 日任武装力量最高统帅，组织领导全民进行反法西斯战争。战后，领导苏联人民恢复和发展遭到战争严重破坏的国民经济，以及加强国防和军队建设。在领导苏联军队进行革命战争和现代化建设的长期实践中，以极大的精力系统、理性地思考战争和军队等问题，在战争观、军队建设、国防建设和作战指导等方面提出了一系列理论观点。

"二战"中"三巨头"同时相中了他——马歇尔

马歇尔出生于 1880 年，17 岁那年在他哥哥的影响下，步入弗吉尼亚军事学院，接受高等军事教育。马歇尔学习非常用功，所有军事课程都学得很认真，所有的军事职责也都履行得正确无误。所以，马歇尔在第二学年时，就第一个获得了学员下士，第三年又第一个晋升为上士，毕业时被提升为被全班学员最羡慕的最高军阶——第一上尉。由此可见，马歇尔从入军校开始，就追求军事上的荣誉。1901 年从军校毕业后，便以军官身份到美国驻菲律宾的军队中服役。

1917 年 4 月，美国对德国宣战，加入第一次世界大战，6 月，第一支远征军被派到欧洲。马歇尔十分渴望奔赴战场，"甚至做一名传令兵"也心甘情愿。6 月 26 日，他作为赛伯特将军的参谋，实现了赴欧作战的愿望。12 月，

马歇尔

外国著名将帅

115

赛伯特将军因作战指挥失误而被解职，由布拉德少将接替了赛伯特的职务。主帅的变更对马歇尔相当有利。因为，布拉德是马歇尔的老上司，而且在布拉德看来，马歇尔是美国陆军中最有才华的年轻军官之一。不久，马歇尔就由一个不起眼的参谋，被提升为该师的上校作战处处长。在这个职务上，马歇尔的大胆负责精神，受到了布拉德将军和下级指挥官的赞扬。马歇尔以娴熟的参谋业务，参与制定了圣米耶尔进攻计划，默兹—阿尔贡调动部队的计划和美军在欧洲西线作战的其他计划，显示出他卓越的军事指挥才能。第一次世界大战结束不久，已提升为第8步兵军参谋长的马歇尔又被陆军参谋长潘兴将军选去充当了六年之久的副官。1924～1927年，马歇尔在美国驻中国的第15步兵团干了三年团长之后，又到美国本宁堡步兵学校担任了五年的副校长。在战后的18年的时间里，马歇尔不仅没有飞黄腾达，而且还失掉了几次提升的机会，直到1936年才晋升为准将。

在提升为准将的几天内，马歇尔接到了出任第5步兵旅旅长的命令。该旅驻扎在华盛顿州的温哥华，马歇尔到任之时正值部队夏季野外训练。这个旅的军纪极其涣散，于是马歇尔从抓纪律入手，很快把这个部队整治一新。马歇尔非常注重深入基层调查研究，在听取部下汇报时很快就能抓住重点，而深得部属的敬仰。1938年2月27日，马歇尔被召回华盛顿，就任陆军部助理参谋长，这标志着他带兵职务的结束，和步入美军高层领导集团的开始。这一职务他只干了8个月，就被提升为副总参谋长，又干了8个月，马歇尔即被罗斯福总统破格擢升为美国陆军总参谋长，军衔跃升为四星上将。这一任命，使朝野惊奇，喊喊喳喳的议论不绝于耳。罗斯福总统力排众议，并于纳粹入侵波兰之日（1939年9月1日）安排马歇尔的就职典礼，表明马歇尔是非常之时起用起来的非常人才。马歇尔学着罗斯福的方法，上任后的第一件事，就是整顿军官队伍，他接连破格提升了4000名年轻军官。后来驰名世界军事舞台的艾森豪威尔、肯尼·史巴兹、巴顿、克拉克等，都是由马歇尔一手提拔到关键岗位上来的，他们都成了率领美军在第二次世界大战中驰骋战场，独当一面的优秀指挥官。

不只是美国总统罗斯福看中了马歇尔，英国首相丘吉尔、苏联最高统帅斯大林等也都认为马歇尔是一个军事天才。在德黑兰会议上，斯大林建议任命马歇尔担任欧洲联军总司令，并两次"逼迫"罗斯福作出决定；丘吉尔在与罗斯福的一次通信中，表示同意把英军交与马歇尔指挥；艾森豪威尔在担任欧洲总司令前，也一直认为这个位置是属于马歇尔的。

在美国领导集团中，马歇尔这位年轻的参谋长，有许许多多的上司，总统是他的第一位主子，陆军部长史汀生是他指挥系统的领导，国会成员也都是控制他权力的"婆婆"，马歇尔对他们都很敬重，但在原则问题上从不让步，每每遇到棘手的问题，他都能保持原则的坚定性和处理过程中的理智性及艺术性。马歇尔冷静、坚定、理智的人格深得罗斯福总统的信任，实际上赋予了他很大的权力，使他对军事战略负有重要责任，有关军事战略方面的事情，要求直接向总统报告。即使与总统的意见相左，也要非常直率地表达自己的见解。马歇尔在担任参谋长期间，有多次与国会成员发生交锋，但他每次都不轻易让步，经过争辩，大多数是以马歇尔的"胜利"而告终。为了整治军队，马歇尔对陆军中不合格的军官进行清除，在清除不合格的将军时，他受到了各方面的阻力，但他还是坚持原则，毫不留情。正是这种力量、勇气和诚实的态度，使马歇尔的工作赢得了国会议员们的信任。第二次世界大战期间，马歇尔为美国参谋长联席会的主要成员和美国总统的主要军事顾问，是美国军事战略的主要策划者和组织实施者。在任期内，马歇尔大力扩充美国军事力量，坚决维护"先欧后亚"的战略方针，力主在法国尽早开辟第二战场。曾先后随同罗斯福总统和杜鲁门总统参加卡萨布兰卡、魁北克、德黑兰、雅尔塔和波茨坦等重要国际会议，为总统战略决策出谋划策。在"二战"政治外交和军事决策中影响很大，深得"三巨头"的赏识。1944年12月，马歇尔获得当时新设立的美国最高军衔——陆军五星上将。

1945年11月，杜鲁门总统批准了马歇尔辞去陆军参谋长职务的请求。同年12月，马歇尔作为总统特使赴华调解国共关系，参与国共谈判，推行美国的扶蒋灭共政策，结果以失败而告终。1947年1月，马歇尔返回美国应聘担任国务卿，他积极拥护和努力推行冷战政策的"杜鲁门主义"，提出并实施复兴西欧经济的"马歇尔计划"，由于"马歇尔计划"对欧洲复兴的贡献，获诺贝尔和平奖。之后，马歇尔又参与发起成立了北大西洋公约组织（简称北约）。1959年10月16日病逝。

【点评】美国陆军五星上将，战略家。第二次世界大战期间，为美国参谋长联席会议和英美参谋长联合委员会主要成员、美国总统主要军事顾问，是美国军事战略的主要计划者和组织实施者。任内大力扩充军事力量，坚决维护"先欧后亚"战略，力主在法国尽早开辟第二战场。曾随总统F. D. 罗斯福参加卡萨布兰卡、魁北克、德黑兰、雅尔塔等重要国际会议。1944年12月晋五星上将。1945年11月辞去陆军参谋长职务。同年12月，作为总统特使赴华调解国共关系，参与国共谈判。1947年1月出任国务卿，拥护推行"冷战"政策的杜鲁门主义，提出并实施复兴西欧经济的"马歇尔计划"，参与发起并成立北大西洋公约组织。1949年初去职。1950年9月~1951年9月任国防部长，参与制定美国在朝鲜战争中的军事战略。著有《马歇尔报告书》等。

外国著名将帅

★
★
★

有幸成为美军历史上的"四个最年轻"——麦克阿瑟

道格拉斯·麦克阿瑟是美国的五星上将，他借助父辈的提携和自身的文韬武略及赫赫战绩，一路顺风地成为美军历史上最年轻的准将、最年轻的西点军校校长、最年轻的陆军少将、最年轻的陆军参谋长。

1880年1月26日，麦克阿瑟降生于美国南北战争时期的著名将军（后任美国驻菲律宾军事总督）阿瑟·麦克阿瑟家中。为了给儿子铺开一条金光道，其父母在麦克阿瑟身上倾注了全部心血，1886年麦克阿瑟开始受正规教育，母亲千方百计地引导和鼓励小麦克阿瑟学习和研究历史，浏览世界名人传略，督促他努力学习，但由于贪玩调皮，成绩平平。19岁时，通过"走关系"进入西点军校学习。麦克阿瑟的母亲为了防止这位漂亮的儿子受风流韵事的纠缠，也随同前往，跟踪管教。1903年麦克阿瑟以优异的成绩毕业于西点军校，其母亲为了麦克阿瑟的升迁而四处求情，将麦克阿瑟送到曾在其父老麦克阿瑟麾下任过职的潘兴将军的部队里，以求得到特殊的关照和提携。1905年10月，麦克阿瑟又作为其父的随从参谋，以其父老麦克阿瑟"驻日本观察员"的身份，进行搜集情报的工作，他们父子在香港、仰光、加尔各答、孟买、爪哇、越南和上海等地四处"巡察"，将情报搜集范围扩大到了几乎整个亚洲。这一阶段，他不仅为美国作出了特殊的贡献，而且从他父亲那里又学得了很多谋仕之道，也使他的政治嗅觉更加灵敏，人格品性更加多面化。

第一次世界大战期间，美国对德宣战。麦克阿瑟在美国驻法国的第42师任参谋长。1917年赴欧洲参战之初，麦克阿瑟虽然只是个参谋官，但他不断深入前线，身先士卒，不避艰险，率领和激励士兵勇敢作战，不仅战绩赫赫，而且深受官兵爱戴，不久便升任师长。到第一次世界大战结束时，麦克阿瑟已经成为美国历史上最年轻的准将。

1919年回国后，麦克阿瑟得知拟派他到母校担任校长的消息，当时，麦克阿瑟心里非常明白，此时的西点军校比较混乱，课程陈旧过时，学员的知识面狭窄，作战部队对西点军校毕业学员的素质和能力

麦克阿瑟

深为不满，几任校长都没有"吃到好果子"。麦克阿瑟打心眼里不想接任这个"危险"的西点军校校长职务，在各方的劝解尤其是其母亲的劝说下，最后勉为其难，偕其老母，走马上任。就这样，不足40周岁的麦克阿瑟因此成了最年轻的西点军校校长。当时新任陆军参谋长佩顿·马奇对麦克阿瑟说，西点军校有悠久的历史，要使军校恢复起来，重放光彩。麦克阿瑟排除各种障碍，采取了一系列改革措施，开拓新路，开始了现代化的教育，使西点军校迅速适应了世界的变化和战争对人才的需要。麦克阿瑟曾是西点军校最杰出的学员，是从战争中涌现出来的受勋最多的美军军官之一，共获得2枚服务优异十字勋章、1枚服务优异勋章、7枚银星章、2枚紫心勋章以及数枚法国授予的勋章。没有西点军校的培养，他可能就无缘得到这一切，有了这一切，他在西点军校学生面前就有了说服力。当然，麦克阿瑟又是西点军校最好的校长，没有他的3年重整旗鼓，西点军校也可能就没有今日的辉煌。麦克阿瑟应该感谢西点军校，西点军校也应该感谢麦克阿瑟。

1922年麦克阿瑟离开西点军校，被派到菲律宾任职，同年2月，45岁的麦克阿瑟被提升为少将，成为美国陆军最年轻的少将。

1930年8月5日，麦克阿瑟收到陆军部长发来的电报，胡佛总统决定由麦克阿瑟出任陆军参谋长之职。麦克阿瑟考虑到，当时资本主义世界正处于世界经济危机之际，和平主义情绪高涨，军队预算必将缩减，此时此刻去担任参谋长之职必将面临严峻的考验，所以有推辞之意。麦克阿瑟的母亲得知这一消息后非常生气，立即拍去电报，力劝儿子接受这个职务，她说："如果你表现出怯懦，你父亲在九泉之下也会羞耻。"麦克阿瑟再次听了母亲的劝告，于1930年11月，走马上任，50岁的麦克阿瑟又升任为美国陆军参谋长，成为美国最年轻的陆军参谋长。1935年夏天，麦克阿瑟在参谋长职务上任期结束，他接受菲律宾自治政府总统奎松的邀请，前往菲律宾担任军事顾问而离开美军。

1941年7月，由于太平洋形势日益紧张，麦克阿瑟再度应召服役，任美菲远东军司令，10月晋升为四星上将。1941年12月7日，日本海军向菲律宾大举进攻。麦克阿瑟奉命阻滞日本的进攻，于1942年3月11日受命撤离菲律宾抵达澳大利亚，任西南太平洋盟军总司令。1942年，日本海军在珊瑚海大战和中途岛战役中失利，盟军在太平洋地区由被动转入主动，麦克阿瑟为保证美、澳盟军补给线畅通，率美、澳盟军在巴布亚、所罗门群岛和新几内亚地区进行了一系列战斗，并取得胜利。1944年又在莱特湾大海战中大败日本海军。麦克阿瑟因战绩卓著而被晋升为五星上将。

麦克阿瑟是美国的一名杰出的将领。他反对因循守旧，主张最大限度

麦克阿瑟巡视前线

地运用新武器，使用由舰队支援的空地打击力量，出其不意地对主要目标实施大规模攻击。他成功地运用"跳蛙"战术，夺取了西南太平洋战区的众多岛屿。他擅长三军联合作战，被称为"两栖作战的大师"。

麦克阿瑟之所以会成为美军最年轻的准将、最年轻的西点军校校长、最年轻的陆军少将、最年轻的陆军参谋长，他的所幸之处，首先是由于其自身具有敏捷的思维，渊博的知识、丰富的阅历、赫赫的战功及高超的指挥才能。同时，从他的发展中我们也看到，他的家庭对他的刻意培养，他父亲为他打下的基础，他母亲对他仕途的关注及关键时刻对他的点拨与推波助澜，等等，也是他得以更顺利发展的优越的客观条件。

【点评】美国陆军五星上将。1917 年任陆军第 42 师参谋长，赴法参加第一次世界大战，战后成为美国历史上最年轻的准将。1919 年，因才干超群，不足 40 岁便成为最年轻的西点军校校长。1925 年，45 岁时晋升为美国陆军最年轻的少将。1930 年根据胡佛总统的提名，又成为美国最年轻的陆军参谋长。太平洋战争爆发后，在菲律宾指挥美菲军抵御日军进攻。1942 年 3 月被调往澳大利亚，不久出任西南太平洋盟军总司令。同年 7 月～次年 1 月指挥西南太平洋盟军取得巴布亚战役的胜利，随后挥师西进，运用"跳蛙"战术多次实施两栖登陆，至 1944 年 7 月夺取新几内亚。同年 10 月开始实施菲律宾战役，12 月攻取莱特岛。1945 年 1 月率部在吕宋岛登陆，3 月初攻占马尼拉，7 月占领整个菲律宾群岛。8 月被任命为盟军最高统帅，执行对日占领任务。9 月 2 日代表盟国接受日本投降。1950 年 6 月朝鲜战争爆发后，任"联合国军"总司令。因竭力主张扩大侵朝战争规模，公开指责 H.S. 杜鲁门总统的全球战略，于 1951 年 4 月被解职。回国后曾参加总统竞选，失败。1952 年出任雷明顿－兰德公司董事长。

苏联最早的元帅——伏罗希洛夫

伏罗希洛夫，既是苏联功绩卓著的国务活动家、军事家，又是苏联最早的5位元帅之一。他出身于卢甘斯克的一个铁路工人家庭。1903年加入俄国社会民主工党，1905年当选为卢甘斯克市苏维埃主席。1917年积极参加俄国二月革命和十月革命，为武装工人和建立赤卫队做了大量工作。

第一次世界大战爆发时，伏罗希洛夫正在察里津的一座大炮工厂做工。他在工人中进行反战宣传。在二月革命的日子里，他来到彼得格勒，奉命发动了伊兹麦咯夫禁卫团起义。起义进行得极为顺利，最后，士兵们选举伏罗希洛夫为彼得格勒工人代表和布尔什维克党团委员会委员，十月革命前夜，他按照列宁的指示，加强了矿区工人的工作，在工人中建立了赤卫队，带领赤卫队积极参加十月革命，11月被任命为彼得格勒委员。

苏俄国内战争和外国武装干涉时期，伏罗希洛夫参与创建红军，率部与白卫军和外国干涉军英勇作战。1918年3月，基辅陷于德奥军队之手，哈尔科夫和彼得格勒都处于危机之中，伏罗希洛夫负责组建卢甘斯克社会主义第一支队，抗击德奥干涉军，保卫了哈尔科夫接近地。同年4月，伏罗希洛夫又主持建立了乌克兰第5集团军，率部与外国干涉军和白卫军激战并抵察里津（今伏尔加格勒），与苏俄军队会合。

1918年的察里津保卫战，成为保卫新生苏维埃政权的最重要的战役之一。伏罗希洛夫率部从顿巴斯突破封锁来到察里津之后，大大加强了察里津市的防御力量。7月19日，伏罗希洛夫到刚刚建立起来的北高加索军区军事委员会任副主席，同时担任了集群司令、南方面军副司令兼军事委员会委员等职，为了使部队有充足的兵员，伏罗希洛夫派人到农村动员可靠分子参军，并加强了对部队的教育训练；为了适应大兵团作战，伏罗希洛夫把零散的游击队组成正规兵团，为了对付机动性能强的哥萨克骑兵作战，他又领导组建了装甲纵队。所有这些措施，进一步加强了察里津的防卫。苏军在伏罗希洛夫的指挥下，打退了敌人的数次进攻，显示了

伏罗希洛夫

他卓越的军事指挥才能。1919 年 6 月，伏罗希洛夫担任第 14 集团军司令，亲自组织指挥了叶卡捷琳诺斯拉夫（今聂伯罗彼得罗夫斯克）保卫战。同年秋天，伏罗希洛夫奉命参与组建骑兵第 1 集团军，并担任该集团军革命军事委员会委员，与布琼尼一起率部对邓尼金和弗兰格尔匪军进行了沉重打击。

伏罗希洛夫确认：大批骑兵部队机动灵活而且威力巨大，苏联红军必须组建一支相当规模的骑兵集团军。于是，当布琼尼向中央提出这种建议时，伏罗希洛夫表示完全赞同。1919 年 11 月，伏罗希洛夫便被任命为第一骑兵军的军事委员。对于这一时期的情况，布琼尼在回忆中说道：伏罗希洛夫"是领导全军作战的核心人物之一"。"骑兵部队的特殊组成要求任命不仅具有一般政治声望的人，而且要多少以自己的军事生涯闻名于众，享有一定威信的人。"伏罗希洛夫率领这支部队粉碎了邓尼金军队的进攻。之后，又从波兰白匪军手中解放了乌克兰，并消灭了弗兰格尔的部队。

1921 年，伏罗希洛夫当选为俄共十大中央委员，率领大会部分代表参加平息喀琅施塔得反革命叛乱，因指挥作战有功，而荣获红旗勋章。

1921～1941 年，伏罗希洛夫先后担任北高加索军区司令、莫斯科军区司令、陆海军人民委员、苏联革命军事委员会主席、苏联国防人民委员、苏联人民委员会副主席、苏联人民委员会防御委员会主席等职，积极参加 1925 年苏联军事改革，重视苏联红军武器装备现代化，扩建中高级军事院校网络，大力培养指挥人才，亲自组织修改和拟定陆、海、空三军条例和条令，为苏军军事人才培养、军事体制改革、技术装备的改进和战斗力的提高作出了突出贡献。1935 年 11 月 20 日，根据苏联中央执行委员会和苏联人民委员会的决定，首批为五名苏军将领授予元帅称号，伏罗希洛夫就是这五名苏联最早的元帅之一。

苏联伟大卫国战争爆发后，伏罗希洛夫直接参加了抗击德国侵略军的组织领导工作。1941 年 7 月 10 日～8 月 31 日，伏罗希洛夫先后担任国防委员会委员，最高统帅部大本营成员，西北方面军总司令。1942 年 9 月 6 日～11 月 19 日，伏罗希洛夫又出任游击运动总司令，积极参加了苏

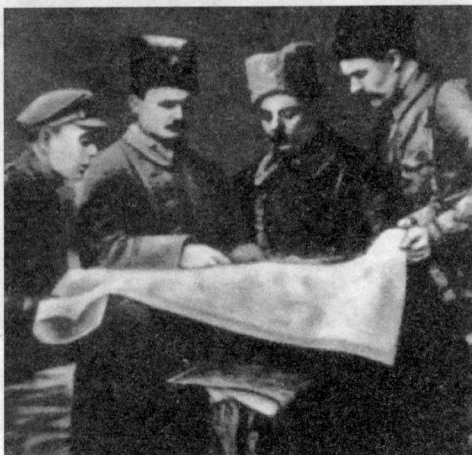

伏罗希洛夫研究作战方案

联人民游击斗争的组织领导工作，亲自训练游击队指挥员，使游击队密切配合正规部队作战。1943 年 1 月，伏罗希洛夫作为最高统帅部大本营代表，在突破德军对列宁格勒封锁的作战中，协调了列宁格勒方面军和沃尔霍夫方面军的战役行动。同年 12 月，伏罗希洛夫被派往滨海集团军，参加拟制解放克里木半岛的战役计划，协调乌克兰第 4 方面军、独立滨海集团军与黑海舰队和亚速海区舰队的作战行动，为解放克里木作出了重大贡献。卫国战争期间，伏罗希洛夫于 1941 年出席过苏、美、英三国莫斯科会议，1943 年又出席过苏、美、英三国领导人德黑兰会议。联共中央和苏联政府为表彰伏罗希洛夫在卫国战争中的丰功伟绩，授予他苏沃洛夫一级勋章。

战后，伏罗希洛夫为加强苏联国防建设做了大量工作。1945～1947 年任盟国对匈牙利管制委员会主席，帮助匈牙利人民重建自己的家园。1946～1953 年任苏联部长会议副主席。1953 年 3 月～1960 年 5 月任苏联最高苏维埃主席团主席。

伏罗希洛夫在一生的军事活动中。为苏联人民的解放事业和反法西斯斗争的胜利作出了重要贡献，荣膺两次苏联英雄和一次劳动英雄称号，荣获 8 枚列宁勋章，6 枚红旗勋章，苏沃洛夫一级勋章和许多苏联奖章。1920 年，伏罗希洛夫获得荣誉革命武器——带镀金刀柄的、刻有红旗勋章的军刀。1968 年，又获得镀有金色苏联国徽的革命荣誉武器。他受到苏联人民的爱戴和赞颂。伏罗希洛夫在世的时候，诗人和音乐家就谱写了关于他的诗歌和歌曲。不少海船、军舰、企业、集体农庄、学校、城市和乡村的街道和街区，以伏罗希洛夫命名。

【点评】 苏联党务和国务活动家、军事家，苏联元帅。1917 年积极参加俄国二月革命和十月革命，为武装工人和建立赤卫队做了大量工作。1921～1941 年先后任北高加索和莫斯科军区司令、陆海军人民委员、苏联革命军事委员会主席、苏联国防人民委员、苏联人民委员会副主席、苏联人民委员会防御委员会主席，为苏联军事改革、苏军技术装备的改进和战斗力的提高作出了贡献。苏德战争爆发后，参加抗击德军侵略的组织领导工作。战后，任盟国对匈牙利管制委员会主席、苏联部长会议副主席、苏联最高苏维埃主席团主席。1926～1960 年为苏共中央政治局委员。荣膺两次苏联英雄和一次劳动英雄称号，获列宁勋章 8 枚。著有《苏联国防》等。

外国著名将帅

苏联红军的"大脑"——沙波什尼科夫

沙波什尼科夫不仅是一位著名的军事理论家和司令部工作专家，而且也是一位成果卓著的教授。由于他在苏军总参谋部等重要岗位上的出色工作和在关键时期所起到的重要作用，而被称为苏联红军的"大脑"。斯大林曾经说：如果没有沙波什尼科夫在我的周围，我真不知道这仗该怎么打。

1882 年 10 月 2 日，沙波什尼科夫出生在兹拉托乌斯特（今属车里雅宾斯克）。不知是一种天性所使，还是他所生活的那个充满战争的时代对其影响所致，沙波什尼科夫自幼对战争表现出极大的兴趣，他几乎是痴迷地研读军事著

沙波什尼科夫

述。凡是他所读过的兵书，都密密麻麻地在上面画记着许多别人看不明白的符号，平时沉着有余的沙波什尼科夫一旦谈起战争，就滔滔不绝，眉飞色舞。平时冷静得有些过分的沙波什尼科夫一旦听说俄军在前方打了败仗，就顿时激动得不能控制。

1901 年，不足 20 岁的沙波什尼科夫加入了俄军，他非凡的军事言论和在军事上所表现出的灵活机智，很快得到上司的赏识。被作为俄军中的潜力人才送到军事院校生长和深造，1903 年和 1910 年，沙波什尼科夫先后毕业于莫斯科军事学校和总参学院。在校期间，沙波什尼科夫更加如鱼得水，他把所有的精力都倾注在军事学习和研究之中，他不仅很善于思考，而且非常认真地向教官请教教学中的疑难之点，有时把教官问得不知所云。沙波什尼科夫也经常在课堂上言出惊人地发表自己的学术观点。虽然沙波什尼科夫已经表现出超常的军事才智，但由于当时学校中的教官过于恪守虚荣和自尊，虽然他们也深知沙波什尼科夫是一位难得的将帅之才，但在毕业评语上，沙波什尼科夫并没有得到与其能力与水平相应的评价。毕业后，他曾在土耳其斯坦军区和华沙军区担任过指挥和参谋职务，他的出色工作深得上司欣赏，在第一次世界大战中，被作为重点培养对象放在重要的指挥位置上锻炼。1917 年 10 月晋升为上校团长。

俄国十月社会主义革命后，沙波什尼科夫受革命真理的感化，看到了新兴的苏维埃政权的生机和活力，于是转向苏维埃政权。1917 年 12 月，

沙波什尼科夫被选为高加索掷弹兵师师长，此时，他对改进和强化部队的训练及作战提出了很多建议，并在自己所领导的师里进行大胆试验，取得很大成功，对促进苏军战斗力的提高和军事理论的发展起到了一定的作用，得到了列宁的亲自接见和表彰鼓励。苏俄内战和外国武装干涉时期，沙波什尼科夫初任最高军事委员会司令部作战部长助理，后任共和国革命军事委员会野战司令部情报部部长、乌克兰陆海军人民委员部第一副参谋长、共和国革命军事委员会野战司令部作战部部长等职，参与制定并组织实施了1919年10月苏联红军反击邓尼金白卫军的反攻作战计划，并为1920年西南方面军、西方面军和克里木地区战局计划的制定者之一。在这些重要的智囊位置上，沙波什尼科夫的才能得到了淋漓尽致的发挥，他对战场情报掌握之全面，对战情判断之准确都使最高参谋部的同仁及上司们感到惊奇不已，在这里他得到了极大的拥戴。在作战计划制定中，他胆大心细，既不迎合权威也不墨守成规，有时，为了使计划更加科学，他干脆亲临前线实地考察和验证。对于军事上的不同观点，他从来不作简单的否定和肯定，总是细心地听取别人讲明白"为什么"，当然，当他自己确信是正确的时候，也从来不予让步。正因为如此，苏军取得了更大的作战主动权，减少了伤亡。正是由于他在制定作战计划中所表现出的聪明才智和军事天才，而被誉为苏联红军的"大脑"。也正是因为沙波什尼科夫在参与制定和实施上述计划中功绩卓著，而被苏联红军授予红旗勋章一枚。

内战结束后，沙波什尼科夫从1921年2月起担任工农红军第一副参谋长。1925～1928年，先后任列宁格勒军区司令，莫斯科军区司令，工农红军参谋长。1930年，沙波什尼科夫加入苏联共产党（布尔什维克）。1931～1932年，任伏龙芝军事学院院长兼政委。1935年被评为教授。1935～1937年，任列宁格勒军区司令。1937年5月起，任苏军总参谋长，1940年5月晋升苏联元帅，同年8月起，任苏联副国防人民委员。苏德战争爆发后，沙波什尼科夫于1941年7月起担任西方面军参谋长，后来又复任苏军总参谋长，参与制定并组织实施1941年7～9月斯摩棱斯克战役、1941～1942年苏军冬季反攻和总反攻等重大战役计划。1942～1943年，沙波什尼科夫担任副国防人民委员。1943～1945年任总参军事学院院长。沙波什尼科夫戎马生涯40多年，具有丰富的司令部工作和军队指挥

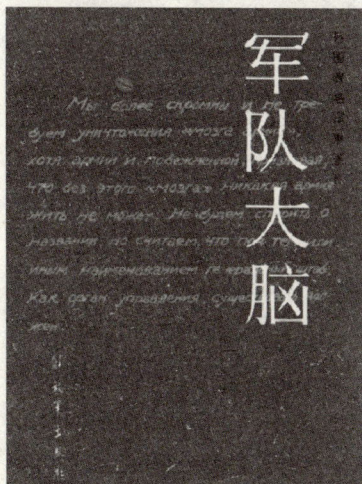

《军队大脑》中文版

经验，在巩固和发展苏联武装力量、培养军事干部、进行国内战争和卫国战争等方面，都作出了自己的贡献，并为发展苏联军事科学和总结国内战争作战经验做了大量的工作。荣获列宁勋章3枚。沙波什尼科夫先后编著和出版了《在维斯瓦河》、《军队大脑》（1～3册）与《回忆录和军事科学论文》等军事著作。尤其是他根据自身的作战经验与司令部工作经验写成的《军队大脑》一书，对苏联军事科学的发展颇有影响，对世界军事科学的发展作出了重大贡献。1945年3月26日，沙波什尼科夫在莫斯科逝世，终年63岁，埋葬在红场克里姆林宫墙下。

【点评】苏联元帅，军事理论家。苏俄内战和外国武装干涉时期，先后任最高军事委员会司令部作战部部长助理、共和国革命军事委员会野战司令部情报部部长、乌克兰陆海军人民委员部第一副参谋长、共和国革命军事委员会野战司令部作战部部长，参与制订并组织实施红军反击白卫军及外国武装干涉者的许多重大战略计划。内战结束后，任工农红军第一副参谋长。1925～1940年历任列宁格勒军区司令、莫斯科军区司令、工农红军参谋长、伏尔加河沿岸军区司令、伏龙芝军事学院院长兼政委、苏军总参谋长、苏联副国防人民委员等职。1940年5月晋苏联元帅。苏德战争期间，1941年7月任西方面军参谋长，后任苏军总参谋长，参与制订并组织实施斯摩棱斯克战役、1941～1942年苏军冬季反攻和总攻等重大战役计划。1942年5月任副国防人民委员。1943～1945年任总参军事学院院长。他具有丰富的司令部工作和军队指挥经验，在巩固和发展苏联武装力量、培养军事干部、总结国内战争经验、发展苏联军事科学等方面作出重大贡献。获列宁勋章3枚。著有《军队大脑》等。

列宁称他是世界上最杰出的骑兵统帅——布琼尼

谢苗·米哈依洛维奇·布琼尼是位传奇式的人物，被列宁称为"世界上最杰出的骑兵统帅"的苏联元帅，他一生90年中，整整有70年的戎马生涯，参加过包括两次世界大战在内的四次大的战争，屡建奇功，三次获得苏联英雄的称号。

1883年4月25日，布琼尼出生在俄国南部一个一贫如洗的农民家庭。也正是由于这种艰苦的生活环境，铸就了他勇敢、坚毅的性格。

1903年，布琼尼被征召入伍，当上了为当时年轻人引以为自豪的骑兵。第二年，布琼尼就随顿河哥萨克骑兵第46团来到中国的东北参加了日俄战争。战争结束后，布琼尼被调到滨海龙骑兵团，驻扎在符拉迪沃斯托克（海参崴）附近。1907 年，他被派往彼得堡骑兵学校学习了一年，在这里，他目睹了贵族的骄奢淫逸，工人生活的贫穷艰难，使布琼尼对剥削阶级更加厌恶，对贫苦工人深表同情。1808 年毕业后，布琼尼又回到骑兵团。到第一次世界大战爆发时，已经当了 11 年骑兵的布琼尼，既没有得到什么奖赏，更没有受到上司的重用，还只是一个中士。在大战中，他曾先后在波兰、德国、奥地利和高加索等地作战。

1917 年俄国二月革命后，布琼尼被全连一致选为连士兵委员会主席，在全团大会上被选为团士兵委员会主席，

布琼尼

接着又被选为师士兵委员会主席。伟大的十月革命爆发后，高加索骑兵师士兵委员会作出了该师复员解散的决定，布琼尼于当年 11 月回到了家乡。不久，他即同其他战友一起在当地建立起了苏维埃政权，随后，布琼尼以他对巩固新生苏维埃政权的高度责任感和对军旅生活的酷爱，在家乡组建了骑兵游击队。这支游击队在革命的烈火中锻炼成长，发展壮大。经布琼尼的努力经营，部队逐渐扩大为骑兵团、旅、师，后来又继续扩大编制成为骑兵军和集团军。1918 年之后，在保卫察里津的作战中，布琼尼指挥一个骑兵旅，把敌人打得落花流水，表现出了一个杰出的骑兵指挥员的才干，因而荣膺红旗勋章。

1919 年夏，邓尼金的白卫军向苏维埃共和国发动疯狂的进攻，红军被迫向腹地退却，南方战线自然成了主要战场。这时，布琼尼指挥新建的骑兵军在察里津以北粉碎了弗兰格尔白卫军的主力，击溃了苏图洛夫的部队。随后，又巧妙地实施机动，给逃窜到红军南方方面军后方的马蒙托夫和什库罗指挥的哥萨克骑兵师以粉碎性的打击，占领了重镇沃罗涅日，从而封闭了莫斯科战略方向上红军阵地中宽达 100 公里的缺口。为表彰布琼尼在这次作战中的功绩，全俄中央执行委员会，再次授予他红旗勋章和革命荣誉武器。不久，布琼尼便出任苏军第 1 骑兵集团军司令，成为苏联国内战争时期著名的将领之一。

布琼尼的骑兵第 1 集团军被称为赢得国内战争的"拳头"部队，曾在许多战线上被用于战略机动。1919 年底和 1920 年初，红军向邓尼金的军队发动了总攻。布琼尼指挥的第 1 集团军组成快速战役战略集群，向哈尔科夫、顿巴斯、罗斯托夫和亚速海方向实施迅猛的突击，把邓尼金的主

力分割为两部分，尔后协同南方面军的另外2个集团军予敌以各个歼灭。1920年4、5月间，布琼尼的部队又遵照列宁的指示，用了50天的时间，从北高加索的迈科普跃进到乌克兰的乌曼，实施了史无前例的1000多公里的战略机动，投入了对波兰地主军队的作战。6月5日，布琼尼集中集团军的主力一举突破敌人坚固的防御阵地，以迅雷不及掩耳之势突入敌纵深120~140公里，前出到波军第3集团军的后方，迫使波军于6月11日撤离乌克兰首都基辅，从而为把波军逐出苏维埃国土奠定了基础。伏龙芝在评价骑兵第1集团军的作用时说："在我们的军队里，没有其他部队能够这样充分、这样鲜明、这样深刻地在他们自身和他们的行动中反映出国内战争的全部特点，整个红军的性质……它的历次战役将永远以光辉的篇章载入骑兵史册。"列宁称布琼尼是"最杰出的骑兵统帅"。

国内战争结束后，布琼尼历任苏联革命军事委员会委员、莫斯科军区司令员、苏联国防人民委员会委员等重要职务，于1935年被授予苏联元帅军衔。在此期间，布琼尼积极投入红军的建设，他对红军的建设，特别是骑兵的建设和训练，作出了不可磨灭的贡献。他认真研究总结了第一次世界大战和国内战争的经验，积极参加了多卷《苏联国内战争史》的编写工作，撰写了《红色骑兵》、《骑兵兵团的战术基础》等著作。30年代初，苏联红军进行了重大军事改革，不仅装备更新了部队的武器装备，而且在军队编制、军事思想和军事理论等诸多方面也有了新的发展。布琼尼意识到，要做好工作，不仅需要经验，而且需要掌握更深刻的军事理论知识。于是，他要求到伏龙芝军事学院学习并得到斯大林的支持。他一面工作一面学习，孜孜不倦，异常勤奋刻苦。于1932年毕业。

1941年6月22日，希特勒发动侵苏战争，布琼尼作为苏联最高统帅部成员之一，参与了作战指挥，并先后担任统帅部预备队集团军群司令员、西南方面军总司令、预备队方面军司令员和北高加索方面军总司令等职，参加了保卫莫斯科、基辅和高加索等重大战略性战役。在法西斯德军兵临莫斯科城下之际，他协助斯大林组织了庆祝十月革命24周年的红场阅兵，骑着高头骏马巡视了受阅部队。

战后，布琼尼兼任苏联农业部副部长，因年事已高，于1954年起任苏联国防部总监组总监。1973年，德高望重的布琼尼在莫斯科逝世。

【点评】苏联元帅。苏俄内战和外国武装干涉时期，历任骑兵团长、旅长、师长、军长和第1集团军司令，采取奔袭和深远机动相结合的骑兵战术，屡建战功。1921年起先后任高加索军区革命军事委员会委员和副司令、工农红军总司令骑兵助理、骑兵监、莫斯科军区司令、副国防人民委员等职。苏德战争期间为最高统帅部大本营成员，历任大本营预备队集团军集群司令、西南方面军总司令、预备队方面军司令、北高加索方面军总司令、骑兵司令和苏联国防人民委员部最高军事委员会委员，参与指挥基辅、莫斯科、塞瓦斯托波尔等城的防御战。战后曾任农业部副部长、骑兵监及苏联国防部总监组总监等职。三次荣膺苏联英雄称号，获列宁勋章8枚。著有《红色骑兵》、《骑兵兵团的战术基础》、《顿河骑兵第1集团军》等。

在太平洋演绎"狂胜""惨败""阵亡"三部曲——山本五十六

1884年，山本五十六出生于本州北部的一个封建武士家庭，自幼勤于读书，从小受到武士道精神的熏陶，少年起接受军事训练，17岁时考入江田岛海军军官学校，后又进入海军炮术学校、海军大学以及美国的哈佛大学深造。在此期间，山本五十六还认真研读过《孙子兵法》及西方列将的著作。他对空战倍有兴趣，后来不仅成为一名技术精湛的飞行员，而且成为优秀的空战指挥官。1935年12月，山本五十六被任命为海军航空本部部长。

1939年8月31日，山本五十六被任命为联合舰队司令。在他就职的第二天，欧洲战争爆发。法西斯德国迅速席卷了中欧和西欧，法国投降、英国退守英国本土，与德国进行空战，而美国则仍因被孤立主义所束缚而置身事外，身陷中国战场的军国主义日本为希特勒的暂时胜利所鼓舞，图谋在亚洲和太平洋地区扩大侵略。在战略上，他们把攻击的目标选定在了最大的潜在敌人和拦路虎美国身上。1941年1月7日，山本五十六经过一番思考，给当时的海相及川写了一封"关于战争意见"的信。他提出：在开战之初，组成强大的航空突击队，对美国太平洋舰队驻地——夏威夷群岛的珍珠港基地进行突然集中的袭击，一举摧毁美国舰队的主力，使美国海军和美国国内的士气沮丧到不可挽回的地步。山本五十六建议，为了完成这一计划，希望另派人担任联合舰队司令，他个人准备亲率空中突击队去偷袭珍珠港。在上书的同时，他将计划概要告知联合舰队第11航空战队参谋长大西泷次郎少将，

山本五十六

请他对计划加以研究并负责具体细节的拟制工作。山本五十六向日皇表示，"联合舰队全体官兵誓以不惜一切牺牲达成出师目的，以不负皇旨所期"。12 月 7 日黎明，日本飞机对珍珠港发起突然袭击。毫无准备的美国官兵慌作一团，在约 2 个小时的时间里，美军的 40 余艘战舰和 260 余架战机就被炸成废铜烂铁，战力大减，元气大伤。由山本五十六亲自策划和导演的这场偷袭使世界为之震惊，使日本军国主义分子欣喜若狂，使山本五十六不仅在日本名声大噪，在参战的列强中也无不对之注目。

日本在偷袭珍珠港的同时，分兵几路向菲律宾、泰国、马来西亚、中国香港、关岛和威克岛进攻。连续炸沉英国远东舰队的 2 艘战列舰——"威尔士亲王"号和"却敌"号；打败了美、英、荷、澳的联合舰队；重创英国东方舰队。牢牢控制了制空权和制海权，因此所向披靡。在不到 5 个月的时间里，日本军国主义已占领了东南亚和西南太平洋广大区域，连同原先占领的朝鲜、中国领土和印度支那在内，共控制了 700 万平方公里的土地面积。日本军国主义分子为其赫赫战绩所陶醉，狂欢不已，策划导演和组织这一系列活动的联合舰队司令山本五十六的声誉也达到了顶峰。

第一阶段作战即将结束时，山本五十六又着手策划和实施下一步计划。他本想通过这一计划的实施，为自己的军事生涯再增添一响胜利的礼炮。然而，这一计划，却为他敲响了走向灭亡的丧钟。

1942 年 6 月，山本五十六率作战舰只 200 余艘开赴中途岛。山本五十六的如意算盘是：日本分兵两路，同时向阿留申群岛和中途岛进发，迫使美国舰队分散力量，削弱中途岛海域美国舰队实力，而日军则以主力向中途岛接近，突然占领中途岛并歼灭前来支援的美国太平洋舰队。然而，山本五十六的这些企图都被美军发现和猜透了。美国太平洋舰队司令尼米兹将美国的三艘航母隐蔽于中途岛东北 200 海里的海域，并选择了最佳时机对日军舰队实施了突然而集中的打击，日军惨败，损失巨大。不得不终止中途岛的作战。山本五十六无可奈何地说："我将向陛下直接请罪。"搬起石头砸了自己脚的山本五十六自此一蹶不振，再加上瓜达尔卡纳尔岛作战的再次失利之打击，山本五十六的精神更加萎靡。他在同海军军官学校校长草鹿交谈时说，"战争结束以后，我不是被送上断头台，就是被送往圣赫勒拿岛（法国皇帝拿破仑曾被流放于该岛）"。

山本五十六毕竟是山本五十六，他不甘心失败，他要极力挽回失去的一切。随后，他又精心设计和组织了"阿号作战"行动，然而，得不偿失的结局又给了他当头一棒。

"阿号作战"结束后，山本五十六突然宣布，在返回特鲁克岛基地以前，他要到离瓜达尔卡纳尔岛前线较近的肖特兰地区各基地巡视一天，以提高守卫部队的士气。山本五十六的行程预先用电报通知了各基地，这份电报被美军破译。美国对这位偷袭珍珠港的策划者恨之已久，没有放过这个除掉他的良机。据资料介绍，当时的太平洋舰队司令尼米兹上将曾问过他夏威夷和华盛顿的高级情报官员，如果除掉山本五十六，日本是否还有像他一样或比他更能干的人来接替他。回答是没有。于是尼米兹下决心不惜一切代价除掉这一祸害。4 月 18 日晨，山本五十六率领舰队参谋长宇垣中将等分乘两架轰炸机由腊包尔机场起飞，预定在布干维尔岛南端的一个小岛——布因岛降落。山本五十六的座机由 6 架战斗机护航，当座机飞抵布因岛上空降落之前，从瓜达尔卡纳尔岛起飞的 16 架美军飞机，乘日军护航战斗机离开的瞬间，接近目标，一举将两架座机击落，山本五十六当场摔死。

在太平洋战争中，山本五十六为什么能上演如此"狂胜"——"惨败"——"阵亡"的三部曲，除受这场战争的政治性决定外，我们还可以从他的性格特征和爱好习惯上略见一斑：山本五十六酷爱下棋，精于赌博，无论出差或出国途中，都要打上一路牌。在出访欧洲和出使美国时，他曾在摩纳哥和墨西哥赌场赢了不少钱。他对同伴说，如果让他在欧洲再逍遥几年，他就会赢得一大笔钱，至少可以买几艘战列舰。曾有评论说，山本五十六既是有名的将领，又是一个精明而大胆的赌徒，具有要么全赢，要么输个精光的精神。评论还说，山本五十六偷袭珍珠港和中途岛海战作战就体现了他这种性格，不过前者是全赢，后者是几乎输个精光。"狂胜"——"惨败"——"阵亡"，就是山本五十六在战争这一特殊的赌场上演出的连续剧。

【点评】日本海军上将。1930 年任海军航空本部技术部长。1933 年调任第 1 航空战队司令。1935 年任海军航空本部部长，次年任海军次官。大力发展航空母舰和舰载飞机，并组织部队进行严格训练，对日本海军航空兵的发展起了重要作用。1939 年任日本联合舰队总司令兼第 1 舰队司令。1940 年晋上将。强调先发制人、速战速决、掌握主动，力主在对美开战之初以舰载航空兵袭击珍珠港，消灭美国太平洋舰队主力，确保日军进攻东南亚的翼侧安全。重视海军航空兵在海战中的作用，但未能完全摆脱"巨舰大炮制胜"理论的束缚，企图在美太平洋舰队得到加强前以海上决战的传统战法将其歼灭，结果导致日本海军在中途岛海战和瓜达尔卡纳尔岛海战中遭惨败。1943 年 4 月在视察部队途中，其座机在布干维尔岛上空被美机击落而丧生。死后被追授元帅称号。

外国著名将帅

苏联最著名的军事学院以他的名字命名——伏龙芝

米哈伊尔·瓦西里耶奇·伏龙芝是苏联卓越的军事活动家，杰出的革命家和军事统帅，著名的军事理论家和苏联武装力量的组织者、创建者之一。

1885年2月2日，伏龙芝出生在吉尔吉斯斯坦边区谢米列契省的皮什彼克城的一个医生家庭。父亲早逝，家境贫寒。伏龙芝自幼不畏艰辛，勤奋好学，尤其爱读军事历史书籍，崇拜铁木哥、苏沃洛夫、库图佐夫等著名军事家。1904年，正值俄国第一次革命高涨的前夜，伏龙芝考入彼得堡工学院。在革命浪潮的推动下，伏龙芝很快参加到革命斗争的行列，加入俄国社会民主工党，在斗争中坚持站在布尔什维克一边，最终成为一名功绩卓著的职业革命家。1905年至1907年，伏龙芝被分派到舒雅和伊万诺沃—沃兹涅先斯克工业区进行地下工作，发动组织了1905年3月的政治性总罢工，由于伏龙芝具有渊博的学识、敏捷的头脑、非凡的组织能力和坚定的革命信念，而在工人中享有崇高的威望，成为俄国第一个工人代表苏维埃的领导者。

1907年，俄国第一次革命失败后，伏龙芝被捕入狱，度过了8年的铁窗生活。1915年夏，又被流放到西伯利亚的伊尔库茨克省，在流放生活中，伏龙芝仍然坚持革命斗争，因建立秘密组织而再次被捕入狱，不久，伏龙芝设法逃出了监狱，到外贝加尔和赤塔进行秘密工作。1916年5月，根据党的工作需要，伏龙芝被党组织派往白俄罗斯，在西线部队做士兵工作，建立地下革命组织。1917年2月革命期间，伏龙芝是明斯克、白俄罗斯和西线革命运动的主要领导人之一，曾先后担任明斯克警察局长、白俄罗斯农民代表苏维埃执委会主席、明斯克地区革命军队参谋长等职。十月革命前夕，伏龙芝回到舒雅发动武装起义，被选为该地区苏维埃主席，组织了几千人的工农武装前往莫斯科参加十月武装起义。1918年，伏龙芝任伊万诺沃—沃兹涅先斯克省党政军主要领导，同年12月，担任红军第4军司令员，从此，开始了高级军事指挥官的生涯。

1919年春，沙俄海军上将高尔察

伏龙芝

克，在英、法等帝国主义的支持下，以 20 万兵力向莫斯科推进，在危急的形势下，伏龙芝被任命为东方战线南方集团军司令员，他以巧妙的战术和钢铁般的意志，截断了冲向伏尔加河的高尔察克部队，取得了乌法战役的胜利，荣获红旗勋章。随后，伏龙芝担任东方战线司令员，指挥部队成功地消灭了中亚细亚地区的国内反革命势力和外国武装干涉。1920 年 2 月至 8 月，伏龙芝指挥部队消灭了巴斯马奇匪帮和反动的布哈拉艾米尔军队，继任南方战线司令员，指挥部队消灭了弗兰格尔匪军主力，解放了克里米亚半岛。同年 12 月，伏龙芝担任乌克兰和克里米亚武装总司令，完成了肃清该地区大批土匪的任务，再次获得红旗勋章。

伏龙芝是职业革命家，经历了严酷的革命生活道路，表现了对革命事业的极端热忱和忠诚。他头脑清醒、机敏过人，善于迅速判断复杂的情况，定下正确的决心。他具有坚定的信念和坚忍不拔的意志，在任何艰难困苦中都毫不动摇。他积极大胆地推进军队作战和训练的改革，善于把战役决心同周密的准备工作巧妙地融汇为一体，把作战计划同前线的沸腾战斗结合起来。因此，屡战屡胜，被誉为苏联军队的常胜统帅。

伏龙芝研究作战方案

国内战争结束后，伏龙芝致力于部队的精简改编和加强陆、海军建设，为提高国家防御能力进行了卓有成效的工作。1924 年 3 月，伏龙芝担任苏联革命军事委员会副主席和陆、海军副人民委员，并兼任工农红军总参谋长、军事学院院长等重要职务。同年，又当选为党中央军事委员会主席和陆、海军人民委员。

伏龙芝是苏联杰出的军事理论家，撰写了许多军事理论著作。他提出的主要军事理论观点是：未来战争的性质是保卫社会主义祖国的根本利益，保卫全体人民的和平劳动，战争的实际是防御性的；未来战争是机械化战争，加强各军、兵种建设，加强技术装备是首要任务；积极主动地进攻是未来战争中军事行动的主要形式，但也不忽视防御的作用，而各种形式的防御应为进攻创造有利条件，由于条件千变万化，进攻将和防御相结合，甚至和撤退相结合；在敌人居于压倒优势时，运动战、机动战和游击战要紧密结合。他提出的这些理论，在今天仍有重要意义。

伏龙芝具有丰富的军事理论知识和在国内革命战争中获得的实践经验。伏龙芝在发展苏联军事科学和军事学术方面作出了巨大的贡献。他提出并初步解决了许多有关军事教育和军事训练的课题。他特别强调军队党政工作的重要性及其意义，科学地说明了从阶级立场和党的立场出发评价交战双方精神、政治因素的必要性。他指出："不论过去还是将来，苏联共产党对武装力量的领导始终是苏联军事建设的基础。"他很重视全民的军事教育及在军队中进行宣传鼓动工作。他要求红军保持高度的战斗准备，并且教育军人积极而坚定地行动。伏龙芝的军事理论在苏联红军的教令和条令中都有反映，这些军事理论，在苏联军事建设中起了重要的作用，在苏联卫国战争中得到了证实和发展。

为了表彰伏龙芝对苏联革命事业和军事科学事业作出的卓越贡献，他被授予红旗勋章2枚，革命荣誉武器1件。1925年10月31日，伏龙芝病逝，时年只有40岁，安葬于莫斯科红场。许多城市的区和街道，以及一些中学、军舰，都以他的名字命名。为了纪念他对苏联军事科学和军事教育作出的不朽业绩，苏联将曾由伏龙芝任院长的全苏联最著名的军事学府命名为"伏龙芝军事学院"。

【点评】 苏联红军统帅，军事家，军事理论家。俄国十月社会主义革命时期，参与组织白俄罗斯武装起义和创建工农红军。苏俄内战和外国武装干涉时期，先后任东方面军第4集团军和南线集群司令、方面军司令、突厥斯坦方面军和南方面军司令，参加过粉碎高尔察克军队和弗兰格尔军队的斗争，指挥过布古鲁斯兰、别列别伊、乌法、阿克纠宾斯克、彼列科普—琼加尔等重要战役，他率领南方面军击败弗兰格尔军队、解放克里米亚半岛的作战行动，被列宁誉为"红军史上最光辉的一页"。1924～1925年主持苏联军队改革，创立精干常备军和地方民兵相结合的武装力量体制。他根据第一次世界大战和苏俄内战的经验以及当时军事技术的发展水平，研究和解决了世界上第一个社会主义国家军事思想和国防建设的一系列重大理论问题，为发展马克思列宁主义军事理论和建立苏联军事科学作出重大贡献。撰有

《工农红军的改编》、《统一的军事学说与红军》、《未来战争的前线与后方》等 200 多篇军事著述。

遐迩闻名的"血胆将军"——巴顿

1945 年 12 月 21 日下午，美国陆军上将乔治·小史密斯·巴顿因车祸负伤医治无效，不幸逝世。第二天早晨，世界各地的报纸发表了消息和社论，向巴顿致哀。《纽约时报》的社论写道："远在战争结束前，巴顿就是一个传奇式的人物。他引人注目，妄自尊大，枪不离身，笃信宗教而又亵渎神灵。由于他首先是一个战士，因而易受冲动而发火；由于他在急躁的外表下有一颗善良的心，所以易受感动而流泪。他是一个奇妙的火与冰的混合体。他在战斗中炽热勇猛而残酷无情，他对目标的追求坚定不移。他决不是一个只知拼命的坦克指挥官，而是一个深谋远虑的军事家。"社论以充满感情的笔调宣告："历史已经伸出双手拥抱巴顿将军。他的地位是牢固的。他在美国伟大的军事将领中将名列前茅……"

巴顿于 1885 年 11 月 11 日出生在美国加利福尼亚州圣加夫利尔的一个军人世家，从曾祖父起几代都是军人，但都没有得到过很高的军阶和荣誉。军人的遗传和军人家庭的熏陶使他对军人有着特殊的感情，巴顿自幼立志成为一名出人头地的军官。他的祖辈也发现了他身上的军人特质和秉性，教给了他很多军队的常识，刻意培铸他的武德素养。巴顿 18 岁进入弗吉尼亚军事学院，一年后入西点军校。1909 年毕业，被任命为骑兵少尉。巴顿从小喜欢骑术且有爱马的癖好。他在军队服役期间，积极参加马术比赛，并学习击剑、游泳等。1915 年，巴顿参加斯德格尔摩现代五项全能竞赛，获第五名。在回国途中，他绕道去了法国，学习剑术，次年他又专程去法国学习剑术。由于他刻苦训练，获得"剑术大师"称号。巴顿在参加多样的体育活动中练就了坚强的体魄和坚忍不拔的毅力，为以后成为优秀的军人和军事指挥家奠定了基础。巴顿的军人气质和性格深得上司赏识，潘兴将军称赞巴顿是一名"匪徒"，是一个"真正的斗士"，再加上巴顿作战骁勇而很快得到提拔。潘兴将军非常爱才地将巴顿放在

巴 顿

135

自己的身边做副官，但巴顿不甘心在司令部担任"闲职"，强烈要求到刚刚组建的坦克部队任指挥官，从此，巴顿这位优秀的骑兵又与铁骑结下了不解之缘。他自己先到英国和法国的坦克学校学习，钻研坦克技术，研究坦克战例，摸索使用坦克的规律。1919 年初，巴顿回到美国，被派往驻德堡战车训练中心，致力于坦克的研究和训练工作，成为美军第一位真正的"坦克专家"。1940 年，巴顿出任第 2 装甲旅旅长。1941 年升任该师师长，晋升为少将。1942 年初，美国正式参战，巴顿被任命为第 1 装甲军军长，并调回到因迪奥训练中心，负责坦克部队军官的训练工作。同年 7 月，调回华盛顿负责美国西线特遣部队攻打北非的组织准备工作。同年 11 月，巴顿担任集团军司令，率部在北非的卡萨布兰卡地域登陆，占领了法属摩洛哥，后担任驻摩洛哥总督。1943 年 2 月，德军在隆美尔的指挥下，把驻在突尼斯的美军第 2 军打得惨败，艾森豪威尔紧急把巴顿调到突尼斯，接任第 2 军军长，使该军很快士气大振，不久巴顿被晋升为中将。同年 7 月，巴顿又被晋升为集团军司令，率部队参加进攻西西里岛的登陆战役。然而，就在任职不到两个月，巴顿因殴打战士引起美国舆论反对，险些被撤职。1944 年 1 月，巴顿担任第 3 集团军司令。6 月诺曼底登陆后，巴顿指挥第 3 集团军在西欧战场参加了一系列重大战役，因战功卓著，同年 11 月，晋升为四星上将。1945 年 12 月 9 日，对德战争结束，巴顿被委任为德国巴伐利亚军事行政长官。后因欧洲战后政策与盟军司令艾森豪威尔发生分歧，而被解职，分配到一个有名无实的第 15 集团军任司令，以研究和撰写战史为任务。

巴顿是美国历史上有名的将领，他酷爱军人职业，把带兵打仗当作自己无上的光荣，他被誉为美国标准的职业军人。他熟读兵书，特别着重军事历史的研究，从中吸取营养；他思想敏锐，对新的技术兵器及其在战斗中运用刻意探求；他善于运用集群坦克实行高强度突击，被誉为"进攻型将军"和"美国首席战车专家"；他治军严格，坚持从实战出发高强度地训练部队，作风顽强，敢打硬仗；他重视战场情报侦察，善于捕捉战机，扩大战果；他作战机动灵活，不拘泥于死板的条令原则；他善于把最高司令部的意图和计划变成战场上大胆而果敢的行动。巴顿在带兵用兵上有许多鲜明的特点。他善于以粗俗而生动的语言激发部队的高昂士气和英勇献身精神；他爱兵如子，时间稍长不与士兵嬉闹就感到难受；但他管兵严格，甚至打士兵，但他对下属却有无穷的吸引力。他的下属都因为能在巴顿手下而自豪，美国青年也都争相到巴顿的部队当兵。巴顿铁胆无畏，血气充盈，不愧为一个血胆将军。巴顿是难得的将才，但他的短处和他的长处一样都很突出，他讲究仪表，善于辞令，力求引人注目；他性情急躁、粗犷、莽撞，常因此惹是生非。巴顿是一个传奇式的人物，他精力旺盛，爱好广泛，喜欢体育竞赛，对历史研究、古物鉴赏也极有兴趣。历史学家埃米尔·路德维格曾说过："巴顿是这样一个综合型的人：像一匹性情暴烈的奔马，一位拜伦式的诗人，一位具有十足贵族气魄的战争艺术家。"

【点评】美国陆军上将。第二次世界大战期间，他于1942年11月作为北非远征军西部特遣部队司令，率部参加北非登陆战役，占领法属摩洛哥。1943年7～8月指挥美第7集团军参加西西里岛登陆战役。1944年7月赴法国诺曼底，8月1日率部投入战斗，突入布列塔尼半岛和法国中部。尔后协同盟军其他部队在法莱斯战役中重创德军，并向洛林方向追击逃敌。阿登战役中，奉命率部驰援被围困在巴斯托涅的美军，击退德军进攻。1945年3～5月率军突破齐格菲防线，强渡莱茵河，突入德国腹地，占领捷克斯洛伐克西部，进抵捷奥边境。德国投降后任巴伐利亚军事长官。同年10月转任第15集团军司令，12月因车祸丧生。他作战勇猛顽强，指挥果断，富于进攻精神，善于发挥装甲兵优势实施快速机动和远距离奔袭，被人们称为"血胆将军"。

力挽太平洋狂澜的海军上将——尼米兹

尼米兹于1885年2月24日出生在美国得克萨斯州雷得克斯堡的一个衰败的贵族家庭，自幼丧父，家境贫寒。1901年，虽被西点军校拒之门外，却有幸地成了海军学校的一名预备学员。经过一番苦读之后，才获得正式入学的机会，1905年于该校毕业。"他是一个对昨天感受到愉快对明天充满信心的人"，这是尼米兹即将毕业时，海军学校对他的评语。

毕业后，尼米兹被分到亚洲舰队旗舰"俄亥俄"号上实习，并随舰前往日本作礼貌性的访问，使年轻的尼米兹因此有机会晋谒日本海军名将东乡平八郎，并对之敬佩不已。此后，尼米兹理想在工程技术有大的发展，努力对潜艇用油引擎加以研究，并取得成功。1917年，尼米兹被选调到大

尼米兹

西洋舰队潜艇部队担任罗比生少将的随从官，并深得罗比生极力劝尼米兹放弃从事工程技术的理想，下决心当将军。经过一番周折，尼米兹终于当上了"南卡罗来纳"号战舰的上校执行官，开始了军事指挥的生涯。1922年，尼米兹被推荐到新港海军军事学院学习。毕业后历任主力舰舰队和美国舰队助理参谋长，海军后备役训练团团长、潜艇部队长、后备役驱逐舰部队部队长及巡洋舰舰长。1938年晋升为少将，担任战列舰大队大队长并兼任第7特混舰队司令、航海局局长等职。

1941年12月太平洋战争爆发后，尼米兹临危受命，出任美国太平洋舰队司令，被派到珍珠港去收拾残局。来到珍珠港，他看到了这里的一片狼藉，发现到处充满着悲观失望和消极避战的情绪。尼米兹也深感困难重重，但他想起"他是一个对昨天感受到愉快对明天充满信心的人"的毕业评语，因而并没有责备任何人。为了提挈全军，重振士气，尼米兹既没有急于处理那些失职者，也没有过于责备那些悲观失望和持有失败主义观点的人，而是告诉他的军官和士兵眼睛要向前看，要树立团结精神，齐心协力作战。接着，尼米兹又制定了"积极防御、主动出击"的作战方针，准备用仅有的3艘航母做后盾，采取"打了就跑"的战术，首先制造一些小的胜利以鼓舞部队的士气，逐步扭转不利的战场态势。为此，他选拔重用了一批英勇善战的军官，并亲自筹划、指挥了一系列成功的军事行动。1942年1月，尼米兹毅然决定，由两艘航空母舰组成联合编队，向日军控制的马绍尔群岛和吉尔伯特群岛发动一次闪电式的突袭。结果，突袭成功，一举炸沉日军2艘潜艇、1艘运输船和8艘小型船只，并炸毁了岸上的部分设施。这是"美国海军在第二次世界大战中的第一次得分"。消息传开，美军士气为之一振。

尼米兹担任太平洋战区总司令之初，全面分析了战争初期严重失利的情况，谋划和指挥了一系列的进攻行动。他乘日本南进之机，以水面舰艇迟滞日军南进，以潜艇破袭日本海上交通线，以航空母舰编队袭击了日本东翼岛屿及东京，同时加强了中途岛—夏威夷防线，掩护东南太平洋交通线，从而赢得了战备时间。1942年5月，在珊瑚海海战中，尼米兹指挥舰队首次挫败日本海军。6月，他又一次以劣势兵力击退了山本五十六的进攻，重创日本联合舰队，使双方海军力量趋于平衡，显示了尼米兹的军事天才，他自己也认为，这是他事业中的高峰。

尼米兹不喜欢纸上谈兵，而喜欢作口头上的讨论，甚至是争辩，而后作出决定，并且尽量节省精力。他同中途岛之战后出任参谋长的史普劳恩斯同样都喜欢散步，他们常常一走就是十里八里，许多决定就是在他们边走边谈时作出的。1942年8月至次年2月，尼米兹指挥美军成功地进行了瓜达尔卡纳尔岛争夺战，完全掌握了东南太平洋战场的战略主动权。从

1943 年 5 月起，指挥美军在北太平洋和中太平洋展开反攻，充分发挥航母编队的作战威力，先后收复了阿留申群岛、马绍尔群岛和帕琉、马里亚纳群岛的重要岛屿，并在马里亚纳海战中重创日本联合舰队。1944 年 10 月配合南太平洋美军夺取菲律宾群岛，并经莱特湾海战，使日本联合舰队陷入瘫痪。1945 年 2 月至 6 月，尼米兹率军攻取硫黄、冲绳二岛，砸碎了日本本土的最后一道屏障，并派舰艇进入日本海，切断日本的海上交通，同时对日本实施战略轰炸。9 月 2 日，尼米兹代表美国接受日本投降。

尼米兹回国时受到隆重欢迎

尼米兹是一位战绩卓著的军事家。他善于全局谋略，精于海上进攻。他的沉着、冷静、敏思及求实，在美军中深得敬佩。尼米兹在太平洋战场上临危受命，以守为攻，转败为胜，在关键时刻，总能以其超人的胆识进退自如，以奇取胜。尼米兹敢于提出和坚持自己认为是正确的意见。他不止一次地与美军高级将领们因为作战计划和战略取向问题发生争执，甚至连总统的决策他也能直言不讳地加以指正，这一切，都使他的人格和才能在美国影响很大。

此后，尼米兹出任美国海军作战部长，成为 20 世纪美国人担任此项职务的仅有的三个海军五星上将之一。两年后，尼米兹又担任了联合国的督察，解决印度和巴基斯坦的领土纠纷问题。后来，尼米兹又担任加利福尼亚大学董事达八年之久。

为了表彰和纪念这位战功卓著的海军名将，美国政府把 10 月 5 日宣布为"尼米兹日",美国海军现在的特大型核动力航空母舰也被命名为"尼米兹"号。

【点评】美国海军五星上将。1941 年 12 月太平洋战争爆发后，任美国太平洋舰队司令。翌年 4 月任太平洋战区总司令。在战争初期严重失利的情况下，他以水面舰艇迟滞日军南进，以潜艇破袭日本海上交通线，以航空母舰袭击日军占领的太平洋岛屿和东京，同时加强中途岛—夏威夷防线，掩护东、南太平洋交通线，从而赢得了备战时间。1942 年 5 月在珊瑚海海战中，首次挫败日本海军。6 月在中途岛海战中，重创日本联合舰队。同年 8 月~次年 2 月指挥美军实施瓜达尔卡纳尔岛争夺战，使日军彻底丧失战略主动权。1943 年 5 月起，在北太平洋、中太平洋展开反攻，先后收复阿留申群岛的阿图岛和基斯卡岛、攻占吉尔伯特群岛、攻克马绍尔群岛。而后，采取"越岛"战术，攻取马里亚纳群岛的塞班岛、关岛和提尼安岛，并在马里亚纳海战中再次重创日本联合舰队。随后，配合西南太平洋美军夺取菲律宾群岛，并经莱特湾海战使日本联合舰队陷于瘫痪。1945 年 2~6 月攻取硫黄岛及冲绳岛，并派舰艇进入日本海，切断日本海上交通，同时对日本本土实施战略轰炸。1945 年 9 月 2 日代表美国接受日本投降。同年 12 月任海军作战部部长。主张平时保留强大海军，发展核舰艇，支援美国海外作战。1947 年退役。著有《大海战——第二次世界大战海战史》。

"最著名的海上斗士"——哈尔西

在美国现代海军史上，有一位格外引人注目的人物，他就是第二次世界大战期间的美国海军将领威廉·弗雷德里克·哈尔西。有人说他是"纳尔逊和琼斯的混血儿"，有人说他是"巴顿将军的孪生兄弟"，也有人称他是"最著名的海上斗士"，还有人干脆叫他"海上蛮牛"。总括这一连串的绰号，都是对他的秉性品质和作战风格的有力写照。

从出生之日起，哈尔西就似乎携带着一种"海军遗传基因"。在哈尔西的祖先中有许多人都与海军和大海有关，他的父亲是美国海军军官学校 1873 年的毕业生，曾官居海军上校。哈尔西本人于 1900 年进入海军军官学校，他虽然身材矮小，但爱踢足球，他的成绩不太好，差点被勒令退学。1904 年，因为当时的老罗斯福总统急于扩大海军的需要，哈尔西提前 4 个月毕业，被分配到"密苏里"号战列舰上服役，哈尔西虽然只是一名初级军官，但却渴望着在海上战争中大显身手。

哈尔西

第一次世界大战爆发时，哈尔西作为一名驱逐舰舰长，他在军事指挥中所施展的军事才华，深得上司赏识。哈尔西在指挥"弗鲁赛"号驱逐舰执行任务时，认识了当时的海军助理部长（后来的美国总统）富兰克林·罗斯福，两人相识恨晚。

第一次世界大战结束后，哈尔西被调到海军军官学校，担任练习舰舰长，他以敏锐的眼光搜寻着航空部队与水面舰艇部队协同作战问题。1934 年，哈尔西如愿以偿地当上了"萨拉托加"号航空母舰的舰长。两年后，哈尔西晋升为少将。

哈尔西是一位忠义双全的人，他既敬重上级，又爱护下级。金梅尔是他的同班同学，当后者在 1941 年 2 月超越资深的将领被提升为太平洋舰队总司令时，哈尔西既高兴又吃惊。10 个月之后，当有人把珍珠港损兵折将的责任完全加在金梅尔头上时，哈尔西却挺身而出主持正义为金梅尔辩护，哈尔西不惜牺牲自己的前程，毅然为他的老同学辩解。哈尔西也是一位敢作敢为的人，在率领航母特混舰队前往威克岛运送远程作战飞机任务时，哈尔西即从旗舰上发出了第一号战斗命令：一遇到敌舰或敌机，立即将其击沉或击落。他的参谋长提醒他："这将引起战争！"哈尔西却冷静地回答说："一切由我负责，我们先射击，后讲理。"

哈尔西崇拜武力，崇尚攻击。当珍珠港事件给美军造成极大的伤害主义影响时，失败主义的情绪更像瘟疫一样四处蔓延，就连舰队的许多高级将领也都主张消极避战。然而，哈尔西却坚决支持尼米兹的"积极防御、主动出击"的作战方针，要求"重建攻击精神"。为此，尼米兹十分感动，以至其后的几年时间里，他一直都坚持着这样一个原则："任何有损于哈尔西声誉的事情我都不会参加。"

1942 年 1 月，哈尔西率领两艘航空母舰，冒着危险，穿过日本严密控制的水域，向设防缜密的马绍尔群岛和吉尔伯特群岛发动了一系列大胆的突袭，取得了成功，这是"美国海军在第二次世界大战中的第一次得分"。为此，哈尔西获得了第一枚"服务优异勋章"。事后，哈尔西自豪地说："当我们的任务舰队向马绍尔出击时，你在珍珠港到处都可闻到失败主义的臭味。现在攻击精神已经重建了！官兵们也都能开始斗志昂扬，

哈尔西被授予第三枚勋章

美国人民也是如此。至少我们现在可以答复他在困惑中所提出的疑问——美国海军哪里去了？"三个月后，哈尔西又直接指挥了轰炸日本首都东京的行动，为了万无一失，哈尔西制定了周密的作战计划，组织部队做了大量的战前准备工作，并采取了严格的保密措施，甚至在起航时，部队仍然不知道进攻的目标。直到两个航空母舰群在预定海域会合时，他才郑重宣布："我们正前往轰炸东京。"然而，当编队距离东京还有 650 英里时，被一艘日本巡逻艇发现。这比原定的飞机升空距离整整多出了 100 英里，哈尔西果断决定，飞机立即起飞。由于哈尔西果断机智，既敢于攻击，又善于攻击，这次行动又获得了成功，极大地影响了日军的战略部署。哈尔西的声誉也因此而更加隆起。

在美国的诸多将领中，哈尔西可能是最具进攻精神和毅力的人。他的这种精神，不仅使他在军事指挥上显示出超人的坚强，而且也使他在部队中的影响力大大增强。在进攻所罗门群岛的重要军事基地瓜达尔卡纳尔岛的战役中，刚一上岛，哈尔西就发出了响亮的号令，"攻击！攻击！再攻击！歼灭日军，多多杀敌！"他以自己勇于进取的精神，"燃起了瓜达尔卡纳尔岛部队的火焰"，一位在岛上的美军军官在回忆跟随哈尔西进攻时写道："我永远不会忘记，当时我们许多人正患疟疾，有气无力地从散兵坑里爬了出来，一听说哈尔西当我们的指挥官，大家都高兴得大叫起来，跑得像兔子一样快！"为了有效地组织作战，哈尔西冒着巨大风险亲临前线视察，迅速调整了部署，并很快建成了"美国军事史上第一个真正的三军联合指挥部"。就在他任职的第 8 天，日本人倾其全力，发动了前所未有的猛烈攻势，哈尔西沉着指挥，美军经过连续 4 天的顽强抗击，终于挫败了日军的进攻，并在附近海域重创日军航空母舰 2 艘，击落日机 100 架。此后，哈尔西又指挥战区兵力，连续赢得了第一和第二次瓜岛附近海夜战、隆加近海夜战等惨烈的大海战，死死卡住了日军的海上后勤补给线，终于迫使日军撤离了瓜岛。

【点评】美国海军五星上将。第一次世界大战期间，曾指挥驱逐舰执行巡逻护航任务。1933～1934 年先后入海军军事学院和陆军军事学院进修。1935 年获海军飞行员资格。后历任航空母舰舰长，海军航空站司令和航空母舰特混大队司令等职。太平洋战争初期，率部袭击日军占领的马绍尔群岛、吉尔伯特群岛，1942 年 4 月率特混舰队首次空袭日本首都东京。同年 10 月任南太平洋盟军司令后，指挥瓜达尔卡纳尔岛争夺战、新乔治亚群岛战役、布干维尔岛战役及一些海战。1944 年 6 月任第 3 舰队司令，从加罗林群岛一直打到菲律宾。10 月率部参加莱特湾海战，取得击沉日军 4 艘航母的重大战果。战争后期，对台湾、东京等地实施空袭，并指挥冲绳岛周围的海战直至日本投降。1945 年 12 月晋五星上将。1947 年退役。

"美国空军之父"——阿诺德

1907 年，阿诺德从美国陆军军官学校（西点军校）毕业后，被派到驻菲律宾的美军中服役。三年的国外驻军生活过得平平淡淡，在西点军校所构想起来的宏图大志也几乎被这种平淡无味浸泡得索然暗淡，此时的阿诺德，压根儿就没有料想到自己将成为鼎名于世的"美国空军之父"，空军五星上将。

1911 年，幸运之神一夜之间降到了他的头上，连他自己都感到突然，他被挑选回国参加飞行学习训练，这意味着他要成为美国第一批"开着飞机作战的人"（当时，阿诺德几乎连什么叫飞行员都不知道）。回国后，他随飞机的发明者莱特兄弟学习飞行技术，飞机虽然属于那个时代的"高科技"，但性能极差，安全系数很小，对于年轻人来说，学习飞行确实是一项充满危险、刺激和挑战的职业。在同去

阿诺德

的伙伴之中，有的因为惜命而退却，有的因为身体不适被淘汰，有的因为技术不佳而被取消资格。凭着无畏的精神，坚强的意志，聪明的头脑，胆大心细的训练作风和对飞行事业的炽爱，阿诺德以优异的学习成绩和驾驶技术取得飞行员证书。成为美军最早的几名飞行员之一，真正成了美军的"宝贝"。

美军虽然对飞机的作战前景抱有很大希望，但由于飞机的数量和作战性能不足，以及最高统帅部中部分保守者对飞机作战的成见和不信任，使空中作战力量发展受到相应的阻尼，空中作战力量一直被视为一种陆战的辅助手段而没有被放在应有的位置。阿诺德的飞行事业也像飞机的命运一样，有发展而没有辉煌。

30 年代，阿诺德先后任陆军航空队联队长，陆军航空兵团副司令、司令，随着事业的发展和本身地位的提高，阿诺德已不是以往的人微言轻之辈，他不断地寻找和把握机会，向美军的高层决策机关和指挥官们宣传航空兵力的前景和作用，大讲特讲建立独立的航空兵种的重要性和必要性，阿诺德的高明见解虽然说服和打动了一批人，高层决策机关和决策人们也因此而认识了航空队的作战潜力和建立独立航空兵种的价值，但是，美军还是没有完全同意阿诺德建立独立航空兵种的建议，只是对他全力发展航空队的愿望给予大力支持。因而，阿诺德和他的航空队仍然在隶属于陆军的"辅助作战手段"上追求发展。为了发展航空兵事业，阿诺德和他的伙伴们也赌气似的极力做出成绩，让事实替他们的事业说话。在这一阶段，美军航空事业确实得到了踏实的发展，为日后航空兵作为一支独立的兵种打下了基础。为了使空中作战兵力合成更加合理，作战力量更加强大，阿诺德从实战需要出发，向决策机关提出了发展四引擎重型轰炸机的建设，得到了决策者们的大力支持，从此，美军航空队已发展成为装备编成比较合理，战略和战术运用比较灵活，作战能力大大提高的强大作战力量。

鉴于航空队的发展壮大和阿诺德在航空发展壮大中所作出的突出贡献，1938 年，阿诺德被晋升为少将。1940 年第二次世界大战初期，阿诺德担任了专门负责航空兵事务的陆军副参谋长。1941 年 12 月晋升为中将，次年 3 月出任陆军航空兵司令，1943 年 3 月晋升为上将，次年 12 月再度擢升为五星上将。在短短的 2 年多时间之内从少将擢升为五星上将，这种破纪录的速度不仅是阿诺德的荣耀，也是航空队的荣耀，虽然有人对阿诺德的好运产生嫉妒，但是最值得嫉妒的是航空兵力的增强和地位的提高。因为这是科技的推动，是战争的需要，是军队建设的选择，制空权将决定战争的胜负这已是为战争所证实了的不争事实，航空兵将成为一个独立的军兵种，这是不可抗拒的时代潮流。既然以阿诺德为首的第一代飞行员们顺理成章地创建了属于他们的独立军兵种，阿诺德也理所当然地成了新的军兵种的领导人。

第二次世界大战期间，阿诺德根据战争的发展态势以及对航空兵的需求，一切从实战出发，致力于提高军用飞机的生产能力和飞行员的训练水平，此时，他主要负责陆军航空兵的编组、训练和指挥，在他的组织指挥下，美军航空兵在战争中大显神威，真正成了美军的先头兵和顶梁柱。建立航空兵独立军种的呼声越来越高。然而，阿诺德此时倒相当冷静起来，他作为美国参谋长联席会议和英美参谋长联合委员会成员，正参与研究美、英航空兵的作战使用（包括原子弹）等重大战略问题，努力使航空兵在轴心国的战略轰炸方面起重要作用，航空兵在他的策划和指挥下，在战争中出尽了风头，立下了赫赫战功。

在阿诺德的推动下，1947 年美国空军终于成为独立军种。阿诺德实际上创建了世界上首屈一指的强大空军，在美军中具有很高的威望，被誉为"美国空军之父"，1949 年成为美国第一位空军五星上将。阿诺德不仅是一位优秀的空军指挥官，而且也是一位优秀的战略家和空军学术权威，他认为，空军是未来战争的决定性因素，空中优势是陆战或海战取胜的先决条件，并强调战略轰炸机的作用，主张空军建设应以战略空军为重点，重视科学技术优势，提出卓越的研究工作是空军的第一要素，阿诺德还著有《全球使命》等军事理论著作，为美国空军的飞速发展奠定了战略理论基础。

【点评】美国空军主要创建人，空军五星上将。1911 年随莱特兄弟学习飞行，取得飞行员证书。30 年代先后任陆军航空队联队长、副司令、司令，主张航空兵独立，发展四引擎重型轰炸机。1940 年任负责航空兵事务的陆军副参谋长，次年 3 月任陆军航空兵司令。第二次世界大战期间，致力于提高军用飞机的生产能力和飞行员的训练水平，负责陆军航空兵的编组、训练和指挥，为建立独立的空军奠定了基础，被誉为"美国空军之父"。同时，作为美国参谋长联席会议和英美参谋长联合委员会成员，参与研究美、英航空兵的作战使用等重大战略问题，在组织指挥对轴心国的战略轰炸方面起了重要作用。在他推动下，1947 年美空军成为独立军种。1949 年成为美国第一位空军五星上将。他认为空军是未来战争的决定性因素，空中优势是陆战或海战取胜的先决条件，并强调战略轰炸的作用，主张空军建设应以战略空军为重点。重视科学技术优势，提出卓越的研究工作是空军的第一要素。著有《全球使命》等。

"将军中的将军"——斯普鲁恩斯

在美国海军的高级将领中，斯普鲁恩斯是一位杰出的指挥官，一位卓越的战略家。美国海军部长欧内斯特·金将军在发表人事命令时说："在美国海军将级军官中，斯普鲁恩斯的心智能力超过了所有的人。"知人善任的尼米兹上将则称赞他是一位"将军中的将军"。

斯普鲁恩斯出生在马里兰州的巴尔的摩。1903年考入海军学院。1906年9月毕业后，到海军战船上服役，参加过第一次世界大战。1918年晋升为中校舰队长，指挥驱逐舰"爱伦华德"号，到太平洋舰队服务。1921年起，斯普鲁恩斯历任美国海军工程局处长、"载尔"号和"奥斯本"号驱逐舰舰长、驻欧美海军指挥官的助理参谋长等职。1926年夏，斯普鲁恩斯进入美国海军军事学院深造，毕业后被分派到海军情报办公室任职。1931年6月，被选调到海军军事学院任教，次年晋升上校。从1933年5月起，斯普鲁恩斯先后担任驱逐舰护航舰队参谋长、海军军事学院战术系主任等职。1940年10月晋升海军少将，出任海军第10军区司令，1914年6月兼任加勒比海战区司令。

太平洋战争爆发不久，斯普鲁恩斯奉命接替哈尔西指挥第16特混舰队，协同第17特混舰队取得了中途岛海战的胜利。

中途岛海战刚刚结束，斯普鲁恩斯即被任命为尼米兹的参谋长。同时，美军开始转守为攻，首先在所罗门群岛发起了猛烈的攻势。斯普鲁恩斯一上任，便开始调整兵力支援南太平洋集团的作战，并对未来的中太平洋战役作了深思熟虑的筹划。

一年之后，斯普鲁恩斯因成绩斐然被擢升为中将，并担任了中太平洋部队的司令。上任伊始，斯普鲁恩斯大刀阔斧地精简了幕僚组织。他认为，幕僚组织愈小愈好，庞大的机构则贻害无穷。1943年秋，中太平洋部队开始转入全面反攻。美军参谋长联席会议主张，首先进攻马绍尔岛。然而，刚刚就职的斯普鲁恩斯却力表反对。他认为，中太平洋部队的"第一刀"应该是吉尔伯特群岛，因为美国的任何基地都不能对马绍尔群岛实施

斯普鲁恩斯

成功的侦察和支援，况且马绍尔群岛的设防更为坚固。而进攻吉尔伯特则较为容易，而且占领该岛之后，还可对马绍尔群岛进行侦察和支援登陆。进攻吉尔伯特群岛时，第一个目标应该是马金岛而不是瑙鲁岛（将瑙鲁岛作为第一个攻击目标，亦为参谋长联席会议决定的），因为瑙鲁岛地形险恶，设防缜密，它与战役的第二个目标塔拉瓦岛相距太远，不便支援，与日军在特鲁克的基地又太接近，易遭袭击。而马金岛距塔拉瓦岛不远，离马绍尔岛更近，并可在岛上开辟机场，在礁环中停泊舰艇。斯普鲁恩斯这两项有理有据、分析透彻、切合战情的建议，得到了参谋长联席会议的高度评价，很快被采纳了。

1943 年 11 月 20 日，斯普鲁恩斯率领中太平洋部队发起了对吉尔伯特岛的登陆战。攻打马金岛时，美军打得十分顺利；登陆塔拉瓦岛时，美军损失较大，为此，斯普鲁恩斯受到了国内的许多批评。然而，斯普鲁恩斯的建议无疑是正确的。因为马绍尔群岛中的夸贾林岛，设防比塔拉瓦岛更为坚固，如首先攻打马绍尔岛，必定遭到夸贾林岛的全力增援和抵抗，美军的损失必定会更加惨重。美军正是应用了攻打塔拉瓦岛的经验教训，因而在占领吉尔伯特群岛之后，紧接着又迅速地征服了马绍尔群岛。据说，这次作战，是整个太平洋战争中"成本最低而收效最高的一次"。美国著名的海军史专家莫里森认为，塔拉瓦的经验教训是"1945 年胜利的播种床"。由于马绍尔作战的成功，斯普鲁恩斯被晋升为上将。这时，他指挥的中太平洋部队也同时被称为第 5 舰队，所辖的两栖部队则称为第 5 两栖编队。

1944 年 6 月，中太平洋部队在斯普鲁恩斯的具体指挥下，兵分两路，南北夹击，直取马里亚纳群岛，准备突破日军的内防御圈。6 月 15 日清晨，当第一批陆战队在舰炮和飞机的掩护下，一举登上了塞班岛的滩头时，一支庞大的日本舰队在小泽大将的率领下正向菲律宾海驶来，企图使美舰队处于日本战船和岛上陆基飞机之间，以便两翼夹击。斯普鲁恩斯冷静地分析判断了战情之后，当即决定，暂停在关岛的登陆计划，第 5 舰队的作战舰只迅速移师提尼安岛以西 150 海里处准备迎战。接着，斯普鲁恩斯又命令舰载机全力轰炸关岛机场，一举砸碎日军双钳中的一把"钳子"。6 月 19 日 10 时，当两支舰队相距 300 海里时，日舰队连续发起了四次进攻，共起飞舰载机 338 架次。然而，由于关岛的陆基飞机已大部被歼，日军舰载机孤掌难鸣，很快被击落了 297 架，经过两天激战，日军损失惨重，几乎遭到了毁灭性的打击。这就是著称于世的"马里亚纳大规模火鸡射击战"，亦被称为"菲律宾海战役"。扫除了小泽这一海上障碍之后，美军又很快攻下了塞班岛、提尼安岛和关岛，牢牢控制了马里亚纳群岛。

紧接着，斯普鲁恩斯又制定了下一个战役目标——攻占硫黄岛和冲绳岛。然而，尼米兹告诉他，参谋长联席会议已决定收复菲律宾之后将继续进攻台湾。斯普鲁恩斯认为，进攻台湾困难太大，而且距离日本太远，难以产生决定性的影响；攻占硫黄岛和冲绳岛，既可以作为轰炸日本本土的前哨机场，也可以从那里使用战斗机保护从马里亚纳起飞的 B - 52 重型轰炸机，还可以控制东海及日本南部海域。这一建议，又被采纳了。美军在攻占了菲律宾之后，决定越过台湾，西取硫黄岛和冲绳岛，决定由斯普鲁恩斯担任战役最高司令官。在斯普鲁恩斯的巧妙指挥下，硫黄岛和冲绳岛这两个日本本土的最后一道屏障被砸了个粉碎。

斯普鲁恩斯与安德鲁斯

【点评】美国海军上将。太平洋战争爆发不久，指挥第 16 特混舰队，协同第 17 特混舰队取得了中途岛海战的胜利，旋即被任命为尼米兹的参谋长。一年之后，担任中太平洋部队的司令。1943 年秋，中太平洋部队开始转入全面反攻。他对参谋长联席会议的主张表示异议，并提出独到见解，得到高度评价。1943 年 11 月起率部攻克马绍尔群岛、塞班岛、提尼安岛、关岛、硫黄岛和冲绳岛等，为美国取得太平洋战争的胜利作出重要贡献。

德军"闪击战"方案的设计师——曼施泰因

曼施泰因于 1887 年出生在东普鲁士的一个显贵的炮兵军官家庭，自幼饱读兵书战策，加之他过人的智力和丰富的战斗经验，使他最终成为希特勒麾下的一位著名的陆军元帅。

第二次世界大战爆发前夕，已升任中将的曼施泰因出任龙德斯特

曼施泰因

"南方"集团军群的参谋长。大战爆发后，他与龙德斯特默契配合，成功而又创造性地执行了"闪击"波兰的"白色作战"计划。进攻波兰的头几天，"南方"集团军群重创波兰两个集团军，突破了波兰西部整个防御的纵深，其快速兵团也出发到维斯瓦河和华沙附近。此时，机警的曼施泰因觉察到波兰军队在波兹南省区还集结着大量兵力。于是，他命令所属第8军团军注意对北面的搜索。果然不出所料，第8集团军遭到了奇袭，而被迫转入防御。龙德斯特和曼施泰因没有依照常规去迅速增援第8军团，而是将计就计，让第8集团军顶住北面的波军，让第10军团从南面和东南进攻，同时要求陆军总部命令"北方"集团军攻击波军后方，造成合围之势。经过激战，波军于9月18日全面崩溃，德军把华沙团团围住，9月28日，波兰守军与德国第8集团军司令签订了降约。

德国侵占波兰后，又相继占领了丹麦、挪威，并准备实施蓄谋已久的入侵法国的"黄色作战计划"。原先的战略意图是，以"B"集团军为主力，经荷兰南部向比利时北部进攻，击败预计在那里可能遭遇的英法联军和荷、比两国的部队，占领海峡南岸，而在"B"集团军左面的"A"集团军，则通过比利时南部和卢森堡，沿马其诺防线在萨尔河与色当以东的缪斯河之间一线，向西北建立防御阵地，掩护"B"集团军。曼施泰因对这一计划提出了反对意见，他认为陆军总部的"黄色作战计划"，只不过是第一次世界大战时施利芬计划的翻版，虽然那一计划曾获得巨大成功。但1939年的情况与1914年相比有了若干的不同，再重复老一套便难以达到出奇制胜的目的。他根据1939年的欧洲军事形势，尤其是对波兰的军事形势进行了认真分析，曼施泰因认为，波兰的不利条件有两个：一是兵力处于劣势，总计兵力只能出动三十九个步兵师，十一个骑兵旅，三个山地步兵旅，二个装甲摩托化旅和近十个民兵营。兵器大部分是第一次世界大战中的旧货。空军虽有近千架左右的飞机，但也不够先进。二是波兰的西半部是一个很大的突角，正对着柏林，北部与东普鲁士和波美拉尼亚接壤，南与西里西亚、斯洛伐克毗连。在维斯瓦河以西没有天然屏障，想守是守不住的。因此，波兰方面的关键是"争取时间"，最重要的是避免受到东普鲁士与西斯洛伐克两路德军的包围，北面利用波尔—拉柳河一线直到维斯托拉河，构成一个天然屏障，南面扼守卡尔配提亚山脉中的隘道，阻止德军深入后方的迂回运动，南北两面作了必要的保障之后，就可以在西部进行迟滞性战斗，以集中最大兵力，对抗西里西亚方向的德军主力，赢得时间，等候同盟国在西线发动攻势，迫使德军撤军。在对对方的形势进行了认真分析之后，曼施泰因提出了一个大胆的具有独到见解的作战计划。这个计划以装甲部队为先锋，以"A"集团军为主力，通过卢森堡和比利时的阿登地区，直插西北方向的海峡沿岸，切断盟军各部队之间的联系，尔后同"B"集团军一起各个加以歼灭。而在马其诺防线只限于进行佯攻，以便钳制在该地域行动的英法基本兵力。

曼施泰因的创见终于被希特勒采纳，因为希特勒在战略战术上也是一个极不喜欢墨守成规的人。1940年2月20日，法西斯德国以希特勒的名义颁发了新的"黄色作战计划"。1940年5月，德军根据曼施泰因的作战方案，在森林密布的阿登地区实施主要突击，完全出乎盟军意料。尽管盟军为对付德国展开了150个师（与德军师的数量大致相等）。但盟军的作战计划却被全部打乱，并在德国进攻的最初几天就陷入了极端困难的境地。可以说，"曼施泰因计划"为德军击溃英法联军和占领西欧诸国起了决定性的作用。7月25日，曼施泰因升任第38军军长并获骑士十字勋章。

1941年2月，曼施泰因调任第56装甲军军长，不久参加了入侵苏联的战争。据说，他指挥部队利用俘获的苏军车辆，乔装苏军的伤兵队伍，巧妙地攻占了杜维纳河上的桥梁，希特勒对此大为欣赏。9月份，曼施泰因被任命为第11军团司令，上任不久，就组织指挥了克里木战役。在这次战役中，他指挥七个步兵师和一个罗马尼亚山地军，在第1装甲兵团和航空兵的支援下，俘获了20万左右的苏军，重创苏独立第51集团军。从1942年初开始，曼施泰因以其大胆果断的作风和充沛的精力，又采取了一系列的攻势行动，并取得了显著成果。2月1日，他被晋升为上将。4月中旬，曼施泰因又向希特勒提出了其进攻克尔齐的作战计划，得到了希特勒的支持，于是，曼施泰因于5月8日发动攻势行动，七天之内就攻克克尔齐城，俘获苏军17万人，缴获火炮千余门。6月7日，乘胜进攻塞瓦斯托波尔，经过近一个月的激战，又俘获苏军9万人。曼施泰因战功卓著，赢得了希特勒的高度信任，7月1日，他受到希特勒的电报嘉奖并晋升为元帅。从此，曼施泰因指挥的集团军被希特勒当作"消防队"使用，哪里军情吃紧，就被派往哪里。但是，由于希特勒政治上和战略上的错误，狂妄地几乎与整个世界为敌，军事形势每况愈下，曼施泰因从1942年下半年以后，尽管为挽救法西斯德国的危局进行了15个月的艰苦防御战，而且也有过一些出色的战术行动，但没有也不可能再有大的作为。1944年夏，曼施泰因建议希特勒指派一位职业军人作国防部长兼陆军总司令，从而触怒了希特勒而失宠。1944 年 3 月 30 日，曼施泰因被召到萨尔茨堡，希特勒在给他佩上栎树叶双剑勋章的同时，解除了他集团军群司令的职务。1945 年，曼施泰因被英国人俘虏，1949 年，被判处 18 年徒刑。1953 年获赦释放。

【点评】德国元帅，第二次世界大战战犯。1939 年 10 月任德军西线"A"集团军群参谋长，提出以装甲部队经阿登地区入侵法国的作战计划，被希特勒所采纳。1940 年任第 38 军军长，率部参加法国战局。1941 年 6 月率部参加对列宁格勒方向的进攻，参与克里木作战。翌年 7 月占领塞瓦斯托波尔，晋元帅。8 月率部转战列宁格勒。11 月任顿河集团军群司令，救援被合围在斯大林格勒的第 6 集团军，未果。1943 年 2 月任南方集团军群司令，对苏军发起反攻，再克哈尔科夫。后在库尔斯克会战中失败。1944 年 3 月被解职。1945 年被英军俘获。1949 年被英国军事法庭判处 18 年徒刑。1953 年获释后，曾任联邦德国政府军事顾问。卒于慕尼黑附近的伊申豪森。他善于集中使用装甲部队，强调速战速决、出奇制胜。著有《失去的胜利》和《一个士兵的经历：1887 ~ 1939》等。

"沙漠之狐"——隆美尔

在德国以至西方军界，隆美尔是一位家喻户晓的传奇式人物。两次世界大战的战争实践，使他赢得了极大的荣誉。人们送给他的绰号之多，恐怕很难有哪一个职业军人能与之相比。有人称他是"战争动物"，他所指挥的装甲师有"魔鬼师"之称，甚至有人把他捧为"20 世纪的汉尼拔"。尤其是根据他在北非战场上的表现，其对手送给了他一个"沙漠之狐"的绰号，以表示他超人的军事天才和难于对付的狡猾。

1940 年 6 月 10 日，在法国投降的前十天，意大利宣布站在德国一边向英法宣战，出兵北非，进攻英属埃及和索马里。结果，参战不到半年就败绩累累，意军 10 个师被歼。于是希特勒便任命已晋升为中将的隆美尔为德国的非洲军军长，派往北非挽救败局，从而使这位骁将大出风头。1941 年 2 月 11 日，隆美尔一到北非，先对前线战区作了飞行侦察，得出"最好的防御就是进攻"的结论。2 月 16 日，他正式接管了前线的总指挥权。2 月末，德军攻占了恩努菲利亚。3 月，又利用英军调防、轻敌的有利时机，采取大胆行动，把数量不多的德军和意军组成混合纵队，从塞尔担向穆尔祖赫发起进攻，向前挺进了 450 英里，给了英军以料想不到的打击。九天之后，隆美尔又指挥部队攻占了艾阿格海拉地区的要塞、水源和

外国著名将帅

飞机场，占领了马萨布莱加，把英军逼到阿吉达比亚地区。隆美尔不给英军以喘息的机会，乘英军立足未稳，又于4月2日攻占了阿吉达比亚。他不顾意大利最高统帅部的阻止而继续前进，经过艰苦战斗攻陷了梅希里。经过隆美尔巧妙的几个回合，就使整个巴尔赛高原落入轴心国军队之手。英军只剩下一支被围困在托布鲁克的部队。不仅英军将领们被隆美尔的战术弄得不知所措，就连英军士兵也被隆美尔的用兵弄得"望而却步"。为了扭转战局，英军决意向北非大举增兵。1941年11月，拥有10万人之众和800辆坦克的英国尼罗河军

隆美尔

团，在英军名将奥钦烈克的指挥下，发起了代号为"十字军"的攻势，隆美尔以4万人和240辆坦克与英军对阵。由于优劣悬殊，德军退出昔兰尼加。1942年1月20日，为表彰隆美尔在北非的战功，同时也是为了给隆美尔鼓劲，希特勒授予他栎树叶双剑勋章，并任命隆美尔为非洲装甲军团司令。接着，隆美尔主动夺回了昔兰尼加，又因此而被希特勒提为上将。5月下旬，隆美尔又一次向英军发起攻击，经过一场血战，击溃了英军第8集团军，向埃及挺进。6月19日，他出乎意料地掉转矛头，以相对劣势兵力向托布鲁克要塞进攻，十几个小时后攻克，俘获英军3万多人。英军被隆美尔的狡猾弄得摸不着头绪，骂他是狐狸，给他起下了"沙漠之狐"这样一个绰号。两天后，49岁的"沙漠之狐"隆美尔佩戴上了元帅军衔。到1942年下半年，由于多方面的原因，北非战局向不利于法西斯德国的方面转化。10月23日，英国名将蒙哥马利率英军第8集团军向德军发起攻势，希特勒立即将休养的隆美尔重新派往非洲，任凭隆美尔再狡猾，也已无力挽回战局。

其实，在没有得到这一绰号之前，隆美尔就已经是一位狡猾至极的德军将军。第一次世界大战之初，隆美尔是一名步兵排长，随部队转战于西战场、罗马尼亚和阿尔卑斯山地。他意志坚强，勇猛过人，刻苦耐劳，善用计谋。四次赢得军功勋章，他对战争的高度热情和出色的战斗素质从那时已经显露出来。1918年，德国11月资产阶级革命时期，隆美尔任警卫连长，从1919年起，隆美尔历任步兵连长、德累斯顿步兵学校战术教员、戈斯拉尔市猎骑兵营营长、波茨坦军事学校教员、维也纳新城军事学校校长、希特勒大本营卫队队长等职。但是，总的来说，第一次世界大战之后

隆美尔巡视战场

的相当长的一段时间里，隆美尔虽然努力争取，但时运不佳，仅上尉就干了 12 年，直到希特勒执政以后，他才获得了飞黄腾达的机会。隆美尔在当战术教官时所写的一本名叫《攻击中的步兵》的书，被希特勒看中，希特勒决定该书的作者任警卫营营长。第二次世界大战开始时，隆美尔在最高统帅部任职，在希特勒法西斯军事集团里，隆美尔以其智慧和胆略，为希特勒闪击荷兰、比利时、卢森堡和侵入法国冲锋陷阵，屡立战功，获得武士级十字勋章，成为德军中"战神"一般的英雄。

1943 年 3 月 31 日，希特勒把隆美尔召回最高统帅部，授予他栎树叶钻石勋章，命他免职休养。此时的隆美尔已从中觉察到了一种不祥。1943 年 8 月，在战局紧迫之时，希特勒又起用隆美尔，任命隆美尔为驻意大利北部集团军总司令。1943 年 12 月，隆美尔又被任命为驻法国 B 集团军群司令，负责沿海要塞工事的构筑。但此时的隆美尔已丧失了单独决定重大行动的权力，一切都要听从希特勒的指挥。1944 年 7 月 17 日，隆美尔乘车视察前线返回途中，遭美国飞机袭击受伤。7 月 20 日，反对希特勒的集团暴露后，隆美尔被指控为谋杀希特勒的同犯。10 月 7 日，隆美尔奉召去最高统帅部开会。他已预料到希特勒不怀好意，于是拒绝到会。10 月 14 日，希特勒派人拿毒药送给隆美尔，并传达了希特勒的允诺：如果遵命自尽，将对他的叛逆罪严加保密，并为他举行国葬，竖碑纪念，其亲属将领取陆军元帅的全部抚恤金。否则，就将接受法庭审判。隆美尔这只"狐狸"最终还是没有斗过希特勒。

【点评】德国元帅。1942 年 6 月指挥德意联军攻克托布鲁克，将英军逐至埃及境内，被称为"沙漠之狐"，晋元帅。同年 11 月因兵力有限和补给不足，在阿拉曼战役中被蒙哥马利指挥的英国第 8 集团军击败，退守突尼斯。1944 年 6 月在诺曼底指挥所部抗击盟军登陆。7 月 17 日被盟军飞机炸伤。曾数次要求希特勒与西方盟国媾和，遭拒绝。10月在家养伤期间，因涉嫌"7·20"暗杀希特勒事件，被迫自杀。他重实战，轻理论，惯于机断行事，常能出奇制胜；重视从严治军，身先士卒。著有《步兵进攻》。其作战文书由英国军事理论家利德尔—哈特辑成《隆美尔文件》。

阿拉曼英雄、捕捉"狐狸"高手——蒙哥马利

伯纳德·劳·蒙哥马利是西方数十年来最受争议的人物之一，但毁、誉各方最后都承认，他是20世纪战争舞台上的一位卓越将领，是第二次世界大战中建有功勋的英国名将。

蒙哥马利于1887年11月17日出生在英国伦敦圣马克教区一个牧师家庭，父亲是主教，蒙哥马利自幼性格倔强，童年时经常受到母亲的惩戒。1902年，蒙哥马利入伦敦圣保罗学校读书，1907年考入桑赫斯特英国皇家军事学院。由于其战绩卓著，得到比较顺利的提拔和重用。1942年8月任英国第8集团军军长，在阿拉曼战役中，击败德军著名元帅隆美尔，扭转了北非战局，把德军赶出埃及，从此名声大振。

1942年10月，蒙哥马利将军率领的第8集团军和素有"沙漠之狐"之称的德国元帅隆美尔指挥的德意联军"非洲"坦克集团军，在北非的阿拉曼附近对峙着。

这两位对峙的将军，除了各自对祖国的忠诚之外，几乎没有共同之处。但这两位身经百战的"老油条"都在注视着对方。蒙哥马利决心打掉隆美尔，隆美尔决意吃掉蒙哥马利。此时的蒙哥马利很清楚，自己的对手是德军将领中出类拔萃的人物，他已经狡猾得比狐狸有过之而无不及。1940年，隆美尔曾以其独有的狡黠指挥德军第7装甲师在1个多月的时间内奇胜了超过他20多

蒙哥马利

倍的敌人，一举攻克法国，被称为战争"魔鬼师"。1941年，隆美尔又凭借超人的智慧和卓越的指挥能力在北非迅速挽救了意大利的危局，使整个战局从被动转为主动，获得了"沙漠之狐"的绰号。很多将帅都拿隆美尔没有半点办法。现在，隆美尔的部队在阿拉曼以西占领了正面宽为60公里的防御阵地，总兵力达8万多人，其防御工事的坚固在沙漠战场上是前所未闻的。不仅有宽广的布雷场，而且设有公开暴露的侧翼。隆美尔的部队有丰富的沙漠作战经验，久经战场磨炼。要战胜这只"老狐狸"，对于蒙哥马利来说是一个十分艰巨的任务。

为了彻底打败隆美尔，蒙哥马利精心策划了战术奇袭的计划。这个计划是：在阿拉曼南面佯攻，在北面实施真正的进攻。向西迪—哈米德方向实施主要突击，将德、意联军沿海集团压缩至沿海一带，尔后予以歼灭。蒙哥马利认为实现这一企图的关键，在于能否成功地进行战役伪装，达成发起进攻的突然性。

为此，蒙哥马利实施了一系列迷惑敌人的计划：首先，在南面佯动地域大量制造各种欺骗器材，建立了大型伪装仓库和长达20英里的假输油管道和假输油泵房，同时，集结了大量的坦克、大炮和卡车。故意让隆美尔的空中侦察机相信英军将在南部发动进攻。其次，在进攻时间上，蒙哥马利选在10月23日月盈之夜，因为敌人的雷区不允许在一团漆黑中瞎摸乱撞。为了使敌人在进攻时间上产生错觉，蒙哥马利有意让敌人看到铺设油管的工程将在11月完工，以麻痹敌人。最后，在发起进攻的前夕，所有战车都从佯攻地域转移了出去，换上了逼真的假战车。由于组织严密，使隆美尔没能察觉出任何踪迹，侦察机告诉隆美尔的，也就是蒙哥马利想要他相信的东西。隆美尔既没有把蒙哥马利组织的这些行动放在眼里，也

阿拉曼战役中的蒙哥马利

没有想到战役来得这么快，而相当自信地回到德国本土处理其他事情去了。

10月23日夜晚，当皓月当空之时，蒙哥马利指挥的阿拉曼进攻战役打响了。由于进攻出其不意，德军部队代理司令差一点被英军的侦察兵俘虏，逃跑途中因心脏病发作而身亡。隆美尔在希特勒的督促下火速从德国返回阿拉曼指挥所，虽拼命组织抵抗，却无法改变退败的形势。

经过半个月的激战，从未吃过败仗的隆美尔，这一次终于败在蒙哥马利手中。德意联军被俘和死亡的人数达到5万人，最后隆美尔不得不带着他的残兵败将们撤出埃及。

阿拉曼大捷是英军在北非最显赫的胜利，是北非战局有利于盟军的转折点。英国首相丘吉尔听到这一消息后，破例下令要伦敦的教堂敲响报警的钟声，欢庆大捷，阿拉曼战役使蒙哥马利成了捕猎"沙漠之狐"的英雄，并被封为阿拉曼子爵。蒙哥马利也因此被提升为中将。

蒙哥马利的名声是打出来的，蒙哥马利的职务和荣誉是用战绩垒成的。他先后参与组织指挥了西西里、意大利、诺曼底登陆等著名战役。连连取胜之后又转入西北欧，直抵德境，指挥部队强渡莱茵河，深入德国本土作战，为打败德国法西斯作出了突出贡献。不仅被晋升为英国陆军元帅，还分别获得了戴高乐、斯大林、艾森豪威尔授予的法国、苏联和美国的最高荣誉勋章。

蒙哥马利身材不高，体质文弱，精神矍铄，言谈简赅，举止轻快。由于自小受家庭影响，他律己很严，洁身自好，作风简朴，刻苦认真。然而，蒙哥马利并非一个素然寡味的人。他很富于英国式的幽默感。蒙哥马利性格倔强，当他自己认为意见正确时，他会不顾一切地坚持。在蒙哥马利长期的军事生涯中，形成了他独特的军事思想和作风。他认为，一个卓越的高级指挥官必须具备忍受痛苦和审慎准备的无穷能力。同时要有一种超越理性的内在信念。他强调"统御风格"，认为一个指挥员既要赢得部队的爱戴，又要给部队以活力，他的言行要能抓住人心，要有吸引力；只有对部下讲真话才能取得下级的信任；要有坚定的决心，不优柔寡断，不推诿拖拉；必须使部下了解要求并全力去完成。他认为，"人"是战争中一切成败得失的关键因素，士气是战争中唯一最重要的东西，而维持士气最好的办法就是打胜仗。蒙哥马利治军严格，要求部队的训练计划要从实战出发，经常组织部队在恶劣的天气里进行各种高强度训练，以培养艰苦卓绝的作风和旺盛的攻击精神，对新接手的部队，往往进行大刀阔斧的整顿，坚决撤换不称职的军官，强化各种机关。蒙哥马利的军事思想在世界军事领域中占有比较重要的地位。

【点评】英国陆军元帅，军事家。第二次世界大战爆发后赴法参战。1942年8月正当北非战局严峻之际，出任驻北非英国第8集团军司令。到任后，对所部严格整训，补充给养，振奋士气。10月对隆美尔指挥的德意军发起阿拉曼战役，将其逐出埃及，扭转北非战局。尔后率部乘胜追击，进军利比亚，突破马雷特防线，向退守突尼斯的残敌发起最后攻击，实施西西里岛登陆战役，攻入意大利南部。1944年6月6日参与指挥盟军在法国西北部诺曼底登陆，粉碎德"B"集团军群，尔后乘胜追击，解放法国北部和比利时大部。阿登战役中，率部配合第12集团军群粉碎德军反扑。1945年2～4月率部突破齐格菲防线，强渡莱茵河，向德国本土推进，先后占领不来梅、汉堡和吕贝克。5月4日接受德军北部集团投降。1951年任北大西洋公约组织欧洲盟军副总司令。他治军严格，注重从实战出发训练部队；强调鼓舞部队士气，认为发挥人的积极性是取得胜利的重要因素；主张做好战前准备，制订周密的作战计划，尽量减少人员伤亡。著有《从阿拉曼到桑格罗河》、《蒙哥马利元帅回忆录》、《一种趋于明智的态度》、《走向领导的途径》、《战争史》等。

"闪击英雄"——古德里安

海因茨·威廉·古德里安于1888年降生在东普鲁士维斯杜拉河库尔门的一个职业军人家庭。曾就读于柏林附近大里希特场的中央军官学校。1908年开始在部队服役，官至法西斯军队上将。古德里安性格刚烈，崇尚武力，具有钢铁般的意志，相信钢铁是最有说服力的作战工具。古德里安关于装甲兵在现代战争中的作用及闪电战术思想在德国军事史上具有重要地位，而且他能把此理论付诸实践，被称为"德国装甲兵之父"、"闪击英雄"。

古德里安军事生涯的大部分与坦克为伍，他与坦克有特殊的感情，他不仅运用坦克创造了很多作战奇迹，而且还著有《坦克指挥官》。他认为，坦克武器有三大特征：装甲、运动和火力。不论是在普通官兵还是在高层将帅以至于在希特勒面前，他都不惜时机地宣扬自己的坦克作战理论——凡是要准备进行激烈战斗的一切坦克，都应当具有相当强度的装甲，能够不为对方的防御火力所击毁；要想取得胜利，尽量使用坦克，运动迅速，不顾敌火的阻挠，一直向前运动，使敌人无法建立一个新的防线，最后把攻势深入敌人的后方；火力是坦克武器的最重要特征，它的火炮在坦克静止和运动时，都可以开炮射击，坦克前进时，可以把它的火力携带着

一起行走……他主持改进和试制新型坦克，如"虎"型、"豹"型坦克。正是由于古德里安对坦克武器的过于宣扬，无形中贬低了其他武器的作用，有意无意地得罪了其他兵种的将帅。因而连同他的军事理论、建议和实践，经常遭到其他高级将领们的故意反对。但古德里安就是不屈不挠不信邪，敢作敢为与别人拼命争论，有时甚至到动手打人的程度。一是由于希特勒就看中了古德里安的这一性格，二是由于古德里安亲手训练的摩托化部队确实有无比的攻击战斗力，因而希特勒说："这就是我所希望的东西！"1934年，德国成立装甲兵司令部，希特勒任命古德里安为参谋长。

古德里安

在古德里安的苦心经营下，德国装甲兵得到了迅速发展。古德里安曾率领他所创建的装甲部队进攻奥地利、波兰、法国、苏联等国，为希特勒立下汗马功劳。在这一点上，包括希特勒在内的法西斯将帅们无不承认古德里安是德军的功臣。

作茧自缚这句话用在古德里安身上似乎比较合适，古德里安爱坦克，但他有好几次差点毙命于自己的坦克炮火之中。1939年9月，德国法西斯对波兰发动突然袭击，这是闪电战的第一次表演，古德里安在这次闪击中担任着重要的角色。为了用其才，希特勒在闪击前不久就有目的地任命古德里安为第19军军长，该军下辖一个装甲师、两个摩托化步兵师。它的任务是首当其冲地突破波兰边防线，其后从波美拉尼亚快速前进，直抵维斯杜拉河，切断波军通往波兰"走廊"的退路。这项任务对于古德里安简直是太"对路"了，他非常兴奋，他不喜欢在司令部里发号施令，而是在前线直接指挥，他往往乘坐他的装甲指挥车随同领先的装甲部队一起前进。他要亲眼看到他的这支铁流的威力。古德里安率部进攻波兰之初，曾遭到波兰骑兵的英勇抵抗。但是，坦克与战马搏斗，坦克火炮与马刀枪对阵，简直就是利剑割豆腐一样，正在古德里安为自己的胜利兴奋不已之时，天突降大雾，能见度极低，虽然古德里安下令第3师的重炮兵不得开炮射击，但是在大雾之中，急于求胜的该师师长忍不住命令部队开了火。说来也巧，第一颗炮弹恰好落在古德里安指挥车前50码的地方，第二颗又落在古德里安指挥车后50码的地方，如果再来一发，那可能就正中指挥车了。古德里安一边骂一边命司机转过车来离开这个地区，哪知，司机已被这突如其来的炮火吓得神经错乱，拼命的一冲就掉在一个沟里去了，又险些送了古德里安的命。古德里安指挥部队冲锋陷阵，为闪击波兰立了头功，获得武士级铁十字勋章，但古德里安并没有因为这一勋章是自己一个人的荣誉，而把它当成了经过自己一手建立起来的新的兵种——装甲兵的一张成功说明书。然而古德里安自己却差点被自己的炮火毙命于这份来之不易的"说明书"之中。

古德里安口授作战命令

古德里安虽然战绩赫赫，但他过于自信，经常因为作战指挥问题与希特勒闹别扭，希特勒不得不利用他但又容不下他，最终撤了他的职。

1942年7月至1943年2月，苏德战场发生了规模空前的斯大林格勒战役，最后以德军的惨败而告终。从此，德军被迫转入战略防御和退却。德国上下，人心惶惶，军队内部，怨声载道，装甲兵军官中尤为严重，他们迫切希望有一个人能来肩负起重建装甲兵之重任，重振装甲兵昔日的雄风。这个人只能是古德里安，希特勒终于被迫重新起用了他。之后，装甲兵部队果真有了起色，古德里安又为挽回败局立下了一连串的战功。

1944年7月以后，德军已处于四面楚歌。德国法西斯灭亡的前夕，希特勒就某一战斗的失败的责任问题与古德里安争吵起来，因此，1945年3月28日又免了古德里安的职。

古德里安积极倡导闪击战，主张集中使用坦克，强调快速机动与协同。著有《装甲兵及其与其他兵种的协同》、《注意！坦克》、《西欧可以防御吗？》、《一个士兵的回忆》和遗作《坦克—前进！》等。

【点评】德国装甲兵创建者，大将。1931年起先后任国防部汽车兵监察司、机动战斗部队和装甲兵参谋长，领导组建装甲师。1935年10月任第2装甲师首任师长。1939年8月任第19军军长，9月参加德波战争，首次实践闪击战理论。1940年5月率部入侵西欧，6月任古德里安装甲集群（后改称第2装甲集群）司令，7月晋大将。1941年6月参加苏德战争，10月任第2装甲集团军司令，12月在莫斯科会战中受挫并被解职。1943年3月任装甲兵总监。1944年7月任代理陆军总参谋长。1945年5月被美军停获。1948年6月获释。卒于施旺高。他积极倡导闪击战，主张集中使用坦克，强调快速机动与协同。著有《装甲兵及其与其他兵种的协同》、《注意！坦克》、《西欧可以防御吗?》、《一个士兵的回忆》和遗作《坦克—前进!》等。

"二战"中最好的"盟军司令"——艾森豪威尔

艾森豪威尔于1890年出生在得克萨斯州的一个贫寒之家，他在青年时期就有志于从军，1911年考入西点军校，在西点军校，学习成绩中等，但善于交际，富于幽默感，1915年毕业后获步兵少尉军衔，派驻到得克萨斯州的山姆休斯敦港口。第一次世界大战期间，艾森豪威尔十分渴望到法国前线作战，但未能如愿。1922年，艾森豪威尔跟随康纳将军到巴拿马服务3年，得到赏识。1925年到利文沃思指挥参谋学院受训一年，以优异成绩毕业后又继续入华盛顿陆军学院学习深造。此后，艾森豪威尔一直在潘兴将军、摩斯勒将军、麦克阿瑟将军身边任高级参谋。

1942年6月，艾森豪威尔任美军欧洲战场司令官，他到达英国不久，又被任命为进攻北非的盟军司令，1942年11月，艾森豪威尔成功地指挥盟军进占了法属北非。1943年7月指挥盟军进攻西西里岛和意大利。1943年12月，艾森豪威尔升任盟军欧洲战场最高统帅。他凭着坚强的意志和外交策略的巧妙结合，实现了盟军各国部队的团结协作，出色地指挥盟军，于1944年6月6日以4000只

艾森豪威尔

舰艇和 100 万大军从法国诺曼底登陆，诺曼底登陆战役，对美英盟军在西欧展开大规模进攻，加速德国法西斯的崩溃以及决定欧洲战后形势起到了重大作用；为组织和实施大规模登陆作战提供了有益的经验。斯大林于 6 月 13 日答《真理报》记者提问时指出："这次行动按其计划的周密、规模的宏大和行动的巧妙来说，在战史上还从未有过类似的先例。""这件事将作为头等业绩载入史册。"1944 年 12 月，艾森豪威尔因指挥诺曼底登陆作战有功，获美国国会新设的陆军五星上将军衔。

艾森豪威尔作为第二次世界大战欧洲盟军的最高统帅，他管理着 12 个国家组成的几百万军队，任务之艰巨、情况之复杂，前所未有。在这个职位上，艾森豪威尔也确实显示了非凡的机智和巨大的统驭能力。

1943 年 1 月 14 日，英美政府首脑在摩洛哥的最大城市卡萨布兰卡举行会议，决定成立地中海盟军总司令部，任命艾森豪威尔为盟军部队司令，授予上将军衔。英国的亚历山大将军任副总司令，坎宁安海军上将担任海军总司令，阿瑟·泰德空军上将任空军总司令。如此安排，陆海空三军都由英国将领担任，英国陆军总参谋长布鲁克在日记中高兴地写道："让艾森豪威尔以最高统帅的身份去把全部时间花在政治和同盟间的问题上，而我们则乘机把我们的人插在他的下面，以便去实际性地应付军事情况并恢复所有如此严重缺乏的必要冲力和协调。"从这里可以看出，艾森豪威尔的副将及各军种司令们是根本没有把他当回事的，甚至可以说，他坐的是一个没有实权的第一把交椅。话说回来，指挥盟国联军的确也不是件容易的事，这涉及处理国与国之间的关系问题，但艾森豪威尔却善于把多国的庞大武装力量合为一体，协同行动。他曾不得不与罗斯福、丘吉尔和戴高乐这些具有坚强意志的政治家打交道。他也曾不得不与蒙哥马利和巴顿这样个性极强的名将共事。但正由于他具有高度的克制精神和灵活性，坚定但又朴实的指挥作风、宽宏大度但又无损其统帅权威的性格与处事艺术，因此，在其历任北非、地中海、欧洲盟军总司令期间，与其副手大体都能合作无间。艾森豪威尔在回忆录里这样写道："高级司令官必须冷静沉着，头脑清楚，刚毅坚定。在他所指挥的一切方面，尤其是在指挥盟国部队方面，他的成败更多地是取决于他的领导能力和说服能力，而

艾森豪威尔视察部队

不是取决于他能墨守指挥常规。……可是每当听到任何事件或问题需要司令官运用并维持其权威时，就必须坚持要求迅速及时和不折不扣地服从。"他在回忆筹划组织北非盟军司令部时写道："我们是从似乎参谋部全体人员都属于同一个国家这样的观点出发的。尽管如此，我们还是尽量使每一个部门都既有美国籍的人，又有英国籍的人。由于两个国家的人事手续不尽相同，也不得不对正常的美国编制作某种修改。在早期，两种国籍的军官们在办理公务时，往往容易显出一种牛头犬碰上了公猫的态度，可是随着时间的推移，他们自己发现，相互尊重和友好关系已逐步造成了一支协作队伍——其目标一致、忠于职守以及没有摩擦的程度，即使其中全部成员都来自同一个国家、同一军种，也是无法超越的。"没有艾森豪威尔的超凡领导和协调艺术，这样的局面是很难出现的。艾森豪威尔头脑冷静、个性温和，善于控制自己的感情，善于把不同国家的武装力量合为一体，有效地打击敌人。他重视发挥诸兵种整体作战的威力，善于组织和协调陆、海、空军联合作战。他目光远大，军事战略思想明确而坚定，善于果断决策，并能在困难的条件下排除各种干扰，毫不动摇地坚持自己经确定的战略计划。他开朗乐观，富有幽默感，具有吸引人的个性。这些，使他在盟军中享有很高的威望。连高傲自信的英国元帅蒙哥马利都说："没有其他的人能够执行艾森豪威尔所执行的任务"，"他是最合适的，也是最好的盟军司令"。

【点评】太平洋战争爆发后任陆军参谋部作战计划处副处长、处长，负责组织向太平洋战场增调防御力量。1942年3月任作战处处长，支持"先欧后亚"的战略方针，主张集中兵力于英格兰，尽快在西欧开辟第二战场，沿最近路线攻入德国本土。1942年6月任欧洲战区美军司令，为在法国登陆做准备。11月作为北非远征军总司令，指挥实施北非登陆战役。1943年2月任地中海战区盟军总司令，组织实施突尼斯战役，结束北非战事。随后指挥西西里岛登陆战役和意大利南部战役，迫使意大利投降并对德宣战。12月任盟国欧洲远征军最高司令。1944年6月组织实施诺曼底登陆战役，指挥盟军将德军逐出法国，直捣德国腹地。同年12月晋陆军五星上将。他具有卓越的组织领导能力，精于计划，善于协同，指挥果断，处事有方，为反法西斯战争的最后胜利作出重要贡献。1950年，任北大西洋公约组织武装力量最高司令。1952年11月当选为美国第34任总统。任内大力发展核武器和空军，推行大规模报复战略和战争边缘政策。1957年1月连任总统，提出插手中东事务的"艾森豪威尔主义"。1961年离任。著有回忆录《远征欧陆》、《授权变革》和《争取和平》等。

"摩托上校"和"自由法国"旗手——戴高乐

　　1890 年 11 月 2 日，戴高乐出生在法国北部的工业城市的一个保皇党家庭，他的父母都是反对共和政体的保皇分子。童年时代的戴高乐性格孤僻，骄傲而富有主见，智力属于上乘。他喜读雨果等人的小说，爱好戏剧文艺，但中学会考却成绩平平。从他身上，似乎既找不到闪光之点也看不到惹人之处。

　　当时的法国，经历了 1870 年的普法战争的惨败，民众心里有一股重振军威，洗雪耻辱的精神。戴高乐受这种民众意识的影响，十几岁时就决心投身行伍，选择了当时法国的许多年轻人都不愿意选择的职业。1909 年，不满 19 岁的戴高乐考入了圣西尔军校，按国防部的规定，他在进校前先到一个步兵团当了一年兵。在圣西尔军校，他拼命地学习。入校时他的成绩名列 119 名，毕业时，他在 221 名学员中已跃居第 13 名，这一名次，使他获得了任意挑选兵种的资格。当时吃香的是骑兵，而戴高乐却毅然地选择了冲锋在前，退却在后的步兵。跟许多将帅的见解一样，戴高乐觉得"步兵更有军队的味道"。戴高乐所在的步兵第 33 团的团长，就是在此后不久的第一次世界大战中驰名于世的贝当将军。戴高乐的干劲、抱负，真才实学和办事效率，深受贝当的赏识和器重，并断定这位小青年是位前途远大的军官。阅历深广、经验丰富的贝当，对青年戴高乐的成长给予了积极的影响。

　　1921 年，戴高乐担任圣西尔军校的战史教官，1922 年又以优异成绩考入军事学院。经过两年的学员生活，临近毕业时，由于"穆瓦朗事件"而大大影响了他的名次。事情的经过是这样的：1924 年 6 月，毕业生进行最后一次演习，总导演穆瓦朗上校，授命戴高乐担任作业军长，考核性询问开始了："你右翼师、左翼团的辎重队应该在哪里？"戴高乐转向他的"参谋长"夏托伊尼："请你回答。""可我问的是你，戴高乐！"穆瓦朗上校说。"上校，你已经把指挥一个军的任务交给了我，如果我还得包揽我下属的任务，那就顾不上考虑怎样完成我的使命了。杀鸡焉用牛

戴高乐

刀！夏托伊尼，请你回答上校的问题。"就这样，戴高乐触犯了上司的尊严，毕业评语上写上了"态度欠端正，有些自命不凡。对学业缺乏应有的重视"等贬性措辞，毕业名次居第 52 名。后来，虽然贝当元帅亲自为他的老部下鸣过不平，院方也只是对名次做了小小的改动。

从军事学校毕业以后，戴高乐从事了参谋工作，这期间，戴高乐犀利的文笔开始露峥嵘，他写了大量的军事学术著作。1929 年，戴高乐晋升为少校，被派去指挥精锐的第 19 轻型步兵营，1937 年被晋升为第 507 坦克团团长。在这段没有烽火的岁月里，戴高乐不间断地进行军事学术研究，连续出版了《剑刃》、《建立职业军队》、《法国和她的军队》。这三本书是戴高乐军事著作的代表作，书中表明了他的独创而深刻的见解："国家的灵魂和命运是怎样世世代代通过它的军队这面镜子得到经常反映的。"他抨击了当时以多数步兵为主的防御战略，批评一些将军们安于其位，不思进取的保守思想，极力主张军队职业化。尤其是对"实行精兵政策，成立装甲师团"问题，进行了战略性的论证和战术的解释，大力呼吁步兵部队的摩托化。对于戴高乐的这一呼吁，有的人反对，也有人拥护，最后，他被任命为坦克团的上校团长，这位"摩托"迷以其极大的热忱和努力投入工作之中，他经常骑着自己的摩托车下部队和到前线工事检查督导工作，甚至别人的摩托车坏了，他就帮助修理，成了一个典型的摩托迷和摩托通。因而有人称他为摩托上校。

戴高乐检阅部队

第二次世界大战之初，军备落后、战略错误的法军，只知固守马其诺防线，被德军钻了空子。德军绕道比利时，从法国西北部攻入腹地，打得法军一败涂地。当时戴高乐人微言轻，虽然在1940年5月在索姆河战斗中指挥过一个师，但对战局的发展却无能为力。6月5日，在法军面临崩溃，德军兵临城下之际，戴高乐被提升为国防部副部长。6月14日，德军进入巴黎，贝当政府投降，当了德国的傀儡。主张抗战的戴高乐旋即赴英，6月18日，在伦敦广播电台向法国人民发出抗击法西斯侵略的呼吁，发起"自由法国运动"，成立了国民委员会，组建了武装力量。贝当对戴高乐的出走和"反叛"十分恼怒，指控戴高乐犯了叛国罪，由法国第17军区军事法庭缺席判决他死刑。但戴高乐正义的行动，得到法国人民的响应，不少人从法国逃出来投奔他。1940年11月，他领导的部队发展到35000人，并开赴远东和非洲对德国和意大利的部队作战。1943年，4个师的"自由法国"部队参加了在意大利的战斗行动，1944年参加了解放西欧的关键一役——诺曼底登陆战役。戴高乐于1944年6月担任法兰西临时政府元首，8月率军进入巴黎。1945年11月，他被推选为法国临时总统，1946年1月，因受其他党派的排挤、责难而辞职。1946年至1958年，法国政界陷入无休止的党派争斗，内阁平均半年改组一次，先后换了23名内阁。这期间，戴高乐出访过法国的大多数海外殖民地，领导过"法兰西人民联盟"活动。1958年6月，戴高乐担任法国总理，1959年1月任总统，1969年4月辞职。1970年，这位集军事家、政治家于一身的资产阶级伟人与世长辞。

法国人民对戴高乐怀有崇高的敬意，认为他在1940年拯救了法国的荣誉，在1944年领导法国走向了胜利，在1958年使法国避免了内战，在战后一直维护着的法国的尊严，提高了法国的国际地位，他不愧为自由法国的旗手。

【点评】法国总统，将军，政治家，军事家。第二次世界大战爆发前，出版过几部军事理论著作，强调机械化部队在现代战争中的作用，主张建立规模小、机动性强的职业军队，在步兵、空军协同下大量集中使用坦克。然而，他的建议没有受到法国军事当局重视。第二次世界大战爆发后，受命组建第4装甲师。1940年5月率部抗击德军入侵。6月出任雷诺内阁负责国防事务的副国务秘书和陆军部副部长，曾建议将法军部分兵力撤往北非继续战斗，但未被采纳。6月17日法军停止抵抗后飞往英国。次日在伦敦通过无线电广播发表公告，号召法国人民继续抵抗德意法西斯的侵略。从此，他成为法国抵抗运动领袖，积极争取法国殖民地参加抵抗运动，并组建"自由法国"武装力

外国著名将帅

165

量，配合盟军作战。在关系国家存亡的历史关头，他站到斗争最前列，为反法西斯战争的胜利和法国的解放作出重要贡献。1958年12月当选为法兰西第五共和国总统。1965年竞选连任。任内，奉行独立自主的外交政策，宣布解散法兰西共同体，结束阿尔及利亚战争，致力于发展本国的核力量，拒绝在禁止核试验条约上签字，并退出北大西洋公约组织军事一体化机构。1969年4月28日辞职。著有《敌人内部的倾轧》、《剑刃》、《建立职业军队》、《法国和她的军队》、《战争回忆录》和《希望回忆录》等。

"水下杀手"——邓尼茨

从第二次世界大战爆发到1942年前后的一段时间内，德国海军在广阔的太平洋上进行的"群狼"式的潜艇战，接连给盟军的运输船队和舰队以重创，曾使盟军统帅部大伤脑筋。指挥潜艇破击战的头面人物，便是被称为"水下杀手"的德国潜艇专家、海军元帅邓尼茨。

1891年4月，卡尔·邓尼茨出生于柏林附近格吕瑙的一个普鲁士家庭。他的父亲是一位工程师。1910年，邓尼茨高中毕业后加入了德意志帝国海军。他作为一名候补军官，在"赫尔塔"号上完成了舰上训练，后来又毕业于旦弗伦斯堡——米尔维克海军学校的特别班。第一次世界大战爆发时，他作为"布勒斯劳"巡洋舰上的一名少尉军官，随舰在土耳其海峡打了两年的海上游击战，使他获得了一些特殊的海上作战经验。

邓尼茨

1916年9月，邓尼茨被调回德国并被派往潜艇部队服役。经过短期训练之后，他在U39号潜艇上任中尉守望官，1918年又升任UB68号潜艇艇长。这期间，他与被德国称为最具有冒险精神的潜艇指挥官斯坦巴尔相识，两人在利用夜暗突袭对方舰船的大胆设想上不谋而合并进行了一些研讨，在之后的实战中进行了大胆的尝试，也取得了一些战绩。

1933年，当希特勒夺得政权之后，德国海军的发展已成为必然趋势。1935年，在英德海军协定签字之前，希特勒就命令邓尼茨秘密创建一支新的潜艇部队。协定的墨迹未干，邓尼茨就当上了潜艇部队的上校指挥官。不久，邓尼茨又被任命为海军总部的"首席潜艇"官，负责一切有关潜艇发展、政策、训练等项事宜。这样，邓尼茨便有了在潜艇专业上大显身手的用武之地。

邓尼茨专心致力于潜艇攻击战术的研究。他坚定不移地把英国作为假想敌，认为要击败英国，关键是切断其海上运输线，而完成这一任务最理想的武器莫过于潜艇。他运用潜艇有两项重要原则：一是打击敌方国家的运输船为主，而把打击对方的军舰放在从属位置；另一项是注重潜艇作战能力的提高，尤其是夜战、近战能力的增强。根据这两项原则，他经常到大西洋海域组织近似实战的作战演习。同时，邓尼茨发明了一种"狼群"式攻击战术，即在认为敌方运输船队可能经过的航道上，一线展开若干潜艇作拦阻式搜索，只要其中任何一艘潜艇发现敌踪，就尾随不放，并立即通知其他潜艇迅速靠拢，等到夜幕降临时即发起全面攻击，力求给运输船队以毁灭性打击。除了对潜艇战术方面的研究之外，邓尼茨还组织力量努力减小潜艇的体积和增大续航力。为了适应远洋作战的需要，他又设计了绰号为"乳牛"的一种大型水底油轮。使德军潜艇部队的战斗力大大提高。邓尼茨对第三帝国重建的潜艇部队的发展可以说是费尽了心机，他亲自挑选和训练人员，并把自己的战略战术思想灌输给部属，激发部属对潜艇事业的热爱、信心和自豪感。他深入下层，与官兵保持较为密切的接触。每当一艘潜艇演习或执行任务归来，他几乎总要到码头上去迎接，所以，官兵们把他当作尊敬的老师和长者。

1939 年 9 月，英德两国进入战争状态之后，邓尼茨苦心经营的潜艇部队大显身手的契机到了。按照邓尼茨的见解，要切断英国的运输线，必须有 300 艘潜艇。可是当时邓尼茨手中只有 46 艘做好战斗准备的潜艇，而在广阔的大西洋海域保持战斗状态的还不足 10 艘。这区区兵力要与大不列颠帝国的优势海军兵力较量显然是一种妄想，更不可能成功地运用"狼群战术"。然而，德国潜艇部队在邓尼茨的巧妙组织指挥下，仍取得了赫赫战果。据英国公布的数字，从开战到 1939 年底短短的三个多月时间里，英国被击沉的舰船竟达 224 艘，近 76 万吨，其中三分之二以上为德国潜艇所为。潜艇这种水下杀手的威力突出地表现出来。因指挥潜艇作战有功，邓尼茨被提升为海军少将。

随着战争的进展，德国的潜艇数量也与日俱增。1941 年初达到 170 艘，年底又增加到 260 艘，这样，邓尼茨就有了足够的潜艇使其"狼群战术"发挥效应，在一个月内，德潜艇就击沉了 63 艘商船，总吨位达 35 万吨。打得盟军防不胜防，吓得盟军提心吊胆。

在浩瀚的海洋中组织"狼群"攻击是一件相当复杂的事情，如需要了解对方护航舰队的行踪、兵力，需要秘密地布置"狼群"于对方舰船必经的航道上，需要与各潜艇随时保持畅通的联络等等。邓尼茨靠高超的组织指挥能力和有效的情报系统，严密而有效地控制着他的潜艇部队。他通过司令部发出的一连串无线电报，时刻指挥着每一艘潜艇的行动，即使在夜间，何时攻击、何时撤离都要由他的司令部决定。每艘潜艇奉有严命，他们必须等待全部"狼群"到齐才开始攻击。直到射程在 600 米时才准发射鱼雷。从 1940 年到 1942 年，邓尼茨指挥德

邓尼茨发表战地演说

国潜艇部队创造了辉煌战绩。他所撒出去的"灰狼"使对手闻风丧胆。德国每艘潜艇每日所击沉的对方舰船，常常在 100～200 吨之间，有时竟高达 1000 吨。有关资料说，从开战到 1941 年，被德国击沉的舰船达 2400余艘，近 900 万吨，而德军的潜艇只付出了微小的代价。除了指挥德国潜艇攻击盟国海上运输线外，邓尼茨还常常采取出其不意的奇招，对敌方的舰队进行猛烈的突袭。邓尼茨因此而被称为"水下杀手"、"水下恶魔"。

邓尼茨是希特勒法西斯计划的狂热追随者和推行者。当盟军逼近柏林，希特勒众叛亲离之时，他仍然效忠于希特勒。1945 年 4 月，在纳粹德国瓦解前夕，他被委任为德国北部军政最高司令官。5 月 1 日，按希特勒遗嘱继任德国元首。这个职位邓尼茨在风雨飘摇中只干了三个星期，5月 23 日被英国当局逮捕，1946 年 10 月在纽伦堡国际军事法庭受审，被判10 年徒刑，1956 年刑满出狱，1980 年病死。

【点评】德国海军元帅，军事家，纳粹德国潜艇部队奠基人，第二次世界大战战犯。

第二次世界大战爆发后任德国潜艇部队司令，1943 年 1 月雷德尔辞职后，接任海军总司令并兼管潜艇部队，晋海军元帅。他是无限制潜艇战的积极推行者和组织指挥者，创立并推行一套以潜艇战为核心的战略战术。后因英美增强反潜兵力，改善反潜护航制度，加上德国潜艇数量不足和缺乏空中支援，他推行的无限制潜艇战归于失败。1945 年 5 月 1 日根据希特勒遗嘱，任国家元首兼武装部队最高统帅。

被错杀的苏联功勋元帅——图哈切夫斯基

米哈伊尔·尼克拉耶维奇·图哈切夫斯基，是苏联红军创始人之一，苏联元帅和著名军事家。他对革命忠心耿耿，为苏联革命事业立下了赫赫战功，但由于中了敌人的离间之计，年仅 44 岁时就被斯大林错杀。

图哈切夫斯基于 1893 年 2 月 16 日出生在俄国斯摩棱斯克省多罗戈县一个衰败的贵族家庭，自幼勤奋好学，在外文、文学、音乐、戏剧等方面表现出多种超凡才能，但最使其着迷的仍是军事，青少年时代，图哈切夫斯基潜心攻读了很多军事著作和军事名人的传记。1911 年，离开中学进入莫斯科叶卡捷琳娜第一武备学校。1912 年，被选入亚历山大军事学院继续学习，1914 年 7 月毕业，获少尉军衔，到沙俄著名的谢苗诺夫近卫团服役，随后以中尉军衔参加第一次世界大战，因作战勇敢 6 次受到嘉奖。1915 年 2 月被德军俘虏，1917 年逃回祖国，并在其原来的部队担任连长。

1917 年十月革命胜利后，在人民革命的影响下，图哈切夫斯基选择了革命的道路，1918 年开始在全俄苏维埃中央执行委员会军事部工作。同年 4 月加入布尔什维克党。

1918 年 5 月底，伏尔加河中游一带爆发了捷克斯洛伐克军的骚乱。他们同俄国的白卫分子联合起来，企图推翻刚诞生不久的苏维埃政权。这时，全国四分之三的领土处在外国干涉者和白卫军分子统治之下。在这严峻的时刻，全俄苏维埃通过了建设红军的决议，年仅 27 岁的图哈切夫斯基，担任了西部防区莫斯科地区政委。1918 年 6 月，图哈切夫斯基被派到东部战线组建红军高级步兵团，并负责指挥这些兵团，成为第一革命集团军的司令员。不久，他因反对东部战线司令员穆拉维约夫参加左

图哈切夫斯基

翼社会革命党的叛乱，遭到叛党的逮捕，但很快被倾向苏维埃的士兵私放了。而穆拉维约夫却被宣布为苏维埃的叛徒，在省执行委员会议会大厅里被击毙。

1918年夏季，图哈切夫斯基率领第一集团军部队在伏尔加河北岸同白卫军和捷克白匪作战，在其他集团军配合下，于9月12日解放了列宁故乡辛比尔斯克。第一集团军在实施了瑟兹兰战役之后，从辛比尔斯克方向突击了捷克白军的后方，发起了萨马拉战役。东部战线一系列战役的结果，使伏尔加河流域的"立宪会议"政权灭亡。苏维埃政权为嘉奖图哈切夫斯基，第一次为他题词："献给工农红军的英勇而光荣的军人。"

1918年11月，由于协约国战败了德国，南方出现了外国干涉者，南线战事也就越来越严重，就在这危急时刻，图哈切夫斯基又被任命为第8集团军司令。在北顿涅茨同哥萨克白匪军作战，连续攻克数城。由于图哈切夫斯基有在伏尔加河一带作战的经验，又被调到东线任第5集团军司令员。可谓哪里战争吃紧，图哈切夫斯基就被派到哪里指挥作战。在任第5集团军司令员期间，协同其他集团军胜利地参加了东部战线的反攻，接着又参加了兹拉托乌斯特、东里雅宾斯克战役，消灭了高尔察克及其军队。为了表彰第5集团军的功绩，列宁亲自给他们发祝贺信，共和国革命军事委员会决定将第5集团军列在共和国革命军事委员会红旗大厅的光荣榜上，同时，鉴于图哈切夫斯基在东线作战中表现勇敢、指挥英明，特于1919年12月28日授予他荣誉剑一柄。1920年升任高加索战线司令员，歼灭了邓尼金主力部队。1920年4月任西部战线司令员，领导反击波兰干涉军，一直兵临华沙城下。1921年又先后完成了平定喀琅施塔得叛乱和安东诺夫匪帮叛乱等重大任务，为保卫新生的苏维埃政权作出了巨大贡献。

国内战争结束后，从1921年起到1937年，图哈切夫斯基历任军事学院院长、西部军区司令、苏联革命军事委员会副主席兼任工农红军装备部长、副国防人民委员、第一副国防人民委员兼军训部长等职。这期间，他把自己的余生，都献给了加强苏联国防建设的事业中，他对军事制度改革、军队武器装备的更新、各新兵种的建立、各特种军事院校的组建、专业干部的培养、军工生产的科学管理等问题，提出了一系列重要而正确的建议，发挥了重要作用，为推动苏联红军早期的正规化建设，作出了卓越的贡献。图哈切夫斯基很重视军事理论研究。他根据战争的实践，创造性地提出大纵深理论，从26岁开始，先后写出了有关战略学、战术学、部队教育和训练方面的著述，多达一百二十余篇，被外国军事界誉为"军界的神童"和"泰斗"。他富有改革和创新精神，尽管常常遭到守旧派的反对，但仍坚决为实现改革而奋斗不息。鉴于图哈切夫斯基在组织建设苏联国防事业中为革命作出的突出贡献，在内战期间的国内外战线上作战功绩卓著，1933 年被授予列宁勋章，1935 年，被首批授予苏联元帅军衔。

图哈切夫斯基在苏联国内战争中，转战南北，所向披靡，深受人民的尊敬和爱戴，被誉为"大型战争的战略家"、"红色拿破仑"，是列宁所倚重的英雄之一。图哈切夫斯基卓越的军事天才，引起了国外敌人的恐慌，希特勒设下了罪恶的"反间计"。希特勒的情报头子海德里希，按照主子的旨意，在盖世太保柏林的地下实验室里，伪造了大量有关图哈切夫斯基与德国高级将领的来往信件，表明图哈切夫斯基准备发动政变，并请求德国配合。随即，将这些材料转给苏联谍报人员。苏联统帅部便以 300 万卢布的巨款买下了这批情报。苏联最高领导人斯大林对这些情报信以为真，于 1937 年 6 月 4 日晚将图哈切夫斯基等 8 名高级将领逮捕入狱，七天后开始受审，几十分钟即宣布被告死刑，并在 12 小时之内全部执行枪决。紧接着，又枪杀了图哈切夫斯基的妻子及他的弟兄尼古拉和亚历山大，三个妹妹被投入集中营，尚未成年的女儿在成年后也被捕入狱，图哈切夫斯基的母亲和妹妹索菲亚在流放中死去。

在世界上赫赫有名、在苏联战功卓著的著名的军事家、战略家图哈切夫斯基，就这样含冤离开了人世。斯大林逝世后，苏联党和政府为他恢复了名誉。

【点评】 苏联元帅，军事家。苏俄内战和外国武装干涉时期，历任莫斯科防区政委、第 1 集团军司令、南方面军司令助理、第 8 和第 5 集团军司令、高加索方面军司令、西方面军司令等职，参与指挥兹拉托乌斯特、车里雅宾斯克等战役，并参与平息喀琅施塔得叛乱和安东诺夫叛乱，表现出卓越的指挥才能。战后，历任工农红军军事学院院长、工农红军参谋长、列宁格勒军区司令、第一副国防人民委员兼军训部部长等职。他与伏龙芝一道积极推行 1924～1925 年军事改革，致力于苏军现代化建设。他重视并参加军事科学研究，为发展苏军战略学、战役学和战术学作出贡献。1935 年晋苏联元帅。1937 年在大清洗中被错杀。获列宁勋章 1 枚。著有《现代战略问题》、《战役的重要配合》、《阶级战争》、《卓有成效地消灭航空兵》、《当前德国的军事计划》等。

美国"大兵将军"——布雷德利

与其他战绩赫赫的著名将帅不同，在布雷德利的军事生涯中，确实没有惊天动地的大事业。但他却是第二次世界大战中美国的一位不可多得的

布雷德利

野战指挥官，他不仅是马歇尔和艾森豪威尔最信任的人，而且是最受美国士兵尊敬和爱戴的人。在美国军队中，人们都称呼他"大兵将军"。

这位"大兵将军"，于1893年2月出生在密苏里州的克拉克。因为家庭贫困，布雷德利17岁进入西点军校接受免费的高等教育，与艾森豪威尔是同班同学。他遇事过于稳重，简直到了优柔寡断的地步；待人态度温和而且表现了充分的同情心。因为这种性格，当时一些同学认定他在军事上不会有大的成就。然而，就是这样一个不引人注目的西点学员，却被即将走马上任本宁堡步兵学校校长的马歇尔看中了，马歇尔挑选布雷德利在他手下当主要教官，随后，马歇尔走到哪，布雷德利就被带到哪，在马歇尔的提携下，布雷德利先后担任过参谋本部助理秘书、步兵学校校长、师长等职，直至布雷德利升任军长，也是得到了马歇尔的直接提拔。最后，受马歇尔指派，布雷德利于1943年1月充当了艾森豪威尔的"助手"。

马歇尔之所以这样信任和重用布雷德利，是因为在马歇尔看来，布雷德利遇事要言不烦，抓住重点，是个大将之才。他在一次给布雷德利的信中写道："我非常希望我们有机会再度共事，我认为再没有比这样更使我们满意的事情。"事实上，布雷德利也确有他的特点，沉着稳重，决心坚定，注意细节，尊重上司和爱护部下，从而受到同僚和部队的敬重。无论在战场上或会议室里，布雷德利都能允许别人讲述问题和提出疑义。在争论的当时似乎缺乏控制，但布雷德利能突然结束一切争论，宣布一个切合实际的决定。在作战中，布雷德利既不疾言厉色，又不迁就不称职的人员，但对受罚者执行处罚时却尽量不伤害其自尊心。

1943年3月的费德隘道之战，美军受挫，费利登达少将被撤职，巴顿将军就任。根据巴顿的要求，经艾森豪威尔决定，布雷德利升迁为第2军副军长，几个星期后，巴顿将军升任军团司令时，布雷德利接任了军长的职务。在突尼西亚战役中，布雷德利指挥的美军第2军接连打了几个胜仗，迫使轴心国于5月9日投降，一雪费德隘道战役之耻辱。不久，他便来到阿尔及尔，协助巴顿将军计划西西里战役。

西西里登陆战役开始，布雷德利指挥的美第二军进展顺利，蒙哥马利指挥的英军却进展迟缓，因而美军抢先占领了麦克纳。就在战役即将结束的时候，布雷德利指挥的第一师部队官兵却公开藐视宪兵，在后方不守纪律，闹出了许多乱子。这个师的师长是马歇尔极为赏识的人物——艾仑。副师长是罗斯福总统的儿子——小罗斯福。为了严明军纪，布雷德利决定给予师长和副师长以撤职的处罚。此项决定虽然曾引起了很多责难，但布雷德利就是丝毫没有让步。当然，这也与艾森豪威尔的支持有关。所以，不仅没有影响他在驻西欧美军中的地位，反而在 1943 年底，在艾森豪威尔出任欧洲联军最高统帅之前，马歇尔即已内定由布雷德利担任美军登陆兵力的总指挥。在这个命令还没有宣布的时候，许多人猜测总指挥的位置应该是巴顿将军的，实际上在马歇尔和艾森豪威尔的心目中，巴顿是勇猛有余，气度不足，而布雷德利却是真正的大将之才。

　　根据艾森豪威尔的安排，诺曼底登陆战役由蒙哥马利统一指挥地面部队的行动，布雷德利则是在其下以第 1 集团军司令的身份指挥全部美军。在后人看来，从诺曼底登陆到联军光复巴黎，好像布雷德利没有蒙哥马利和巴顿那样光彩夺目。其实，从联军在欧洲地面兵力数量来说，布雷德利所率领的部队数量是最多的。还有，当艾森豪威尔和蒙哥马利与其他英国高级将领对于战略问题发生争执时，布雷德利忠实地支持艾森豪威尔的决定，布雷德利作为一个野战指挥官，能够了解处于联军统帅地位的艾森豪威尔所面临的问题，并能帮助他排忧解难，是非常可贵的。所以，布雷德利得到了最高统帅的器重和信任是不难理解的。艾森豪威尔在欧洲战争结束时，曾致信马歇尔，对布雷德利作了如下评价："他对其各军团司令的指挥是极为优越的，他的精力、常识、战术技巧和完全的忠诚，使他成为永远可以依赖的助手，我认为布雷德利是我在此战争中所曾遇见的最伟大的前线指挥官。"

　　在美国军人看来，布雷德利好像一位忠厚的长者，他很少使用权谋治军。他的忠实得到艾森豪威尔的信任，并愿意接受他的建议。有人认为，艾森豪威尔指挥诺曼底登陆的宽正面的战略主张，主要是受到布雷德利的影响。这种看法虽不能完全肯定，但布雷德利善于从战略上考虑问题，能够毫无拘束地把自己的战略观点提供给最高统帅，又总是忠实地执行艾森豪威尔的决定，这也确是事实。布雷德利和艾森豪威尔这两个人之所以如此深交，一方面因为他们是同班同学，彼此间可以自由地讨论问题；另一方面，布雷德利对艾森豪威尔来说也确实起到了参谋和助手的作用。每当巴顿将军对所接受的命令感到不愉快的时候，总是布雷德利去做说服工作。巴顿将军之所以在两次打士兵耳光，美国国内反应强烈的情况下，能够东山再起，这与布雷德利在艾森豪威尔面前为巴顿辩护密切相关。

　　第二次世界大战结束时，布雷德利仍作为相当一级指挥官留在欧洲，

1948 年，布雷德利调任美国陆军参谋长，1949 年又接任美国参谋长联席会议和北大西洋公约组织军事委员会主席。1950 年 9 月被授予陆军五星上将军衔。朝鲜战争中参与制定美国军事战略。1953 年退出现役。著有回忆录《一个军人的故事》、《将军百战归》。

【点评】美国陆军五星上将。1942 年 2 月起先后担任第 82、第 28 步兵师师长。1943 年 2 月前往北非，任地中海战区盟军总司令艾森豪威尔的战场私人代表。后接替巴顿任第 2 军军长，率部参加突尼斯战役和西西里岛登陆战役。1943 年 9 月任美第 1 集团军司令，并参与制订诺曼底登陆计划。1944 年 6 月在诺曼底登陆战役中，指挥所部肃清科唐坦半岛德军。7 月实施"眼镜蛇"作战计划，突破德军防线，打开登陆后一度出现的僵持局面。8 月 1 日任第 12 集团军群司令，在法莱斯战役中重创德军，随后经法国北部解放卢森堡和比利时南部，并攻入德国境内。同年 12 月～次年 1 月在阿登战役中击败德军进攻。1945 年 2～4 月突破齐格菲防线，渡过莱茵河，在盟军第 21 集团军群协同下歼灭鲁尔德军重兵集团。1948 年 2 月任美国陆军参谋长，翌年 8 月任参谋长联席会议主席。1950 年 9 月被授予陆军五星上将军衔。朝鲜战争中参与制定美国军事战略。1953 年退出现役。著有回忆录《一个军人的故事》、《将军百战归》。

"草原雄鹰"——乔巴山

乔巴山于 1895 年 2 月 8 日出生于蒙古车臣汗部（今蒙古国东方省）的一个贫苦牧民家庭，受生计所迫，他当过喇嘛，做过苦工，放过牧。艰苦的生活磨炼了他的意志，无垠的草原开阔了他的胸怀，复杂的生活经历使他对贫苦民众生活的认识更加真切。他不甘心像祖辈们那样忍气吞声地承受着剥削和压迫，他要为天下牧民讨个公道，要为受苦受难的同胞找一条出路。

1912 年，乔巴山求学来到蒙古首府库伦（今乌兰巴托）。1914 年，他又来到俄国伊尔库茨克中学读书，在这里，他不仅学到了很多文化知识，而且有幸接受了马克思主义，再加上俄国十月革命的影响，使乔巴山明白了很多革命的道理，认清了革命的道路。1919 年，乔巴山带着他的革命理想和志向，潜回库伦秘密联络进步青年，组织地下革命小组，传播革命真理，组建革命武装。但是，由于乔巴山及其伙伴们对军事工作不甚熟悉，革命斗争经验不甚丰富，致使他的行动引起了反动当局的警惕，刚刚组建起来的地下革命小组活动面临重重困难，革命小组活动几乎无所作为并险些遭到敌人的剿斩。为了寻求武装斗争的理论和经验，乔巴山于1920年6月重新回到苏俄，经苏维埃领导人的介绍而进入苏俄红军军官学校学习。在这里，乔巴山怀着强烈的使命感而发愤学习，接触了更多的布尔什维克党人，吸收了更多的马克思主义真理，得到了更多的革命斗争经验，他的革命斗争信念也得到了进一步的强化，军事知识和军事技能得到了极大的丰富和提高。同年11月，乔巴山又胸有成竹地潜回受苏俄革命影响较深，反动统治势力较弱的蒙古北部，宣传革命真理，联络进步人士，发动基层群众，组建游击队，建立革命武装。由于得到了群众的广泛支持和苏俄的援助，乔巴山组织领导的游击队迅速壮大，经常出其不意地向反动当局发动攻击，取得了一个又一个胜利。经过实战的锻炼，游击队的战斗力得到了加强，游击队所取得的节节胜利，也极大地鼓舞了当地人民群众的革命斗志，乔巴山的声誉也与他的游击队一起不断扩大，乔巴山点燃的革命烈火从蒙古的北方燃烧起来。

乔巴山

1921年，乔巴山在分析了当时的斗争形势之后，迅速抓住时机，与苏赫巴托尔等人一起，组织成立了蒙古人民革命党，乔巴山作为党的创始人之一，被选举为蒙古人民革命党中央政治局委员。同时，乔巴山与各方面的反政府游击队广泛联系，进行武装力量合成，组建了以他所领导的以北方游击队为主的正规军队——蒙古人民军。同年3月，乔巴山被任命为蒙古人民军副总司令兼政治委员，于此，一个革命的党与一支革命的武装力量就紧密地融合在了一起。1921年3月，乔巴山与苏赫巴托尔等党和军队领导人一起，组织召开了蒙古人民党第一次代表大会，成立了临时人民政府。乔巴山作为智勇双全的党、军队、国家主要领导人，得到了受苦民众的拥戴和支持，此时，蒙古人民就开始称誉乔巴山为"草原雄鹰"。

为了巩固新兴政权，扩大革命成果，乔巴山组织指挥人民军攻占了蒙古北部重镇买卖城（今阿拉坦布拉格），随后，乔巴山被任命为西路独立军司令，当时，由于西路独立军的成分比较复杂，部队中的帮派作风和官僚作风比较盛行，纪律松弛，战斗力不强，而且经常出现因为帮派利益争夺而不服从中央领导和脱离人民军的情况，为了整顿部队，乔巴山一面向部队进行教育，一面制定了严格的纪律，在部队中撤换和处理了一批问题突出的军官。乔巴山又从苏联请来了部队训练和作战专家进行指导，使部队的形象和凝聚力大大提高，战斗力也大大增强，多次击溃了俄国白卫军的入侵，并配合苏联红军对残余在蒙古国的白卫军反动分子进行了清理和镇压。因而受到了苏联红军和布尔什维克党的支持，得到了很多援助。1923年，根据革命战争的需要，乔巴山受蒙古人民革命党和人民军的指派，重新回到苏联，到莫斯科军事学院学习深造。使他的革命觉悟和军事指挥才能得到了进一步提高，也使他有了更多机会向苏联红军的军事专家们请教，在苏联红军中结交了一大批中高级军官（在之后的蒙古革命斗争中，得到了苏联的很多支持，这跟乔巴山与苏军中的高级军官们建立的深厚友谊关系相当密切）。1924年乔巴山学成回国，担任蒙古人民军总司令，在领导蒙古人民军建设和指挥人民军作战中立下了汗马功劳，深受蒙古人民爱戴。1928年，乔巴山担任蒙古小呼拉尔主席团主席，1930年任外交部长，1931年任畜牧业和农业部部长，1935年任部长会议第一副主席，1936年获蒙古人民军元帅称号。自1939年起，乔巴山担任部长会议主席。1939年8月，在诺门坎事件中，乔巴山协助苏军粉碎了日军的进攻。1945年8月，为配合苏军进攻，乔巴山率领蒙古人民军对日本关东军作战，指挥蒙古军队和苏军并肩作战，歼灭了被包围在蒙古境内的日军兵力，使蒙古人民共和国的领土，终于从日本侵略者手里获得了解放。

乔巴山为蒙古人民军的建立与发展立下了卓著功勋，成为蒙古人民崇拜的真正英雄，蒙古人民也给了他极高的荣誉，曾两次授予他英雄称号，称誉他为"草原雄鹰"。1952年1月26日，乔巴山病逝于莫斯科。乔巴山不仅是一位卓越的革命家和军事家，他还善于总结自己的革命体会和作战经验，为后人留下了《乔巴山选集》。

【点评】蒙古人民革命党、蒙古人民军创始人之一，元帅。1914年赴俄国伊尔库茨克学习俄语。1919年在蒙古首府库伦（今乌兰巴托）组织秘密革命小组。1920年6月参与组建蒙古人民党。1921年3月任临时人民政府军事部副部长、人民军副司令兼政委。同年5月协助苏赫巴托尔率部配合苏俄军队驱逐侵入蒙古的白卫军，攻占库伦。7月蒙古宣布独立后，任军事部副部长。1923年入莫斯科军事学院学习。1924年任人民军总司令。1928年任小呼拉尔主席团主席。1930年任外交部长。1931年任畜牧业和农业部部长。1935年任部长会议第一副主席。1936年被授予元帅军衔。1939年起任部长会议主席。1945年8月指挥人民军配合苏军对日作战。1952年病逝于莫斯科。

上尉的名声远远超过欧美名将——利德尔·哈特

利德尔·哈特是位英国爵士，此人虽非标准的职业军人，获得的最高军衔也只不过是个上尉。但是，第二次世界大战时期许多声名显赫的欧美名将，却公开宣布自己是利德尔·哈特的信徒，并引以为荣。英国军队在北非战场上击败了由"沙漠之狐"隆美尔指挥的德国——意大利轴心国联军之后，前线将领甚至特意向利德尔·哈特写信致谢，把北非战局的胜利归功于他的理论指导。利德尔·哈特之所以有如此高的声望，是因为他和英国将军富勒共同创立的现代机械化战争理论，以及他阐发的军事上的间接路线原则，对于第二次世界大战前后整个西方世界的军事思想和战争实践产生了重大的影响。

利德尔·哈特祖籍英格兰，出生在法国巴黎。父亲是一位历史知识渊博、文化素养很高的新教牧师，当时在巴黎的一所教会任教长。8岁的时候，利德尔·哈特随父母回英国定居，1913年读完预科后，利德尔·哈特进入英国历史悠久的剑桥大学圣体学院专攻历史。在学习中，利德尔·哈特对军事历史，特别是对战术史产生了浓厚的兴趣。中国古代的精妙战争艺术，尤其是在东方国家享有"兵家万世师表"之誉的《孙子兵法》，使他格外仰慕。从那时起，他就立志"致力于战争研究"。

1914年，第一次世界大战爆发。利德尔·哈特毅然入伍，随部队赴欧洲西线参加对德作战。表现勇敢并两次负伤。但是，利德尔·哈特并不是那种只晓得匹夫之勇的人，他有一个善于独立思考的大脑，虽坚决服从上级的作战命令，但对当时盛行的那种一味地从正面实施蛮力厮杀的刻板战法感到厌恶。在他看来，"堑壕对堑壕"的厮杀，是"毫无军事艺术可言"地"浪费士兵的鲜血"，应该探求一种费力少而成功多的新战法。

在1917年夏季的松姆河战役中，利德尔·哈特所在的那支部队通过巧妙的机动，把当面的一股敌人打了一个措手不及。这次战斗实践使利德尔·哈特开始感到：用"间接路线"的办法实施作战要比机械的正面撞击合理得多。此外，他还从英军在这场战役中首次使用坦克一事中，敏锐地意识到：这种新的武器大量使用，必将

利德尔·哈特

引起军事上的一场变革。也就是在此时，利德尔·哈特在战斗中中了敌人的毒气，加之前两次的受伤，使他不得不离开前线部队。之后，利德尔·哈特被调往后方后，专心用其学者式的大脑研究军事学术。利德尔·哈特的才识很快得到了上峰的注意，陆军部指定他主笔编写《步兵训练手册》最重要的战术部分，利德尔·哈特一反传统的阵地战思想，大胆地阐述了机动作战的主张。

1920年6月，利德尔·哈特在国内首次见到了松姆河战役坦克战的计划制订人富勒上校，由于他们都是"机械化战争"迷，而且都正在受着军事保守派的孤立和排斥，因而他们相识恨晚地成了知心朋友。他们对机械化战争的前景和军队改革的很多问题交换了看法，并进行了更加深入的研讨。接着，利德尔·哈特进一步提出了"闪击战"的理论设想。从军事上讲，这在当时确实是一种卓有远见的理论主张。但是利德尔·哈特的创见却被英国军界的当权人士视为"天方夜谭"式的"怪诞念头"。而英国的对手德国军队却意识到了这种崭新作战理论的潜在价值，把它接纳了过去，并且在十几年后发动第二次世界大战时，运用"闪击战"进攻英国的军队及其盟友，获得了举世震惊的巨大成功。当然，这并不是利德尔·哈特的过错，而是英国保守势力的过错，既是军事改革家的不幸，也是军队官兵的不幸。1927年，利德尔·哈特不满于军界保守势力的压抑，毅然以上尉军衔退出现役。1929年，利德尔·哈特在多年研究成果的基础上，写成并出版了《历史上的决定性战争》一书，在这部著作中，利德尔·哈特深刻分析了西方世界两千五百年以来的大量战例，初步阐发了"间接路线"战略战术思想。

1939年，第二次世界大战爆发。战争初期，纳粹德国凭借大规模机械化部队的闪击战取得了惊人的战绩，这些战绩的取得，彻底证实了利德尔·哈特这位军事改革家自上次世界大战结束以来坚持鼓吹的那套作战理论是多么富有远见。这时，利德尔·哈特的年龄和健康状况已经不允许他再次效命沙场了，他在伦敦继续进行战争理论的研究。1941年，利德尔·哈特增修再版了《历史上的决定性战争》一书，改名为《间接路线战略》，系统地阐述了军事上的"间接路线"原则。这种军事学说，在大战期间为许多将领所运用。

《战略论》中文版

第二次世界大战后，利德尔·哈特在美国军事理论界声望日隆。1946年，《间接路线战略》改名《战略论》再版，在世界各国广为翻译出版。不少国家的军事院校把它当作基准教材，西方许多著名将帅奉之为经典。利德尔·哈特本人则继续以研究和写作为业。1954年《战略论》再次修改出版时，利德尔·哈特针对西方盛行的对核武器作用的迷信，在再版前言中对这种"核迷信"进行了尖锐的批判，又一次表现了利德尔·哈特不随波逐流的理论勇气。

利德尔·哈特是一位军事理论家，他的理论研究成果对世界军事学术界产生了极大的影响。在当时的年代里，他的远见卓识受到了许多将帅们的崇敬，在现代的西方军队中，很多将帅都是读他的书成长起来的，利德尔·哈特仍然受到将帅们崇拜。

【点评】英国军事理论家。1927年因健康原因以陆军上尉军衔退役后，先后任伦敦《每日电讯报》军事记者、《泰晤士报》军事专栏评论员和《不列颠百科全书》军事编辑。1937年任陆军大臣霍尔－贝利沙的军事顾问，致力于军事改革，因与某些英军将领意见分歧而辞职。从此，专心从事军事理论、军事历史的研究和著述。著有30多部军事著作和大量论文。主要代表作是《战略论》。此外，还有《战争中的革命》、《西方的防御》、《威慑还是防御》、《第二次世界大战史》等。其军事理论对第二次世界大战前资本主义国家制定军事政策产生过不同程度的影响，第二次世界大战中对英、美、德、法等国战略思想的发展也起过一定作用。

"消防队长"、"救火英雄"——朱可夫

在苏联卫国战争中，当战役发生危机或出现失利，斯大林总是想到朱可夫。说来也怪，只要朱可夫一到，就会出现转机，就能反败为胜。因此，朱可夫被称为战场上的"消防队长"和"救火英雄"，也有人称他为"战场救星"。

朱可夫于1896年12月2日出生于莫斯科西南卡卢加省的斯特列尔科夫卡村，父亲是个穷苦的鞋匠，母亲在一家农场干活，朱可夫12岁就被送到莫斯科，在舅舅的毛皮作坊里当学徒。尽管工作非常劳累，但朱可夫仍坚持自学，夜间凑近厕所里暗淡的电灯下去做功课，刻苦地学完了中学的全部课程。

1915年朱可夫应征入伍，在沙俄的一个骑兵团里当兵，因作战勇敢并俘获一个德军军官而两次获得圣乔治十字勋章，1917年二月革命时，

朱可夫所在的骑兵团举行起义，朱可夫以良好的人格、突出的战绩以及在起义中的突出表现而被推选为连士兵委员会主席。1917 年俄国十月社会主义革命胜利后，朱可夫回到了莫斯科，并于次年参加了红军，被编入铁木辛哥的骑兵旅，第二年便加入了布尔什维克党。1923 年朱可夫被晋升为骑兵第 39 团团长，这位年仅 26 岁的团长，深感自己在军事理论上的不足，迫切要求进军校深造。1924 年，朱可夫以优异成绩考入了列宁格勒高等骑兵学校。他非常珍惜这一机会，以"狂热的顽强性"投入学习，因学习成绩优秀及在各个岗位上都做出了突出业绩，朱可夫很快得到

朱可夫

连续提升，到 1937 年秋，朱可夫已经担任骑兵第三军军长，1938 年又被提升为白俄罗斯特别军区副司令员，1940 年 6 月任基辅特别军区司令，1941 年升任苏联副国防人民委员兼总参谋长。1943 年 1 月，朱可夫因战功卓著被晋升为苏联元帅。

作为一个高级指挥官，朱可夫不仅有其军事战略上的英才，而且具有敢于坚持真理的虎胆。1941 年，德国法西斯对苏联发起突然袭击，苏德战争爆发。由于斯大林判断失误，对德国入侵的准备不充分，致使苏联红军在战争一开始就陷入被动，被德军打得措手不及。新任总参谋长的朱可夫在冷静地分析了德军的进攻态势和苏军的情况后，决意进谏斯大林。然而，斯大林一意孤行，不仅不采纳朱可夫"放弃基辅，以退为进，争取战争主动权"的意见，反而免去了朱可夫的总参谋长职务。为了国家的得益，朱可夫以高度负责的精神一而再再而三地力谏斯大林，但斯大林就是不听，最后竟把朱可夫轰出指挥部。战争的实际进程证明，朱可夫的意见是正确的，基辅战役结束后，基辅失守，红军损失惨重。斯大林不得不从内心里佩服朱可夫高瞻远瞩、洞察全局的军事战略才能以及敢于坚持正确主张的胆略和魄力。

斯大林佩服朱可夫，在危难时刻他总是想起朱可夫。1941 年 9 月上旬，列宁格勒的战情十分危急，铁路交叉点穆加被德军占领，使列宁格勒同其他地区的最后一条铁路线被切断，列宁格勒的要塞施吕塞尔堡也在德军的强大攻势下失守，从而，德军完成了对列宁格勒的陆上封锁，并开始收紧列宁格勒的钳形包围。在这生死攸关的时刻，朱可夫奉斯大

林之命，接替了列宁格勒方面军司令员之职。朱可夫的到任对部队官兵来说，就像兴奋剂一样，使陷于困境的苏联红军重新恢复了信心。朱可夫巧妙地使用欺诈术，一夜之间令人制造了100辆假坦克并布于阵地，使德军闻风丧胆，不敢冒进，朱可夫抓住时机调整部队，取得主动，拯救了列宁格勒。

朱可夫研究制定作战计划

朱可夫，从士兵到元帅，在漫长的军旅生涯中立下了赫赫战功，荣获列宁勋章6枚、十月革命勋章1枚、红旗勋章3枚、一级苏沃洛夫勋章2枚、胜利最高功勋章2枚，其他勋章数枚。在这些闪闪发光的勋章和奖章上，凝结着以斯大林为领袖的苏联共产党、苏联人民对他的培养、教育和关怀，凝聚着成千上万为国捐躯的战友们的热血，同时也凝结着他本人的智慧、胆略和才干。无论是在列宁格勒被围困的艰苦岁月里、在保卫莫斯科的战斗中、在斯大林格勒的指挥所里，还是在开往柏林的道路上，朱可夫总是精力旺盛，智慧超人，多谋善断，指挥若定。他不仅在大本营里参与制订各次重大战役的计划，而且还亲临前线将其计划付诸实现。他思想敏锐，善于分析判断敌情；他沉着果断，敢于在主要方向上集中兵力，高速度地向敌纵深发展进攻，围歼敌军的重兵集团；他勇于创新，大胆地破除死板的传统作战方法；他着眼全局，照顾局部，巧妙地协调各个方面军和各军、兵种的协同动作，卓有成效地组织了后勤保障。朱可夫在军事上的建树，人们在他所著的《回忆与思考》一书，以及《在保卫首都的战斗中》、《库尔斯克突出部》、《在顿河、伏尔加河及斯大林格勒地区歼灭德军》、《在柏林方向上》等著作中都不难找到。所以，朱可夫被大多数人公认为"常胜将军"，被称为战场上的"消防队长"、"救火英雄"和"战场救星"。

【点评】苏联元帅，军事家。苏德战争时期，先后任大本营代表、方面军司令、第一副国防人民委员和最高统帅部副最高统帅等职，参与制定诸多战役和战略计划，组织、指导、协调一系列重大战役，并多次在危急之际粉碎德军进攻。因功绩卓著，于1943年1月晋升为苏联元帅。后率所部实施维斯瓦河—奥得河战役，解放波兰大部地区，攻入法西斯德国境内，并胜利实施柏林战役，歼灭法西斯德军重兵集团，攻克柏林。5月8日夜代表苏军最高统帅部接受法西斯德国投降。1955年2月~1957年10月任国防部部长。他善于运用丰富的实践经验训练军队，具有组织指挥大军团作战的卓越才干；在训练与作战中深入实际，作风果断，深得官兵拥戴。他所组织指挥的重大战役，较好地体现了苏联的军事学术原则。四次荣膺苏联英雄称号，获列宁勋章6枚。著有《回忆与思考》。

美国总统的高级战略顾问——泰勒

泰勒于1910年8月26日出生于密苏里州的基茨维尔。曾先后毕业于西点军校和陆军军事学院。1937年担任美国驻华副武官。1942年任步兵第82师（后改为空降师）参谋长，这是一个美国陆军组建最早、训练有素，经验最为丰富的空降师，能到这个师里担任参谋长的人，都是被美军重点挑选和培养的重点人才。1943年5月，根据战争的需要，这支王牌部队被从美国本土调往摩洛哥的卡萨布兰卡，6月底进驻突尼斯。泰勒以冷静的头脑和准确的方案保证了第82空降师在西西里岛登陆战役和萨莱诺登陆战役的胜利，在意大利南部战役、意大利中部战役中，该师表现也相当出色。1944年泰勒在临危之时被任命为空降兵第101师师长，率部参加了诺曼底登陆战役、"市场—花园"战役和阿登战役，泰勒与他组织指挥的空降兵第82师、第101师一样，因战绩卓著而在美军中享有崇

泰 勒

高声誉，很多美国官兵称他为"飞天泰勒"。

第二次世界大战结束后，泰勒于1945年被任命为西点军校校长。在担任校长期间，他虽然已是一位既具有丰富的作战经验，又具有极高理论造诣的军事理论家，但他并没有因此而放松对军事理论的学习和研究，他工作作风扎实，治校严肃认真，注重军事理论的研究和军事人才的选拔使用。为了有力地推动军事理论研究，泰勒发起组建了一个实力雄厚的军事战略理论科研组织，站在世界军事科学的前沿，对未来的军事战略进行深入研究，产出了一大批理论成果，泰勒的"快速反应"军事战略理论也于此初始成形。

泰勒于1949年任美国驻欧军队参谋长，1951年任陆军副参谋长，1953年任侵朝美国第8集团军司令，晋升为上将。第8集团军是美军中的一个历史悠久、战绩辉煌的王牌军团，1950年朝鲜战争爆发后，该军作为"联合国军"主力参加侵朝战争，组织釜山地区防御，举行仁川登陆后转入进攻，越过三八线占领平壤，直逼鸭绿江，但由于之后的指挥失误而屡屡失利，被中朝两国军队打得步步后撤至三八线附近，原集团军长被革职。在危难之时，泰勒走马上任。在泰勒的组织指挥下，第8集团军也确实见了一些起色，美国政府和美军统帅部对泰勒的工作也表示比较满意。直至战争结束，泰勒率领第8集团军仍继续留驻韩国。1954年，泰勒担任美国驻远东军队总司令，他根据国际政治经济和军事斗争形势的发展及对未来的科学预测，为美国决策层提供了很多建设性意见，对调整美国的亚太战略起了很大作用。丰富的驻外军事工作经历，使泰勒对世界军事发展和未来战争的认识更加系统和全面，他的"灵活反应"和"特种作战"军事战略理论也在此间得到了极大的丰富和发展。

1955～1959年，泰勒出任美国陆军参谋长。在此期间，泰勒集中精力对国际政治经济尤其是军事形势及发展态势作了战略的分析和宏观的研究，将他的研究成果和战略思想进行了系统的整理，出版了《音调不定的号角》一书，在这部军事名著中，泰勒首次完整

泰勒就任参联会主席

地提出了"灵活反应"这一新的战略理论，极力主张以"灵活反应"代替"大规模报复战略"。这一军事理论在当时引起了军事界的轰动，各路人士，褒贬不一，虽然一些颇有声望的军事理论专家对此进行了大力的赞誉和宣传。但在一些习惯于传统作战思路的将帅来说，他们对泰勒的理论采取了极度藐视的态度和极力反对的行为。在拉锯式的争论中，颇具战略眼光的当时的美国总统肯尼迪充分认识到了这一理论的战略价值，因而，于1961年任命泰勒为肯尼迪总统的军事顾问，并赋予他很大的权力策划"特种战争"的规划和实施。随着战后世界军事斗争形势的发展和局部战争的此起彼伏，手持霸权之杖的美国军队采取"灵活反应"和"快速机动"战略取得了一系列的胜利。泰勒的理论也逐渐被更多的人们所接受。1962年，泰勒又被任命为美军参谋长联席会议主席。1964年兼驻越南"大使"，推行"灵活反应"战略，在越南奉行战争升级政策。虽然战果不硕，但在很大程度上挽回了美国的面子，充分体现了他的理论的价值所在。1965～1969年期间，泰勒担任约翰逊总统特别顾问，为美国的战略规划和实施发挥了很大作用。

【点评】美国陆军上将。第二次世界大战期间，先后任步兵师参谋长、空降师师长，率部参加西西里岛登陆战役、诺曼底登陆战役、"市场—花园"战役和阿登战役。战后，1945年任美国陆军军官学校校长，1949年任美国驻欧洲武装部队参谋长，1951年任陆军副参谋长。1953年任侵朝美国第8集团军司令，晋上将。次年任驻远东美军总司令。1955～1959年任陆军参谋长，主张以"灵活反应"战略代替"大规模报复战略"。1961年7月任肯尼迪总统的军事顾问。1962年任参谋长联席会议主席。1964年任驻南越"大使"，推行"灵活反应"战略，在越南奉行战争升级政策。1965～1969年任约翰逊总统特别顾问。著有《音调不定的号角》、《责任与反应》、《剑与犁》等。

"为中国革命立过大功"的朝鲜次帅——崔庸健

崔庸健是深受朝鲜人民爱戴的朝鲜民主主义共和国副主席和功绩卓著的朝鲜人民军次帅。他不仅为朝鲜人民的解放事业立下了汗马功劳，也为中国人民革命解放事业作出了不朽功勋。被称为"为中国革命立过大功"的朝鲜次帅。

1900年6月20日，崔庸健出生在朝鲜平安北道龙川郡。他的少年时代生活在西方帝国主义列强疯狂瓜分世界、日本军国主义向周边大肆侵略的战乱时期，崔庸健深受侵略战争之苦。为了民族的解放和国家的兴旺，他努力探求革命真理，阅读了大量的革命进步书籍。1919年，崔庸健组织和发动爱国青年进行革命活动，投入反日运动。为了寻求武装革命的真理和反日救国的方略，他毅然来到中国，先在中国云南讲武堂学习军事。在这里，他不仅系统学习和掌握了军事知识，而且深受中国民主主义革命思想的熏陶。1925年，崔庸健以优异的成绩毕业于云南讲武堂之后，又随优秀的中国青年军人一起进入黄埔军校，经挑选被任用为黄埔军校教官。在这里，他的军事才智得到了充分的发挥，他在进一步探寻革命真理的同时，也大力宣传革命武装斗争的理论，他的才智和品质，深受学员的爱戴和同仁们的敬佩。同时，崔庸健从中国共产党身上看到了革命的希望，坚持与中国共产党密切接触，也得到了中国共产党的支持和帮助。1926年北伐战争爆发后，崔庸健不顾个人安危，参加了北伐战争。在战争中，他更加看清了中国共产党的强大革命力量，坚定了革命信念，并加入了中国共产党。次年，崔庸健又参加了广州起义，表现出了坚强的革命意志和旺盛的革命斗志。对中国的民主革命事业做出了应有的贡献，深受中国人民赞誉。

第一次中国国内革命战争失败后，虽然中国共产党的处境十分艰难，斗争形势相当严峻，然而，崔庸健矢志不渝地坚持自己的革命信念，于1928年到中国东北工区从事抗日武装斗争。

1928年秋，崔庸健在黑龙江省通河县领导朝鲜族抗日暴动，在给日本军国主义以有力打击的同时，也大大鼓舞了朝鲜族人民反帝抗日的信心和勇气，使朝鲜族人民更加团结，崔庸健也成了朝鲜族人民家喻户晓的抗日民族英雄。1929年，崔庸健到饶河县一带开展抗日活动。他团结和教育朝鲜族群众，与中国各族人民团结起来，共同抗击日本侵略者，使饶河一带的民族团结气氛大大加强，抗日热情异常高涨。这期间，崔庸健与金日成同志保持着密切的联系，金日成同志对这位革命的智者和长者非常敬重，崔庸健的革命思想和军事才略给了金日成以很大的帮助。1933年6月，崔庸健领导创建了饶河抗日游击队，在坚持与日本侵略者进行游击战的同时，坚持从战争中学习战争，在

崔庸健

战争中训练部队，在战争中扩大武装的原则，对游击队官兵进行革命思想教育和战术技能训练，使这支游击队的战斗力与日俱增，队伍不断壮大，崔庸健与他领导的游击队也威风大震于东北抗日战线。到1936年11月，崔庸健领导的这支部队已发展壮大成为一支重要的抗日武装力量，被正式编成为东北抗日联军第7军，崔庸健任该军参谋长，次年春任代理军长。在抗日救国斗争中，崔庸健与金日成结下了深厚的友谊，他积极支持和参加金日成创建的朝鲜抗日民族统一战线和祖国光复会工作，坚决拥护金日成制定的光复会十大纲领。1937年，崔庸健支持金日成提出的向国内进击的作战方针，帮助金日成率部从中国东北挺进两江道，取得了普天堡战斗的胜利，极大地鼓舞了朝鲜人民为祖国解放而斗争的信心。1940年，崔庸健担任东北抗日联军第2路军总参谋长，当时金日成在崔庸健的部队里任第三师师长。在中国东北的抗日战场上，崔庸健领导朝鲜族人民与中国人民团结战斗，取得了一个又一个胜利，打得日本侵略者不得安宁，在当时，崔庸健的名字使日本侵略者闻之丧胆，日本侵略者曾多次对他进行围攻和追捕，但是，由于崔庸健战术的巧妙和武装力量的强大，再加上中国人民的保护和支持，日本侵略者最终也没有能够除掉这颗"眼中钉"。崔庸健在中国革命二十多年，为中国的革命事业立下了不朽功勋。经过长期的战斗锻炼和考验，真正成为一个坚定的无产阶级革命者和优秀的共产党员，成为一名伟大的民族英雄和军事指挥家。成为中朝两国人民友谊的纽带和团结战斗的象征。中国人民称誉崔庸健是"为中国革命立过大功"的朝鲜次帅。

1945年日本投降后，崔庸健回到解放了的祖国平壤，组成北朝鲜民主党，并担任副委员长。从1946年2月起，崔庸健历任北朝鲜临时人民委员会和朝鲜人民委员会保安局长、朝鲜人民军第一任总司令，朝鲜民主主义人民共和国成立后任民族保卫相等军政要职。朝鲜战争中，他与中国人民志愿军一起并肩作战，彻底粉碎了美帝国主义的侵略野心，在朝鲜人民军和中国人民志愿军中享有崇高威望。战后，崔庸健仍然主要从事军事领导工作。1950年6月～1957年9月，历任军事委员会委员、朝鲜人民军最高副司令官、内阁副首相兼民族保卫相，为抗击美国侵略和人民军的建设作出了突出贡献。1953年被授予朝鲜民主主义人民共和国次帅称号。曾获金日成勋章和其他勋章多枚。

1957年起，崔庸健担任共和国最高人民会议常务委员会委员长。1972年当选为共和国副主席。在党内，1956年起，当选为朝鲜劳动党副委员长、政治委员会委员。1976年9月19日病逝于平壤，终年76岁。

【点评】朝鲜民主主义人民共和国次帅。1919年投身反日运动。后到中国求学，曾在中国云南讲武堂学习，毕业后任黄埔军校教官。1926年参加中国北伐战争并加入中国共产党。次年参加广州起义。1928年起在中国东北从事抗日武装斗争。1933年6月参与创建饶河抗日游击队。1936年11月任东北抗日联军第7军参谋长，次年春任代理军长。1940年任东北抗日联军第2路军总参谋长。1945年8月日本投降后回国。1946年2月起先后任北朝鲜临时人民委员会、朝鲜人民委员会保安局长。1948年2月任朝鲜人民军第一任总司令。9月朝鲜民主主义人民共和国成立后任民族保卫相。1950年6月~1957年9月，历任军事委员会委员、朝鲜人民军最高副司令官、内阁副首相兼民族保卫相，为抗击美国侵略和人民军建设做出重要贡献。1953年被授予共和国次帅称号。1972年当选为朝鲜民主主义人民共和国副主席。曾获金日成勋章和其他勋章多枚。

"奠边府之虎"——武元甲

武元甲是越南人民军创建人之一，组织领导越南人民军和越南人民为争取反殖民主义、反霸权主义斗争立下了汗马功劳，在越南军民中享有崇高声誉，在当代世界军事将领中也具有较大的影响力，被授予越南人民军大将军衔。

武元甲出生在越南广平省一个破落地主家庭，为了重振家业，父亲把全部的心血倾注在他这个自幼聪明伶俐、意志坚强、勤奋好学的后生身上，不惜一切代价，供养武元甲上学，并教他经营之道和治业之理，期望他能成就事业，光宗耀祖。

武元甲自幼生活在法国殖民主义统治的环境中，他亲眼目睹和亲身感受到了作为一个受奴役民族的辛酸和痛楚。随着年龄的增长，他的国家荣誉感和民族自尊心更加得到加强，立志成为一个救国求荣的英雄。因而他背着家人，阅读了大量的进步书籍并从中明白了很多革命道理。积极参加学生中的地下革命串联活动，武元甲中学时代就参加了反对法国殖民当局的学生运动，并在运动中表现出大无

武元甲

畏的英雄气概和超凡的组织才能，在学生中备受拥戴。武元甲的战斗精神和影响力，也受到殖民统治者和傀儡政权的高度注意，有好几次险些落入敌人之手。革命斗争的实践和锻炼，使武元甲在政治上更加成熟，在斗争艺术上更加高明。

之后，武元甲以优异的成绩考入河内大学，在大学学习期间，武元甲仍坚持追求救国真理，进行革命活动，组织领导进步学生进行反殖民主义的地下活动，被当局视为不安分分子。但由于校内具有强烈民族责任感的师生的保护，武元甲得以顺利地完成大学学业。大学毕业后，武元甲主动要求从事教育工作，当过升龙中学的历史教员。在教学中，他努力将民族主义精神和爱国主义道理传输给学生，用革命真理启迪学生，并在学生中培养和发展反殖民主义积极分子，组织领导进步学生进行革命活动，筹划反殖民主义运动。

1938 年，武元甲加入印度支那共产党，真正成为信仰马克思主义，反对殖民主义的革命者。第二次世界大战爆发后，武元甲多次组织领导革命运动，但由于缺乏武装力量而屡屡受挫，为了躲避敌人的镇压和搜捕而四处奔波。武元甲一度流亡到中国，在中国，他接触了很多革命志士，从中国共产党的革命斗争中认识到"枪杆子里面出政权"的革命道理的价值所在。为了组织越南人民的革命斗争，武元甲义无反顾地回到自己的祖国，联络越南各地的游击组织，着手筹建抗日武装，开展抗击日本军国主义的游击活动。随着游击武装的扩大，武元甲适时抓住机会，向组织提出了将革命武装从游击状态发展到正规武装的建议，受到拥护，并受组织指派，于 1944 年 12 月，到群众基础较好的越南北部边境负责组建"越南解放军宣传队"（越南人民军前身），武元甲作为新生的"越南解放军宣传队"的组建者和领导人，他在组织领导武装斗争的同时，大力向群众宣传革命道理，不仅取得了军事上的一个个胜利，而且使自己的部队在斗争中不断扩大，使官兵的觉悟不断提高，使部队的战斗力不断得到加强，很快成长为一支生机勃勃的革命武装力量。由于武元甲在革命斗争中的突出贡献和在党内的良好声誉，1945 年当选为党的候补中央委员，成为越共中央的领导集体中的重要成员。根据斗争的需要，越共中央决定举行八月革命，武元甲参与领导了八月革命，并担任起义委员会主席。在组织领导起义斗争中，武元甲以其卓越的组织指挥才能和高超的斗争艺术，深受下属敬佩，在起义斗争中，他的勇敢无畏精神也极大地鼓舞了起义军民，经过艰苦的斗争，八月革命起义取得胜利，不仅给了敌人以沉重的打击，而且也为新的越南民主共和国的建立提供了政治和军事保障，为团结和组织越南人民的革命斗争奠定了基础。武元甲在组织领导起义中的卓越成就也使他的名声大震，成为越南人民家喻户晓的民族革命英雄，因而，武元甲顺理成章地成为新成立的越南民主共和国的主要领导人之一，担任内务部长和党中央军事委员会主席等重要职务。第二次世界大战结束之后，越南人民在赶走了日本军国主义的同时，迅速转入抗击法国殖民主义的反法救国运动，在 1945~1954 年的越南抗法救国时期，武元甲任国防部长兼人民军总司令，并当选为越共中央委员和政治局委员。他指挥越南军队进行了一系列抗法战役，特别是在具有决定意义的奠边府战役中，他组织指挥越南人民军和越南人民游击部队，与法国殖民主义者进行了殊死的决斗，狠狠打击了殖民主义统治者，彻底粉碎了法军重占越北的战略企图，迫使法国与越南签订了《日内瓦停战协议》，使北方完全获得了解放。武元甲不仅因此而得到越南人民的高度爱戴，也在西方引起强烈震动，西方舆论界大量报道和渲染了他的军事指挥艺术和勇猛无畏精神，称武元甲是"奠边府之虎"。

越南北方人民反法救国斗争胜利后，武元甲于 1955 年 9 月~1980 年 2 月，担任政府副总理兼国防部长。在抗美救国斗争中，武元甲作为越南抗美救国战争的主要领导人之一，领导越南军民，与美帝国主义侵略者进行了坚决的斗争和残酷的战争，武元甲亲自组织指挥过多次战役，为抗美救国战争的胜利作出了重大贡献；1981 年起，武元甲任部长会议副主席，还兼中央教育改革委员会主席、国家人口和计划生育委员会主席等职。武元甲不仅是一个卓越的军事指挥家，而且也是一个优秀的军事学术研究者，他总结了越南人民的革命斗争经验，对革命斗争进行了深入的研究，发表了很多优秀的军事著作，最具代表性的有《奠边府》、《人民战争与人民军队》、《越南民族解放战争》等书。这些著作所提出的军事斗争思想和艺术，对指导越南人民军队的建设发挥了巨大的作用。

【点评】越南人民军创建人之一，大将。1926 年参加新越革命党。1930 年因参加反对法国殖民统治的学生运动被捕。获释后入河内大学学习。1938 年加入印度支那共产党。1940 年到中国。回国后着手筹建武装力量，开展游击活动。1944 年 12 月在越北高平山区组建越南解放军宣传队（越南人民军前身），任总指挥。1945 年越南八月革命时任起义委员会成员，率部占领太原等地。越南民主共和国成立后，先后任内务部长、党中央军事委员会主席。抗法战争期间任国防部长兼人民军总司令，参与指挥奠边府战役等。1955 年 9 月~1980 年 2 月任政府副总理兼国防部长。1961 年起参与领导抗美救国战争。著有《奠边府》、《人民战争与人民军队》、《越南民族解放战争》等。

"20世纪的马汉"——戈尔什科夫

戈尔什科夫是苏联著名的军事家，海军元帅。他不仅因为在组织指挥海上作战中战功卓著而深受苏联人民的敬重，而且他以战略家的眼光和学者的严密逻辑，继承和发展了马汉的海权理论和海防战略理论，为苏联的海上战略思想形成和海防战略的制定发挥了重大作用，被称为"20世纪的马汉"。

戈尔什科夫于1910年2月26日出生于乌克兰，自幼勤奋好学，尤其是对军事兴趣极浓，他阅读了大量有关军事的论著和军事历史及军事名人传记方面的书籍。戈尔什科夫的青少年时代，正值国际国内军事斗争十分激烈，战争不断之际，戈尔什科夫在英雄主义和爱国主义精神的驱使下，立志要成为一名造福于人民，建功于国家的优秀的军官和军事家。1927年，戈尔什科夫终于如愿以偿地参加了苏联海军，凭借他积极的追求和刻苦的努力，考入伏龙芝海军学校。在伏龙芝海军学校，他如饥似渴地吸取军事理论营养，刻苦磨炼自己的军人品质，同时，阅读和剖析了大量的海军作战战例，对传统的海军军事理论和战略战术作了深入的研究和思考，不断提出自己新的见解和设想。戈尔什科夫的勤奋和才智，受到了同学们的敬佩和上司的偏爱。毕业后，戈尔什科夫一边尽职尽责地工作，在所在岗位上做出了突出成绩，一边利用一切可以利用的时机，从理论和实践的结合上研究海军军事学术和理论，戈尔什科夫在军事指挥上表现出来的超常才能，受到了上级的重视，被作为重点培养的将帅之才苗子，保送到驱逐舰舰长训练班和海军学院高级指挥员进修班深造。经过这两次入校深造，戈尔什科夫的视野得到了进一步的开阔，指挥才干在学习和实践中得到了进一步的增长，军事理论基础得到了进一步加强，他的研究领域不断地拓宽，学术观点也日臻成熟。1931～1932年，在黑海舰队任驱逐舰航海长，1932～1939年，戈尔什科夫在太平洋舰队历任护卫舰舰长、驱逐舰舰长，驱逐舰支队支队长。这一时期，他坚持理论联系实际，军事指挥才能和

戈尔什科夫

他的职务得到了同步提高。1940 年 6 月，戈尔什科夫被调任黑海舰队巡洋舰支队支队长。

1941 年 6 月苏德战争爆发后，戈尔什科夫在黑海舰队参加对敌作战。同年 9 月，在敖德萨保卫战中，戈尔什科夫指挥黑海的首批登陆部队在格里戈耶夫卡地域登陆，支援敖德萨防区的部队成功地进行了反突击。由于在此次作战中戈尔什科夫指挥正确果断，给了德军以沉重打击，虽然没有能完全击败德军的嚣张气焰，但也大大减缓了苏军的紧张局面，鼓舞了苏军的士气。戈尔什科夫也因作战有功而于 10 月被提升为亚速海区舰队司令。在同年 12 月举行的刻赤—费奥多西亚登陆战和 1942 年夏高加索保卫战中，戈尔什科夫有力地支援了陆军部队的作战。1942 年 8 月，戈尔什科夫出任新罗西斯克防御行域副司令，参加该城保卫战的领导工作。11月，戈尔什科夫又代理第 47 集团军司令，参加了保卫高加索作战。自1943 年 2 月起，戈尔什科夫复任亚速海区舰队司令，参加了克里木等战役。从 1944 年 4 月起，戈尔什科夫担任多瑙河河区舰队司令，参加了雅西—基什尼奥夫战役，并率领多瑙河舰队支援过东欧一些国家反击德国侵略者的解放斗争。1945 年 1 月起，戈尔什科夫任黑海舰队所属分舰队司令。

第二次世界大战结束以后，戈尔什科夫于 1948～1951 年出任黑海舰队参谋长，1951 年 5 月任黑海舰队司令，1955 年 7 月升任海军第一副总司令。自 1956 年 1 月起，戈尔什科夫担任苏联国防部副部长兼海军总司令。戈尔什科夫在任职期间，科学地观察并分析研究了当时的世界形势，对苏联的国防事业进行了深入思考，针对美军的霸权行为，根据冷战的需要，提出了"核国防理论"和发展核军事的大胆设想，组织指挥苏联的军事科技工业建设，大量研制战略性的远程打击兵器和核威慑兵器，在成功地发展了导弹核潜艇和远程航空兵之后，根据全面强化全球性军事威慑合成兵力的要求，均衡发展其他海军兵种，把苏联海军从一支近海防御力量发展成为能遂行各种作战任务的"远洋导弹核海军"，对苏联海军建设和迅速发展起了很重要的作用，大大提高了苏联的国际地位，为"冷战"时期的军事对峙起到了基础性的作用。20 世纪 70 年代，根据冷战的需要和称霸世界的要求，戈尔什科夫曾两次指挥苏联海军在世界各大洋举行大规模演习，大振苏联海军军威，在组织舰艇远航和海军兵力到辽阔的世界海洋上积极活动，组织海军与其他军兵种协同和苏联海军与华沙条约缔约国海军的协同等方面，均作出了突出贡献。1985 年 12 月，戈尔什科夫出任苏联国防部总监察员。两次荣获苏联英雄称号。

与此同时，戈尔什科夫还根据自己的作战经验以及对世界政治军事斗争的研究，进行了大量的军事理论研究工作，发表了许多颇具价值的军事学术著作，其中最具代表性的著述有《国家的海上威力》、《战争年代与和平时期的海军》等，在这些论著中，戈尔什科夫站在世界政治、经济和军事斗争的前沿，对冷战时期的海上军事斗争形势进行了认真的观察和思考，对国家发展与海上军事实力的关系进行了剖析，对世界海上军事力量的持衡关系进行了深入研究，继承和发展了马汉的海权思想和国家海上战略理论，对苏联海上军事力量的发展和争霸海洋战略进行了大胆的设计，对指导苏联的海上军事力量建设以及海洋战略的完善，起到了巨大的推动作用。鉴于戈尔什科夫对苏联海军建设的贡献和对世界海军军事理论的发展，因而戈尔什科夫被称为"20 世纪的马汉"。1988 年 5 月 13 日去世，终年 78 岁。

【点评】苏联海军元帅，军事家。1927 年参加苏联海军。先后毕业于伏龙芝海军学校、驱逐舰舰长训练班和海军学院高级指挥员进修班。苏德战争前，先后任驱逐舰航海长、护卫舰舰长、驱逐舰舰长、驱逐舰支队支队长、巡洋舰支队支队长。苏德战争期间，历任亚速海区舰队司令、新罗西斯克防区副司令、多瑙河区舰队司令及黑海舰队所属分舰队司令等职，参加过敖德萨防御战役、克里木战役等。战后，任舰队参谋长、司令、海军第一副总司令、苏联国防部副部长兼海军总司令。任内大力发展战略导弹潜艇和远程航空兵，同时均衡发展其他海军兵种，把苏联海军从一支近海防御力量发展成为能遂行各种作战任务的"远洋导弹核海军"，对苏联海军建设和发展起了重要作用。两次获苏联英雄称号，获列宁勋章 5枚。著有《海军学术的发展》、《战争年代与和平时期的海军》、《国家的海上威力》等。

拉丁美洲"游击大师"——格瓦拉

格瓦拉是拉丁美洲著名的革命家，古巴革命领导人之一，现代拉丁美洲游击战理论"游击中心主义"的倡导者。

1928 年 6 月 14 日，格瓦拉出生在阿根廷罗萨里奥市一个资本家兼庄园主的家庭。自幼聪明机灵，家庭父老们对他寄予很大的事业希望，精心培育他成为一个实业家，然而，格瓦拉生性倔强，顽皮好动，意志超常地坚强，经常与老师顶牛，他的小学老师曾给他下了一个"不可训教的狂徒"的定语，要不是倚仗其家庭在当地的社会地位，学校早就将其开除在外。然而，格瓦拉在他的同龄伙伴中却是威风凛凛，总是当头，在周围社区的人们心目中，格瓦拉是一个小有名气的不规之徒。对此，其父母对其大为伤心，施尽一切所能教训的手段企图将其管束成形，但都无济于事。直至进入青年，格瓦拉的学业成绩仍然不太理想，经多方努力，才得以进入布宜诺斯艾利斯大学医学系接受高等教育，然而，他对他所学的医科学专业几乎毫无兴趣，对社会问题反而特别的关注，不仅经常研读一些被校方列为禁书的抨击时弊、倡导社会革命的著述，还经常在学校发表一些令人毛骨悚然的激进言论。格瓦拉努力联络学生中的激进分子，进行秘密串联，发动和组织学生运动，被校方视为危险分子。

格瓦拉

1953 年格瓦拉大学毕业后，根本无视家庭的劝说，自动丢掉被当时青年视为神圣的医生职业。在拉丁美洲各地四处游荡，深入进行社会调查，使他对社会的不公及底层民众的艰辛生活有了更加深刻的感受，对民众革命的历史进行了深入的调查和研究，对武装革命的价值有了更加清楚的认识。同时，格瓦拉研读了大量的社会主义革命的论述，接受了革命理论，吸取了国际社会无产阶级革命运动的经验教训，从而逐步确立起了暴力革命的信念。

1954 年，格瓦拉在危地马拉进行社会调查，宣传暴力革命理论，参加了危地马拉阿本斯领导的农民政府。这期间，他利用一切可以利用的机会，向民众宣传社会主义革命理论，对提高民众的觉悟，强化民众武装革命的信心起到了很大作用。同年 6 月，由于新政府内部分歧和外部武装力量的打击，阿本斯政府被推翻。格瓦拉作为原新政府的主要人物而被列入重点抓捕对象，在这种情况下，他不得不转赴墨西哥，努力寻找革命武装组织。1955 年，格瓦拉在墨西哥与正在过着流亡生活的古巴革命领导人卡斯特罗一见如故，参加了卡斯特罗领导的游击队，并接受游击战训练。参与组织领导了卡斯特罗领导的"七·二六"运动。结果，由于革命武装过于薄弱和暴力革命准备不充分，导致"七·二六"运动受挫。为了保留革命武装力量火种，1956 年 11 月，格瓦拉同卡斯特罗一起，乘"格拉玛"号游艇在古巴科拉多海滩登陆，进入马埃斯特腊山区建立革命根据地，开展游击战争，成为卡斯特罗的得力助手。1957 年，格瓦拉任起义军第 2 纵队司令，并被授予最高军衔——少校。1958 年，格瓦拉率军配合卡斯特罗等解放了圣克拉等重要城镇。1959 年，又乘胜挥师西进，于 1 月 4 日一举攻克首都哈瓦那，推翻了巴蒂斯塔的反动统治，参与缔造了古巴共和国。他被称为起义军中"最强劲的游击司令和游击大师"。

古巴革命胜利后，格瓦拉被新政府宣布为古巴公民。历任土改委员会主任、国家银行行长、工业部部长等职。1962～1965年任古巴革命统一组织（古巴共产党前身）全国领导委员会书记处书记。1960年起，格瓦拉明确提出了"游击中心"论、"大陆革命"论，主张输出革命和输出游击战争，这些理论被通称为"格瓦拉主义"。1965年4月，格瓦拉辞去古巴官职，放弃古巴国籍，试图到其他不发达地区组织革命游击战争。他先到非洲扎伊尔，组织发动游击战争，但由于当地群众的革命觉悟尚未得到根本性的提高，武装力量经济紧张而难以形成强大的战斗能力，再加上当地大部分革命领导人的武装斗争经验不足，革命活动在多方反动势力的挤压下未能得到有力发展，几次武装斗争都未能成功。尔后，格瓦拉不得不又隐姓埋名赴刚果帮助组建武装力量并投身当地的解放斗争。然而，这里的武装力量发展也很不理想，再加上武装力量领导层中存在着各种矛盾，格瓦拉又被迫于1966年11月，潜入玻利维亚东南部圣克鲁斯山区建立和领导游击小组，建立游击中心，组织训练游击队并投入战斗，此时的格瓦拉已是一位影响力很大的革命分子。反动当局对格瓦拉的革命活动恨之入骨，骂他是拉丁美洲红色瘟疫，集中精力和兵力对格瓦拉进行悬赏追捕，然而，由于格瓦拉深受苦难民众和进步人士的爱戴和保护，反动势力虽然施尽了诡计，但最终也未能将格瓦拉捕获。1967年10月8日，为了彻底铲除游击武装，政府军下了极大的决心，在精心谋划后对格瓦拉领导的游击根据地进行了大规模的围歼活动，在势力悬殊的情况下，游击队陷入政府军的重重包围之中，格瓦拉率忠诚的游击队员们虽进行了顽强的抵抗，但还是损失惨重，格瓦拉因在战斗中腿部受伤，被玻利维亚政府军俘虏。为了防止这一"要犯"被营救逃跑，次日即将格瓦拉杀害，时年39岁。

格瓦拉一生从事革命斗争，努力组织革命游击力量，领导所到之处的游击队进行了大量的游击战，他坚强的革命意志与卓越的组织领导才能深受民众敬佩，他的游击思想和战略战术也为经济不发达地区革命武装力量建设提供了宝贵的财富，人们赞誉他是"游击大师"。格瓦拉不仅对革命游击战争的实践作出了令世人瞩目的贡献，他还结合自己的斗争实践，努力研究革命游击战争的规律，形成了具有格瓦拉特色的革命游击战争理论。格瓦拉的主要著作有：《古巴革命战争回忆录》、《游击战》、《格瓦拉日记》等。尤其是他的《游击战》一书在拉丁美洲有很大影响，被誉为现代游击战理论代表作之一。

【点评】现代拉丁美洲游击战理论"游击中心主义"的倡导者，古巴革命战争领导人之一。1954年参加危地马拉阿本斯领导的民主政府，宣传社会主义革命理论。同年6月阿本斯政府被推翻后，转赴墨西哥，与卡斯特罗相识，并参加游击队。1956年12月2日随卡斯特罗在古巴奥连特省登陆，在马埃斯特腊山区开展游击战，成为卡斯特罗的得力助手。1959年1月古巴革命胜利后入古巴籍，先后任全国土地改革委员会主席、国家银行行长、工业部长等职。1965年4月离开古巴，隐姓埋名赴刚果帮助组建武装力量并投身当地的解放斗争。1966年在玻利维亚圣克鲁斯地区建立和领导游击小组，训练游击队并投入战斗。1967年10月8日游击队被政府军围歼，他因伤被俘，次日遇害。著有《游击战》、《格瓦拉日记》等。《游击战》一书在拉丁美洲有很大影响，被誉为现代游击战理论代表作之一。

"冰海红魔"——伍德沃德

伍德沃德，身材高大、严肃深沉，英国海军中少壮派的代表。他精通海军战略战术，在核工程、防空导弹防御系统，计算机技术和海军计划与管理等领域颇有造诣。在他的指挥下，英国在马岛打赢了世界战争史上第一场计算机战争。根据他的鲜明个性和卓越的海战指挥才能，被称为"第二纳尔逊"和"冰海红魔"，被撒切尔夫人誉为"皇家海军中最聪明的人"。

1932年5月1日，伍德沃德出生于英格兰的一个没落贵族家庭，祖、父二世从军但终无成就，光宗耀祖的强烈欲望，使他们把希望的赌注全部押在了天资聪颖的伍德沃德身上，这一切，为伍德沃德的成长提供了良好的条件。

英国素以精英式教育而闻名于世，斯塔宾顿·豪斯学校虽不像著名的伊顿公学那样久负盛名，培养了一批又一批堪称大英帝国栋梁的天骄，但也因出了几位海军上将和十几位英国最高荣誉——维多利亚十字勋章的获得者，而拥有"海军填鸭"的绰号。在伍德沃德学龄之时，父亲就怀

伍德沃德

着望子成龙的美好愿望而为他选中了这所学校。这里也确实是他日后顺利成长为一名皇家海军军官的良好起跑线。在这里，伍德沃德最大的收获是被带入了数学王国，也正是在这似乎与海军将帅摇篮挂不上钩的王国里，造就了他一丝不苟的处事方法和科学逻辑的思维方式。不然，在与阿根廷军队的较量中，他怎么能把整个战局分析得透彻入里，指挥得天衣无缝呢？

1946年，伍德沃德结束了在斯塔宾顿·豪斯学校的学习生活，经一番精心选择，他又以优异的成绩考入了皇家海军军官的摇篮，有"英王陛下'不列颠尼亚'"号之称的皇家海军学院。在那里，个性极强而精于思考的伍德沃德经常提出一些令人瞠目结舌、似乎有些愚蠢、不值得回答的问题。有些教官因为讨厌他的问题而有意躲避他。然而，具有丰富育才经验的院长却盯上了这位小伙子，甚至在伍德沃德犯了院规，依照规定本应将他开除之时，院长不仅没有处理他，反而与他交上了好朋友。毕业之时，伍德沃德作为院长向皇家海军推荐的"潜力"人才，而被分配到重点作战部队的重要岗位实习锻炼。

伍德沃德在"黄道带"号驱逐舰上服役两年后，又被列入可以提拔的青年军官名单，保送到皇家海军参谋与指挥学院学习深造。在这里，伍德沃德的超常风度、聪明头脑和鲜明个性又深得安东尼·米尔斯院长的赏识，为了训练这位"可畏"后生，院长经常故意找茬给伍德沃德出难题，每次，伍德沃德都能以自己的狡猾而解脱困境。有时甚至能够体面地反守为攻将院长置于难堪。安东尼·米尔斯院长因而不无亲昵地说"这将是一只难以征服的狐狸"，有时甚至当着众人之面，摸着伍德沃德红色的头发说，"冰海又将得一位这样的红魔"。

伍德沃德也确实不负老院长之望。他从潜艇艇长、驱逐舰舰长，一路跃升为令众多少壮派军官们眼热的皇家海军计划处处长，之后，他又被任命为朴次茅斯的第一分舰队司令。

实兵对抗演习，是和平时期检验部队战斗力的一个重要方式，在一系列任职中，伍德沃德参加过无数次演习，经历过无数个难题，但他从来没有把胜利让给过任何对手，同行们无不佩服他的狡猾、奸诈、刚毅、果断。伍德沃德也因此而成为皇家海军中最受重视的人物之一。

1982年春，马岛形势紧张，为了挽回马岛失守的面子，英国皇室如坐针毡，在派谁率远征舰队出征的问题上，撒切尔夫人经过反复斟酌，把代表英国荣誉的指挥棒交给了皇家海军第一分舰队司令伍德沃德。

临危受命的伍德沃德迅速组织力量，率舰队远征。到达战区之后，伍德沃德以惊人的胆识，首先命令他的"征服者"号潜艇，一举"违法"击沉了阿军的主战舰艇"贝尔格拉诺将军"号，给了阿军一个沉重的军

伍德沃德回国

事和心理双重打击。之后，他又指挥他的航母编队与阿海、空军搏战，当他心爱的"谢菲尔德"号导弹驱逐舰被阿军击沉，英军内部局势混乱之时，他以超人的沉着与冷静，迅速调整部队的作战心态，积极组织指挥作战。不论战情多么紧张，尤其是在几次暂时失利的战局面前，都丝毫没有影响他的科学理智的指挥思路，使他的智慧和部属们的勇敢及武器的精良有机地融为一体，取得了这场高技术局部海战的胜利。马岛战争的胜利，不仅使大英帝国重新占领和控制了马尔维纳斯群岛，而且也保住了大英帝国的面子。

伍德沃德为大英帝国重新控制马尔维纳斯群岛立下了汗马功劳，因此被封为巴士高级勋位爵士，成为享誉现代海战史上的著名将领，被称为"第二纳尔逊"和"冰海红魔"。每当提起伍德沃德，撒切尔夫人就兴奋而自豪地称他为"皇家海军中最聪明的人"。

【点评】英国皇家海军将领，英马战争中英国海军特混舰队司令。皇家海军学院毕业后，先后任潜艇艇长、驱逐舰舰长、海军计划处处长、第一分舰队司令等职。英马战争中，临危受命任英国海军特混舰队司令。他率部在海（空）取得辉煌战绩，为英国在英马战争中取胜发挥了决定性的作用。战后，被称为"第二纳尔逊"和"冰海红魔"。撒切尔夫人称他为"皇家海军中最聪明的人"。

外国著名将帅

主要参考书目

1. 杨家祺、姚有志编．外国著名专家小传．兰州：甘肃人民出版社，1987

2. 韩高润、张海麟主编．外国名将录．北京：世界知识出版社，1987

3. 郑励新等．中外名将录．北京：解放军出版社，1986

4. 秦忆初译．近代西方名将评传．北京：军事译文出版社，1992

5. 段万翰主编．中外历史名人传略．郑州：河南人民出版社，1984

6. 牛俊法等．中国历代名将．北京：军事科学出版社，1985

7. 张秀枫主编．中国谋略家全书．北京：国际文化出版公司，1991

8. 唐复全编著．外国海军名将传．北京：海洋出版社，1988

9. 何兹全等主编．中外年轻有为历史名人200个．郑州：河南人民出版社，1985

10. 朱庭光主编．外国历史名人传．北京：中国社会科学出版社，1984

11. 陈学建、金永吉主编．古今中外军事人物．北京：蓝天出版社，2000